Girod · Das Ekel von Rahnsdorf

Hans Girod

Das Ekel von Rahnsdorf

und andere Mordfälle aus der DDR

Verlag Das Neue Berlin

Im Interesse des Schutzes der Persönlichkeitsrechte der Täter, Opfer und Zeugen wurden die Namen der Beteiligten sowie einiger Handlungsorte verändert.

Inhalt

Der gewöhnliche Mord in der DDR 7
Angst geht irre Wege 17
Die Antennen-Connection 31
Fluchtpunkt Jenseits 43
Die Verlobten von Wolmirstedt 59
Eine Tote zwischen den Gräbern 82
Grüne Fasern im Hollerbusch 100
Ein Koffer voller Rätsel 121
Der Hilfssheriff vom Friedrichshain 141
Geheimnis in grüner Tapete 160
Das Ekel von Rahnsdorf 180
Verlorene Mütter 203
Serientäter 223

Erläuterungen 249
Quellennachweis 255

Der gewöhnliche Mord in der DDR

Die Kriminalstatistik der DDR registrierte über Jahrzehnte gleichbleibend ein Tötungsverbrechen auf 100.000 Einwohner pro Jahr. In der gleichen Zeitspanne stieg die Häufigkeit dieser Deliktgruppe in der Bundesrepublik auf das Fünffache. Nach dem Untergang der DDR ist in den neuen Bundesländern auch diese Größe inzwischen überschritten. Im internationalen Vergleich schnitt die DDR mit ihrem geringen Anteil an Tötungsdelikten sehr günstig ab. Man vermutet richtig, daß sich das Gesamtbild der Kriminalität in der DDR sowohl quantitativ als auch qualitativ von dem in der Bundesrepublik erheblich unterschied. So entfielen in den sechziger und siebziger Jahren in der DDR durchschnittlich 750 Straftaten auf 100.000 Einwohner, während in der Bundesrepublik der Anteil bereits 6.200 und in Westberlin sogar 12.000 betrug.

Dafür gab es verschiedene Gründe: Der Ehrgeiz der SED und der DDR-Regierung lag darin, nachzuweisen, daß die Kriminalitätsbelastung ständig abnahm. Zentralistische Verwaltungsstrukturen, harte Strafen, nahezu perfekte Personenkontrollen, ein ausgefeiltes polizeiliches Meldesystem und geschlossene Grenzen führten über die Jahre in der Tat zu einem Rückgang der Kriminalität, selbst wenn statistische Angaben – wie allenthalben üblich – gelegentlich durch ausgeklügelte Zuordnungen verfälscht wurden.

Für das internationale Verbrechen blieb die DDR wenig attraktiv. Ganze Deliktgruppen der organisierten Kriminalität wie Drogenhandel oder Entführungen, deren beängstigendes Ausmaß heute bereits eine ernste Gefahr für die Gesellschaft bedeutet, fehlten deshalb im Kriminalitätsbild der DDR.

Bestimmte Formen häufig auftretender Delikte mit geringem Schaden wurden Verfehlungen genannt. Sie waren keine Straftaten und blieben daher außerhalb der Kriminalstatistik. Verfehlungen wurden, wie im Falle kleiner Ladendiebstähle, durch

Lfd. Nr.	Straftatengruppe (§§ des StGB)	Straftaten Insgesamt (obere Zahl), je 100 000 der Bevölkerung (untere Zahl)				
		1981	1982	1983	1984	1985
1	Vorsätzliche Tötung (§§ 112, 113)	175 1	143 1	139 1	116 1	137 1
2	Vorsätzliche Körperverletzung (§§ 115, 116, 117)	11 432 68	10 840 65	11 215 67	10 765 65	10 132 61
3	Vergewaltigung (§ 121)	650 4	549 4	705 4	670 4	571 3
4	Nötigung und Mißbrauch zu sexuellen Handlungen (§ 122)	452 3	465 3	466 3	408 2	462 3
5	Raub und Erpressung (§§ 126, 127, 128)	711 4	830 5	851 5	819 5	758 5
6	Verletzung der Unterhaltspflicht (§ 141)	556 3	542 3	603 4	775 5	1 037 6
7	Verletzung von Erziehungspflichten (§ 142)	533 3	507 3	511 3	525 3	555 3
8	Sexueller Mißbrauch von Kindern (§ 148)	1 093 7	988 6	1 024 6	1 002 6	965 6
9	Sexueller Mißbrauch von Jugendlichen (§§ 149, 150, 151)	208 1	190 1	156 1	189 1	148 1
10	Diebstahl sozialistischen Eigentums (§§ 158, 161, 162)	22 264 133	21 629 130	21 134 133	22 206 127	20 885 125
11	Betrug/Untreue zum Nachteil soz. Eigentums (§§ 159, 161, 161 a, 162)	5 607 33	5 645 34	6 341 38	6 747 40	6 546 39
12	Straftaten gegen die Volkswirtschaft (§§ 165 ff, einschl. Nebengesetze)	709 4	677 4	741 4	717 4	601 4
13	Diebstahl persönlichen und privaten Eigentums (§§ 177, 180, 181)	29 332 169	28 902 173	29 012 174	29 230 175	30 153 181
14	Betrug/Untreue zum Nachteil persönlichen Eigentums (§§ 178, 180, 181, 182)	859 5	894 5	1 032 6	1 057 6	1 004 6
15	Brandstiftung (§§ 185, 186)	350 2	408 2	396 2	359 2	338 2
16	Fahrlässige Verursachung eines Brandes (§ 188)	452 3	570 3	555 3	534 3	479 3
17	Verletzung der Bestimmungen des Gesundheits- und Arbeitsschutzes (§ 193)	207 1	197 1	211 1	221 1	208 1
18	Herbeiführung eines schweren Verkehrsunfalls (§ 196)	3 763 22	3 637 22	3 807 23	3 458 21	3 220 19
19	Verkehrsgefährdung durch Trunkenheit (§ 200)	3 745 22	3 169 19	3 114 19	2 906 17	2 574 15
20	Unbefugte Benutzung von Fahrzeugen (§ 200)	5 728 34	5 349 32	5 774 35	5 270 32	4 786 29
21	Unbefugter Waffen- und Sprengmittelbesitz (§ 206)	388 2	393 2	425 3	361 2	337 2
22	Widerstand gegen staatliche Maßnahmen (§§ 212, 216)	1.277 8	1 299 8	1 378 8	1 208 7	1 098 7
23	Rowdytum (§§ 215, 216)	2 027 12	2 026 12	2 056 12	2 046 12	1 853 11
24	Begünstigung und Hehlerei (§§ 233, 234)	3 034 18	2 591 16	2 717 16	2 660 16	2 666 16
25	Urkundenfälschung (§ 240)	770 5	947 6	1 096 7	1 046 6	1 034 6

Straftaten nach ausgewählten Deliktgruppen (Statist. Jahrbuch der DDR 1986)

die, wie es in der entsprechenden Verordnung hieß, „leitenden Mitarbeiter der Verkaufseinrichtungen" selbst geahndet oder es entschieden über sie die sogenannten gesellschaftlichen Gerichte.
Die geringe Kriminalitätsbelastung erklärt sich aber auch aus dem humanistischen Anspruch der DDR, die Kriminalität schrittweise aus dem Leben der Gesellschaft zu verdrängen, der – wenn er auch letztlich eine Vision bleiben mußte – immerhin vielfältige, ehrliche Bemühungen hervorbrachte.
Schließlich wurden mit der Ablösung des seit 1871 in Deutschland gültigen Strafgesetzbuches durch das 1968 in Kraft getretene sozialistische Strafgesetzbuch der DDR andere, gemeinhin traditionell eigenständige Tatbestände, wie z. B. die Prostitution oder die Kindestötung, die nicht in das Bild der sozialistischen Menschengemeinschaft paßten, aus ideologischen Gründen kurzerhand dadurch kaschiert, daß man sie in anderen, unverfänglichen Tatbeständen wie asoziale Lebensweise oder Totschlag untergehen ließ. Systemtypische Delikte, die vorrangig den Schutz der Staatsordnung und der Wirtschaft betrafen, auf die die sozialistische Rechtsordnung besonders empfindlich reagierte, bereicherten hingegen das Strafgesetzbuch.
Der inoffizielle Grundsatz der SED-Führung „Erst politisch entscheiden, dann rechtlich würdigen" führte in den Rechtswissenschaften, aber auch in der Rechtspraxis, dazu, daß ihnen mitunter konstruierte Theorieinstrumentarien aufgezwungen wurden, um jeweils aktuelle Rechtspolitik der SED zu rechtfertigen und wissenschaftlich zu bestätigen.

Solange sich die Kriminalitätsanalyse auf die Beschreibung und Erklärung von Verbrechen im kapitalistischen Gesellschaftssystem beschränkte, wurden umfangreichen Veröffentlichungen keine Hindernisse in den Weg gelegt. Mehr oder weniger leidenschaftlich, meist aber selbstgefällig, wurde aus dem von Marx und Engels postulierten unauflöslichen Widerspruch zwischen gesellschaftlicher Arbeit und privater Aneignung abgeleitet, daß die Kriminalität dem Kapitalismus eigen ist und schließlich zu seinem Untergang beiträgt. Dem Sozialismus hingegen ist sie wesensfremd, besitzt keine Basis mehr und wird bald aus dem Leben der Gesellschaft verbannt sein.
Wenn der erste Teil dieser These auch zutreffen mag, so blieb der zweite Teil ein irreales Wunschdenken und verbaute schon

deshalb ernsthafte theoretische Auseinandersetzungen, weil die Frage nach den eigenen Widersprüchen im Sozialismus, z. B. wenn der Mensch als Miteigentümer des gesellschaftlichen Vermögens sich dennoch daran vergeht, letztlich unbeantwortet bleiben mußte.
Obwohl das phänomenologische Bild und die strafrechtlichen Tatbestände der sogenannten allgemeinen Kriminalität in der DDR und die meisten kriminologischen Ergebnisse mit denen der alten Bundesrepublik in vieler Hinsicht vergleichbar waren, blieben die Deutungsversuche über die Ursachen der Kriminalität im Sozialismus wegen der fehlerhaften Prämisse, daß der Mensch bald frei von Egoismus und Habgier sei und sich ausschließlich in der Arbeit und zum Wohle des Gemeinwesens verwirklicht, nur Worthülsen einer hilflosen politischen und ideologischen Argumentation.
So gab es keinen öffentlichen Platz für die wissenschaftliche Erörterung besonderer Wirkungsmechanismen krimineller Erscheinungsformen in der DDR, wenn man von den vollmundigen Schuldzuweisungen absieht, die alle Ursachen dem unerwünschten Kriminalitätsimport aus dem Kapitalismus anlasteten.

Die Kriminalistik indes, die sich mit der Untersuchungsmethodik konkreter Straftaten befaßt, und die um ihren eigenen wissenschaftlichen Gegenstand, insbesondere als Universitätsdisziplin bemüht war, behielt daher immer eine freundlich-kühle Distanz zur Kriminologie in der DDR. Und in der täglichen Wirklichkeit der Kriminalpolizei ließ sich aus den gespreizten kriminologischen Theorien ohnehin kaum ein praktischer Nutzen ziehen.
Der kriminalistische Untersuchungsalltag in der DDR unterschied sich in der Taktik, Methodik und Spurenkunde kaum von dem in der Bundesrepublik. Allerdings vollzog er sich unter anderen Rahmenbedingungen:
So war die Volkspolizei militärisch strukturiert. Zwar bestanden Kommissariate und Dezernate, doch in ihnen arbeiteten „Kommissare" mit militärischen Dienstgraden. Die Volkspolizei zählte als wichtiger Bestandteil der Landesverteidigung zum System der sogenannten bewaffneten Organe.
Die Kriminalpolizei besaß als „Untersuchungsorgan" strafprozeßrechtliche Kompetenzen, die sie von denen der übrigen

Polizei schärfer abgrenzten als in den alten Bundesländern. Auch ihre relativ gute personelle Situation wirkte sich positiv auf die Ermittlungsqualität aus. War ein Untersuchungsführer in der DDR mit der gleichzeitigen Bearbeitung von maximal dreißig Verfahren ausgelastet, so hatte sein westdeutscher Kollege bereits mehr als einhundert zu bewältigen.
Schließlich wurden bestimmte höhere Leitungspositionen in der Volkspolizei inoffiziell durch MfS-Offiziere (sogenannte OiBE, „Offiziere im besonderen Einsatz") besetzt.
Unter diesen Bedingungen, die sich, wie in anderen Bereichen auch, schließlich durch einen mächtigen politisch-ideologischen Indoktrinationsapparat in Form der Politabteilungen ergänzen ließen, wurde die eigentliche kriminalistische Arbeit geleistet.
Was die schnelle und umfassende Aufklärung von Tötungsstraftaten in der DDR betraf, mangelte es gewiß nicht an der erforderlichen Sachkunde und Ernsthaftigkeit. Gut ausgebildete Morduntersuchungskommissionen (MUK) in jedem Bezirk, deren Leiter in der Regel über ein kriminalistisches Universitätsdiplom verfügten, ein vorbildliches Netz gerichtsärztlicher Versorgung, günstige gesetzliche Voraussetzungen für die ärztliche Leichenschau, aber auch für die Leichenöffnung, insbesondere die sogenannte Verwaltungssektion, und die Nutzung der naturwissenschaftlichen und technischen Erkenntnismöglichkeiten der Kriminalistik für die Untersuchung von Gewaltdelikten, sicherten der Justiz Aufklärungsquoten, die im internationalen Vergleich der DDR durchaus vorderste Plätze sicherten.

Der Mord zählte auch in der DDR zu den Delikten mit der höchsten Gesellschaftsgefährlichkeit und wurde in der Regel mit lebenslänglicher Freiheitsstrafe, bis in die siebziger Jahre nicht selten sogar mit dem Tode bestraft.
Seit der Herausbildung der forensischen Wissenschaften haben sich die Fachleute, auch in der DDR, ernsthaft darum bemüht, das Phänomen der Gewalt gegen die körperliche und sexuelle Integrität des Menschen zu untersuchen und vom scheinbar entwicklungsbedingt Tierischen in uns abzugrenzen.
Immer mehr sind wir heute genötigt, uns mit der Gewalt auseinanderzusetzen. Infolge seiner ethischen, moralischen und sozialen Entwicklung hat der Mensch gelernt, sein Gewaltpoten-

tial zu zügeln. Doch gibt es vielfältige Umstände, es freizusetzen. Dann brechen sich spezielle Mechanismen ihre Bahn, die den ursprünglichen Gedanken an Gewalt in die Realität der Tötung überführen. Es sind komplizierte psychische, soziale, medizinisch erklärbare, gefühlsmäßig faßbare, gerechtfertigte und ungerechtfertigte, aber auch für immer verborgene Faktoren. Sie vereinen sich mit der seit der jüngeren Steinzeit vorhandenen, unveränderten Triebausstattung des Menschen, bei dem sich im Unterschied zur Tierwelt zum Erhaltungstrieb Mordlust, Habgier und andere, den Tieren fremde, niedere Beweggründe zu gesellen scheinen.

Zwischen Täter und Opfer baut sich vielfach eine bizarre Realität auf, die selbst ein Fachmann meist nur unvollkommen zu erkennen und zu beurteilen vermag. Zu welchen Mitteln im Einzelfall auch gegriffen wird, welche Beweggründe und Anlässe ihm zugrunde liegen, immer stehen die Schicksale von Täter und Opfer gleichermaßen für die extremsten Varianten zwischenmenschlicher Konfliktlösung.

Oft tut sich ein scheinbar unentwirrbares Ursachengeflecht auf, dessen Hintergründe zerstörerische Umwelteinflüsse, zerrüttete Sozialbindungen, unbefriedigtes und ungesteuertes Trieberleben, aber auch zunehmende Verzweiflung und Angst sind und die der unheilvollen Aggression oft schon bei geringsten Anlässen zum Durchbruch verhelfen.

So handelt der Durchschnittstäter aus oftmals banaler Situation heraus plötzlich, im Affekt und enthemmt durch Alkohol oder andere Sucht- und Betäubungsmittel. Gekränkte Eitelkeit, Haß, Wut, Habgier, Egoismus und ungezügelter Sexualtrieb sind dabei die mobilisierenden Elemente. Das Opfer stammt dann meist aus dem näheren sozialen Umfeld. Dreiviertel aller Tötungsdelikte in der DDR – wie auch weltweit – lassen sich in dieses Schubfach legen.

Nur ein knappes Drittel der Täter hat die Tat mehr oder weniger langfristig vorbedacht, nicht wenige unter ihnen mit teuflischer Abgebrühtheit. Ihr ganzes Denken verläuft in einer einzigen Richtung: Die Tötung wird als ausschließliche Lösung erwogen.

Andere Täter kalkulieren den Tod des Opfers als mögliche Folge ein, etwa, wenn der Räuber das niedergeschlagene, bewußtlose Opfer ins Wasser stößt und es kaltblütig seinem Schicksal überläßt.

Nach dem Verbrechen fühlt sich jeder Täter alsbald in einer fatalen Schlinge, aus der er sich nicht mehr befreien kann. Die Tat läßt sich nicht ungeschehen machen, woraus neue, vorher nicht kalkulierbare Reaktionen erwachsen. Oft unternimmt er Rettungs- und Wiederbelebungsversuche, die Ausdruck eines nicht selten unbeschreiblichen Entsetzens über sich selbst sind. Manch einer unternimmt den Versuch, seinem eigenen Leben ebenfalls ein Ende zu setzen, oder aber er ist wie gelähmt, verbleibt am Tatort, bis die Polizei ihn festnimmt. Schuldgefühle und Bestürzung, häufiger aber die Angst vor gesellschaftlicher Sühne, veranlassen manche Täter auch, sich der Polizei zu stellen.
Mitunter setzen sich jedoch die destruktiven Kräfte im Täter fort. Die Furcht vor Entdeckung paart sich mit eiskalter Berechnung der Folgen. Daraus erwachsen neue Triebkräfte: Spuren werden beseitigt, falsche Fährten gelegt. Die Tat wird mehr oder minder geschickt verschleiert. Der Täter verschwindet im Hintergrund. Der Drang, die eigene Person zu schützen und nichts preiszugeben, kann die Untersuchungshaft überdauern. Eine Verurteilung erfolgt dann mitunter ohne Geständnis. Nicht selten wird bei der Bewertung der Beweismittel, die der Polizei zur Verfügung stehen, das erlahmte Verteidigungsverhalten erneuert und ein bereits abgelegtes Geständnis vor Gericht widerrufen.
Die drohende Todesstrafe, die in vielen Ländern immer noch als Höchststrafe ausgesprochen wird, zumindest die Erwartung einer langen Haftstrafe, erzeugen zuweilen erstaunliche Widerstandskräfte, die Polizei, Staatsanwalt oder Gericht mit den im Strafprozeßrecht zugelassenen Mitteln oft nicht brechen können.
Im Grunde sind die meisten Täter lediglich bestrebt, nicht als Verdächtige in das Netz polizeilicher Ermittlungen zu geraten. Deshalb bemühen sie sich, die Tat gänzlich oder teilweise zu verschleiern. Je nach dem Grad ihrer Intelligenz, den zeitlichen und örtlichen Bedingungen, unter denen solche Verschleierungen stattfinden müssen, aber auch ihrer aktuellen psychischen Belastbarkeit erlangen solche Kaschierungen unterschiedliche Qualität. Sie reichen von einfachen ablenkenden Spurenveränderungen über die Vortäuschung eines tödlichen Unfalls, einer Selbsttötung oder gar eines natürlichen Todes bis zur restlosen Beseitigung des Opfers. Ihrem Ergebnis steht die moderne Kri-

minalistik mit dem entsprechenden taktischen und naturwissenschaftlich-technischen Potential gegenüber, die, wenn sie zum Einsatz kommt, mit bestechender Sicherheit in den spurenkundlichen Mikrokosmos der Tat vorzudringen vermag, der weit außerhalb dessen liegt, was ein Täter sich vorstellen kann. Gerade die letztgenannte Kategorie von Fällen stellte auch in der DDR die eigentliche Herausforderung für Kriminalisten und Gerichtsmediziner dar. Zusammen mit Partnern anderer forensischer Disziplinen waren sie, sehr oft erfolgreich, zuweilen auch mit in die Irre führender politischer und ideologischer Orientierung bemüht, die Opfer zu identifizieren, die Täter zu ermitteln und zu überführen sowie die facettenreichen Tatabläufe, Verhaltensweisen und Beweggründe auszuleuchten.

Das vorliegende Buch widmet sich authentischen Mordfällen, die sich in der DDR zugetragen haben.
Wenngleich die meisten von ihnen wegen ihrer phänomenologischen Grundstruktur überall in der Welt hätten begangen werden können, besitzen sie etwas Unverwechselbares: Sie widerspiegeln auf ihre eigene makabre Weise die DDR-Realität. Das betrifft die Tatentwicklung ebenso wie die mitunter hindernisreichen kriminalistischen Erkenntniswege von der ersten vagen Spur bis zum schlüssigen Beweis.
Natürlich ist hier nur eine kleine Auswahl von Fällen beschrieben. Und es stehen nicht die kausal geradlinig verlaufenden Affektstraftaten, die auch in der DDR den größten Anteil an den begangenen Gewaltverbrechen hatten, im Zentrum. Vielmehr sollen die besonderen Ausnahmezustände menschlichen Verhaltens bei der Tat, ihre Entstehungsbedingungen und die mitunter bizarren Praktiken ihrer Verschleierung unter Berücksichtigung der zeitgeschichtlichen und gesellschaftlichen Bedingungen vorgestellt werden.
Vor allzu großen Erwartungen an Raffinesse und Perfektion in der Tatdurchführung und ihrer Verdunklung kann der Autor nur warnen. Diese finden eher in den wirklichkeitsfremden Konstruktionen der Kriminalliteratur oder im Fernsehkrimi ihre Befriedigung. Die tatsächliche Praxis ist meist durch eine überraschende Primitivität gekennzeichnet. Dennoch kann auch der kriminalistische Erkenntnisprozeß voller Spannung sein, was im vorliegenden Buch hoffentlich bewiesen ist.
Den Schauder beim Blick in die Abgründe menschlichen

Verhaltens – das sei noch kurz bemerkt – sollte man zurückhalten. Ein Laie wird kaum die wahre Schuld bzw. Schuldfähigkeit eines Täters, die psychopathologischen Vorgänge, die sein Handeln bestimmen, seine Schuld mindern oder gar ausschließen, ermessen können. Er kennt oft auch nicht die Spitzfindigkeiten rechtlicher Bewertung oder die Zusammenhänge zu den sogenannten straflosen Nachtaten, wie die Beseitigung eines zuvor getöteten Opfers, die grausame Ausmaße annehmen können und die trotzdem auf die juristische Beurteilung nur geringen Einfluß haben.

Nicht alle Fragen können hier beantwortet werden. Auch war es nicht das Anliegen des Autors, eine kritische Analyse der Strafakten vorzunehmen oder eine Beurteilung der mitunter drakonischen Urteile zu treffen, über deren Angemessenheit man geteilter Meinung sein mag. Ebensowenig sind das schizoide System der Verteidigung in der Rechtspraxis der DDR und die sogenannten Justizirrtümer, von denen auch die sozialistische Rechtsprechung nicht freiblieb, Gegenstand des Buches.
Dem Autor liegt mit seinem Bemühen um Authentizität und Objektivität daran, einen Beitrag im Disput um einen Teilbereich der DDR-Wirklichkeit zu leisten und einen kleinen Einblick in die Tötungskriminalität Ostdeutschlands und ihre kriminalistische Aufklärungspraxis zu vermitteln. Jede verklärende Nostalgie liegt ihm fern.
Es werden Fälle aufgegriffen, über die bisher überhaupt nicht, sehr wenig oder aber aus vordergründig ideologisch-politischen Gründen berichtet wurde.

Die Notwendigkeit, persönliche Daten und die Intimsphäre der Täter, Opfer und Zeugen zu schützen, begründet, daß vor allem die Namen der Beteiligten und, wo es geraten erschien, die auch Handlungsorte verändert, bestimmte Handlungsabläufe gestrafft oder auf das kriminologisch Typische konzentriert wurden.
Die agierenden Kriminalisten, Gutachter und höheren Polizeioffiziere sind keine erfundenen Figuren, vereinen in sich mitunter jedoch mehrere Persönlichkeiten, die mit dem jeweiligen Fall zu tun hatten. Die für eine plastische Darstellung der Berichte notwendigen Dialoge sind zumeist rekonstruiert oder nachempfunden, bleiben aber stets sach- und persönlichkeits-

bezogen und dienen der Charakterisierung der jeweilig beschriebenen Situation. Die Authentizität der Geschehnisse ist dadurch keineswegs beeinträchtigt und teilweise durch die beigefügten Dokumente belegt.

Im Anhang finden sich Erläuterungen zu den wichtigen Fachbegriffen und Abkürzungen. Die Angaben der Aktenzeichen soll dem beruflich Interessierten den Zugang zum Originalmaterial erleichtern.

Angst geht irre Wege

(Aktenzeichen I B 22/64 Bezirksstaatsanwalt Magdeburg)

Die heutige Bundesstraße 1 schlängelte sich einst als Reichsstraße 1 von Deutschlands Westgrenze nordwärts bis zum ostpreußischen Königsberg.
Der „Eiserne Gustav", ein Berliner Kutscher mit bürgerlichem Namen Gustav Hartmann, benutzte sie im Jahre 1928, damals achtundsechzigjährig, für seine legendäre Kutschfahrt nach Paris – ein, wenn auch erfolgloses, so doch originelles Aufbegehren gegen den unvermeidlichen Sieg des Automobils über die gute alte Pferdedroschke.
Für die DDR begann die Straße bei Marienborn an einem gewaltigen Schild aus Eisen und Beton mit mannshohem Staatswappen und der Aufschrift „Wir begrüßen Sie in der Deutschen Demokratischen Republik", was den meisten von Helmstedt aus einreisenden „BRD-Bürgern", wie die heutigen Wessis im Offizialjargon hießen, für den Rest ihrer Fahrt durch das Land der machthabenden Arbeiterklasse die Disziplin gezähmter Klosterschüler aufzwang. Von hier an war sie eine Fernverkehrsstraße, kurz die F 1. Als solche endete sie bei Kietz, einem stillen Dörfchen im Oderbruch, nahe der Grenze zu Polen.
Im nördlichen Sachsen-Anhalt führte die Straße durch Burg. Diese Kreisstadt verdient als Geburtsort des preußischen Militärtheoretikers Carl von Clausewitz durchaus Erwähnung, auch wenn sie als zentrale Produktionsstätte des begehrten Burger-Knäckebrots für die DDR-Realisten weitaus handfestere Bedeutung besaß.
Einige Kilometer hinter Burg zweigen von der B1 mehrere Landstraßen ab, die die Ortschaften Ziegelsdorf, Stresow, Grabow und Theeßen verbinden. Dort begann die Abgeschiedenheit ländlicher Idylle.
Anfang Juni 1964 jedoch schreckte die Bewohner dieser Gegend ein ungewöhnliches Ereignis aus ihrem täglichen Einerlei auf. Die LPG-Scheune in Grabow brannte lichterloh.

Das Aufgebot an Einsatzkräften aus dem VPKA Burg und der Kreisdienststelle des MfS war beeindruckend. Das hatte seinen Grund. Der Brandursachenermittler der Feuerwehr hegte den Verdacht einer vorsätzlichen Brandstiftung. So etwas rüttelte an den Grundfesten der Arbeiter- und Bauernmacht. Hier war zweifellos ein Feind tätig geworden, ein Saboteur des friedlichen Aufbaus der sozialistischen Landwirtschaft.

Vor wenigen Jahren hatte die Kollektivierung ihren Abschluß gefunden. Die meisten Bauern hatten sich teils aus Einsicht, teils aus Gehorsam, vielfach aber auch nach massiver, ja sogar handgreiflicher Überzeugungsarbeit in die Landwirtschaftlichen Produktionsgenossenschaften gefügt. Doch viele hatten ihren Hof bereits vor dem Bau der Mauer bei Nacht und Nebel verlassen, um weiter westlich ihr Glück zu versuchen. Das galt als Republikflucht – und als Verbrechen –, insbesondere dann, wenn sich der dem gesellschaftlichen Fortschritt Entziehende aus Zorn und Trotz den Flammen überließ, was mitzunehmen ihm verwehrt blieb. Die Sicherheitsorgane besaßen mit solchem Tun reiche Erfahrungen.

In Grabow schienen die Wahrung der Klasseninteressen und die Grundsätze der revolutionären Wachsamkeit ein solches Aufgebot zu rechtfertigen.

Man ging davon aus, daß der Täter mit den örtlichen Gegebenheiten bestens vertraut war und deshalb den Dorfbewohnern kein Unbekannter sein konnte.

Und so brodelte es denn in der Gerüchteküche. Ausgesprochene und unausgesprochene Verdächtigungen machten die Runde, und die phantastischsten Versionen wurden in der Ortsparteileitung, im Gemeinderat und natürlich im „Dorfkrug" ersonnen.

Allein, kein Verdacht vermochte sich verdichten, und sowohl die bevorstehenden großen Schulferien als auch die Vorbereitungen auf die täglichen Mühen der Erntezeit wären Anlaß genug gewesen, daß sich die aufgebrachten Gemüter allmählich wieder anderen Dingen zuwendeten, wenn nicht ein viel größeres Unheil seinen Lauf genommen hätte.

Es begann am 25. Juni in der Polytechnischen Oberschule in Theeßen. Lehrer Winfried Fanselow, 49, nutzte die letzte Stunde in seiner 10 b, um einigen seiner Schüler Besuche bei deren Eltern anzukündigen.

„Es geht um die Berufsausbildung und um ein paar Dinge, die mit dem Schulabschluß zusammenhängen. Also: Stötzel, Was-

dow und Pandelitz, ihr informiert bitte eure Eltern, daß ich heute im Laufe des Nachmittags mal auftauche."
Wasdow vermutete, daß es um Werbung als Soldat auf Zeit ging, die ihm eine Lehrstelle als Feinmechaniker sicherte. Beim Verlassen des Schulgebäudes wandte er sich fragend an Pandelitz, dem der Anlaß des Elternbesuches ebenfalls sonnenklar schien: „Der Fanselow will meinen Alten überzeugen, daß ich auf der LPG als Melker anfange. Da können die aber machen, was sie wollen. Nach der Fahne hau ich sowieso ab aus meinem Kaff."
Stötzel indes zuckte auf die Frage, warum der Lehrer auch zu seinen Eltern nach Grabow kommen wollte, gespielt gleichgültig mit den Schultern: „Keine Ahnung. Soll er doch, wenn's ihm Spaß macht."
Die Sechzehnjährigen schwangen sich auf ihre Fahrräder, verabschiedeten sich und radelten in verschiedene Richtungen heimwärts in ihre Dörfer.
In Manfred Stötzel wuchs die Beklemmung. Sein Kopf dröhnte, während er in die Pedale trat. Ein schlechtes Gewissen plagte ihn seit geraumer Zeit. Und das mit Recht. Jetzt schien das Verhängnis unabwendbar. Denn er war es, der Anfang des Monats die Scheune in Brand gesteckt hatte. Doch noch verdächtigte ihn niemand, und beim Löschen hatte er besonderen Eifer an den Tag gelegt. In diesem Punkt fühlte er sich einigermaßen sicher. Als schlimmer hatte er Lehrer Fanselows Standpauke vor einer Woche empfunden. Er war in letzter Zeit mehrmals der Schule unentschuldigt ferngeblieben, hatte also geschwänzt. Die Schule machte ihn fertig. Vor allem dienstags und mittwochs, wenn der Unterricht bis in die frühen Nachmittagsstunden andauerte, fühlte er sich hundeelend, hatte Kopfschmerzen und war für den Rest des Tages über alle Maßen gereizt. Wenn es ganz schlimm war, zitterten seine Hände, und ihm wurde so schlecht, daß er sich übergeben mußte. Anstatt dem Unterricht zu folgen, streifte er deshalb viel lieber durch die Wälder und dachte sich Geschichten aus. Gern würde er Elektriker werden. Nun rechnete er damit, keine Lehrstelle zu erhalten, zumal seine schulischen Leistungen über das Mittelmaß nicht hinausreichten. Er befürchtete, seine Eltern würden stinksauer reagieren und ihn – nicht zum ersten Mal – verdreschen.
Er hatte schon als kleiner Junge öfter Schläge bezogen, vor al-

Die von M. St. durch fahrlässige Brandstiftung zerstörte Scheune von Grabow.

lem, weil er sich mit anderen Kindern schwer vertrug, immer bestimmen wollte und sofort aggressiv wurde, wenn ihm etwas nicht paßte. Später hatte er deshalb lieber allein gespielt. So blieben auch seine Beziehungen zu seinem jüngeren Bruder eher blaß. Jetzt war er ein ausgesprochener Einzelgänger, ohne echte Freundschaften.

Seine Eltern, unermüdliche Landwirte und fest verhaftet mit ihrem Grund und Boden, gehörten noch zu den wenigen nicht kollektivierten Einzelbauern der Gegend. Tag und Nacht waren sie für ein einigermaßen gutes Auskommen auf den Beinen. Der Vater war ein stiller, fleißiger, im Grunde anspruchsloser Mann, der abends sein Bier trank und, sobald er den Fernseher eingeschaltet hatte, im Sessel einschlief. Daß die Mutter im Hause das Sagen hatte, nahm er widerspruchslos hin. Er empfand es eher als entlastend.

Stötzel fürchtete sich nur vor einem: Wenn es herauskäme, das Schuleschwänzen, oder gar das Feuerlegen an der Scheune, dann würde er von der Mutter eine tüchtige Tracht Prügel beziehen. Mindestens. Dabei war er fast einen Kopf größer als seine Mutter. Was konnte er tun? Nur eins beschäftigte ihn: Wie konnte er es anstellen, daß Lehrer Fanselow nicht in Grabow bei seinen Eltern erschien? Vielleicht konnte man ihn davon abhalten, ihn überreden. Bloß wie? Alles Grübeln half ihm nicht

weiter. Als er das elterliche Gehöft erreichte, hatte er noch keinen Ausweg gefunden. Wie einen Abgrund empfand er, was vor ihm lag. Er mußte den Sturz abwenden, durfte nicht länger zögern. Stötzel stellte sich den möglichen Zeitplan seines Lehrers vor. Der mußte so gegen sechs Uhr abends im benachbarten Stresow bei den Eltern von Pandelitz sein.
Beim Mittagessen erinnerte der Vater daran, daß er den ganzen Nachmittag auf dem Rübenacker beschäftigt sein würde. Die Mutter indes plante, nach Burg zu fahren. Im Dorf hatte man erzählt, daß es dort Kinderbadewannen aus Plaste geben würde – eine Rarität des sozialistischen Einzelhandels.
„Das wäre das richtige Geschenk für Lisbeths Tochter zur Entbindung." Sie freute sich über die Idee, als der Junge, dessen Schweigsamkeit auffällig war, herauspreßte: „Fanselow kommt heute Abend. Elternbesuch."
„Heute?" fragte die Mutter unwillig. „Kann er nicht früher Bescheid sagen? Oder weißt du das schon länger?"
„Nein, er hat's heute gesagt, es geht um den Schulabschluß oder so was."
„Das paßt mir aber gar nicht. Kommt selten genug, und dann grade, wenn ich was vorhabe."
Doch schon ist die Mutter beschwichtigt. „Ist nicht so schlimm, dann fahre ich ein anderes Mal nach Burg", reagierte sie überraschend. „Du bist mir schon wichtiger als die Wanne. Die kriege ich auch noch ein andermal."
Der Vater war vom Tisch aufgestanden: „Manne, kommst du mit raus in die Rüben?"
„Nee, geht nicht, wir haben noch von der FDJ was – in Theeßen", log Stötzel.
Hinter seinen Schläfen hämmerte es schmerzhaft, so sehr beschäftigte ihn die nahende Bedrohung. Während sein Bruder der Mutter beim Abwasch half, zog er sich nachdenklich zurück. Der Schuppen war der einzige Ort, an dem er sich allein und sicher fühlte. Dort stand sein Fahrrad, an dem er gern herumbastelte, dort befand sich allerlei Werkzeug, dorthin hatte er Omas alten Volksempfänger gerettet, der immer noch funktionierte. Über eine Stunde verging, bis er den Schuppen verließ. Zwar hatte er noch keinen Plan, aber eins stand fest: Fanselow darf nicht nach Grabow kommen!
Ich werde ihm sagen, meine Mutter ist nach Burg gefahren, und Vater ist auf dem Rübenacker, keiner hat Zeit! Fanselow müßte

dann sagen: Gut, verschieben wir den Besuch! Und wenn er das nicht tut? – Die Gedanken schossen durch seinen Kopf, während er seinen Pflichten nachging. Er fütterte die Hühner, stampfte in der Futterküche Kartoffeln für die Schweine, wie es seine Aufgabe war.
Dann kehrte Manfred Stötzel in den Schuppen zurück. Beim Anblick der Werkzeuge nahm die Lösung Gestalt an: Ich werde ihn irgendwie verwunden, dann muß er zum Arzt und kann nicht zu uns kommen. Nur ein bißchen stechen, irgendwie ritzen oder stechen. Nur verletzen. Es darf nicht schlimm sein, aber er muß gleich zum Arzt! Nein, sterben darf er nicht. Das war's. Endlich wurde er ruhig, merkwürdig ruhig. Seine Blicke tasteten über die Werkzeuge. Damit geht's! Er griff nach einem spitzen, kantigen Gegenstand, einer Reibahle mit etwa handlanger Klinge, betrachtete sie wie abwesend.
Dann setzte er sich an das verstaubte Radio und suchte ... den Freiheitssender 904.

Es war einer der Tarnsender der DDR-Ideologen, der als Waffe im kalten Krieg eingesetzt wurde. Mit seinen Schlagern sollte er vor allem die westdeutsche Jugend auf sich aufmerksam machen. Die DDR-Jugend indes weigerte sich zu akzeptieren, daß ihnen verboten sein sollte, diesen Sender zu hören. Seine Sendeantennen verbargen sich in einem polizeilich geschützten Wald bei Reesen, in der Nähe von Burg. Von dort aus begann er am 18. August 1956, einen Tag nach dem KPD-Verbot in der Bundesrepublik, zu senden.
Doch das alles wußte Stötzel nicht. Es interessierte ihn einfach nicht. Viel wichtiger war etwas anderes: Hier kam Musik nach seinem Geschmack – die besten Hits aus dem Westen, die man auf heimischen Radiofrequenzen vergeblich suchte. Nur hin und wieder wurden die heißen Rhythmen für kurze Augenblicke unterbrochen. Dann hauchte eine zarte Frauenstimme geheimnisvolle Sätze in den Äther, wie „Achtung, Bäckermeister! Der Teig wird sauer." Kein Mensch verstand das. Doch es erweckte den Eindruck, daß die kommunistischen Untergrundkämpfer Westdeutschlands auf diesem Wege wichtige Nachrichten erhielten. Solche Unterbrechungen waren lästig, doch wurden sie in Kauf genommen, um Drafi Deutscher, Siv Malmquist, die Rolling Stones oder die Tornados in die ostdeutschen Stuben zu holen.

Bis zum späten Nachmittag saß er so da, die Reibahle in den Händen.

Dann verstaute er sie in seiner Gesäßtasche, nahm sein Fahrrad und verließ endgültig den Schuppen. Er war ohne Hast und Anspannung, sah noch nach der Mutter im Gemüsegarten hinter dem Haus, ohne sie anzusprechen, und radelte gemächlich nach Stresow.

Sein Ziel war das Gehöft der Familie Pandelitz. Wie erwartet, entdeckte er das sorgfältig abgestellte Motorrad seines Lehrers auf dem Hof. Sein Schulkamerad war nicht zu sehen, aber dessen jüngere Geschwister, die dort spielten, kamen Stötzel eilig entgegen, um ihm das Geheimnis anzuvertrauen: „Euer Klassenlehrer ist da!"

„Ich weiß", antwortete Stötzel sicher. Eins der Kinder lief ins Haus, und bald darauf kam Frau Pandelitz heraus und fragte Stötzel, was er wolle.

„Herr Fanselow wollte auch zu uns kommen, aber meine Mutter fährt heute noch nach Burg, und mein Vater ist in den Rüben, bis spät. Ich will nur fragen, ob er gleich kommen könnte, weil meine Mutter noch da ist." Stötzel sprach es ohne Hemmungen.

„Wir sind sowieso fertig, ich sage ihm Bescheid. Fahr zu deiner Mutter und sag ihr, er kommt gleich", entgegnete Frau Pandelitz und kehrte ins Haus zurück.

Stötzel schwang sich auf sein Fahrrad und radelte betont langsam zurück zur Grabower Landstraße.

Es war ein milder, sonniger Frühsommertag. Der Wald, durch den der Weg nach Grabow führte, war schattig und kühl. Um Zeit zu schinden, beschrieb Stötzel riesige Achten um scheinbare Hindernisse. Seine Hände waren kalt wie immer, wenn er erregt war. Er mochte eine Weile so gefahren sein, da endlich vernahm er hinter sich das ferne Knattern eines nahenden Motorrads.

Fanselow! – Das muß er sein. Schlagartig wich das Blut aus dem Gesicht des Jungen. Mit gewaltiger innerer Anspannung versuchte er der jähen Kraftlosigkeit Herr zu werden. Er zitterte wie Espenlaub. Doch schließlich gewann er seine Konzentration wieder, und bemühte sich, unauffällig weiterzufahren, jetzt geradeaus. Nur wenige Augenblicke später war das Motorrad heran und verlangsamte das Tempo. Die abgewetzte Aktentasche hing dem Lehrer an einem Riemen über der Schulter. Fanselow paßte sich der Geschwindigkeit an und begann gleich

das Gespräch: „Du kannst dir ja denken, was ich mit deinen Eltern besprechen muß."
„Meine Mutter schlägt mich zusammen", preßte der Junge hervor.
„Wird wohl nicht so schlimm werden, Stötzel. Schuleschwänzen ist doch kein Verbrechen." Und nach einer kurzen Pause: „Oder hast du noch mehr auf dem Kerbholz?"
Die Frage verwirrte Manfred Stötzel. Ahnte der Fanselow etwas wegen der Scheune? Der blieb die Antwort schuldig. Eine unheimliche Macht schnürte Stötzel das Herz zusammen, so daß er nur an das eine dachte: Jetzt muß es passieren!
In stiller, irgendwie makabrer Eintracht fuhren der Rad- und der Motorradfahrer nebeneinander her. Der Junge aber nahm die Geräusche der Umgebung nicht mehr wahr, das Motorrad des Lehrers glitt lautlos wie ein Phantom neben ihm her. Er verlangsamte sein Tempo. Der ahnungslose Fanselow fuhr nun eine Nasenlänge vor ihm. Stötzel fixierte den Rücken seines Lehrers und dachte: „In die linke Seite muß ich stechen!" Kein Gedanke mehr an ein bloßes Ritzen.
Fanselow spürte die peinliche Situation und versuchte sie mit Worten zu überspielen: „... wenn du eine Abreibung kriegst, die kannst du doch wohl verkraften."
Das war der Moment. Stötzel zog die Reibahle aus der Hosentasche, fuhr dichter an den Mann heran und rammte sie mit voller Wucht in dessen Rücken. Der Stoß ließ ihn schwanken, und beinahe wäre er vom Rad gestürzt. Der Lehrer fuhr noch einige Meter, ehe ein Schlagloch das Motorrad zum Kippen brachte.
Fanselow lag bäuchlings im Sand. Er versuchte sich aufzustützen und stöhnte: „Stötzel, warum?"
Aus dem Tank des Motorrads lief inzwischen Benzin. Die Räder trudelten allmählich aus. Immer wieder wollte sich Fanselow aufrichten, aber Stötzel war bereits bei ihm und stach abermals in den Rücken seines Lehrers, den die Kräfte verließen. Er stöhnte. Mit weit aufgerissenen Augen drehte er den Kopf zur Seite und starrte auf den Angreifer. Immer wieder stieß er hervor: „Stötzel, warum, Stötzel!"
Der Junge war über die Wirkung seiner Attacke erschrocken, Angst schüttelte ihn. Gleichzeitig überkam ihn eine unbeschreibliche Wut über die Fassungslosigkeit des Lehrers, der doch hätte wissen müssen, wie sehr er gelitten hatte. Die Wut

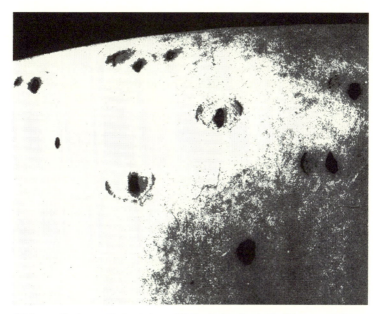
Rückenpartie des getöteten Lehrers W. F. mit den durch die Ahle verursachten tiefen Einstichen.

machte ihn so benommen, daß er sich später nur noch bruchstückhaft daran erinnern kann, wie er das Tatwerkzeug wieder einsteckte und einen großen Feldstein nahm, um seinem Lehrer den Kopf zu zertrümmern. Erst als er kein Lebenszeichen mehr wahrnahm, ließ er von seinem Opfer ab.
Es war still geworden auf der Landstraße nach Grabow. Stötzel betrachtete seine Hände und die Kleidung. Sie waren fast sauber. Das Hemd des Lehrers dagegen sog sich mit Blut voll. Aus den Wunden sickerte es rot in den Sand.
Urplötzlich ließ seine innere Starre nach. Ein neuer Gedanke ergriff von dem Jungen Besitz: Fanselow muß verschwinden! Also packte er seinen Lehrer an den Füßen und schleifte ihn weit ins dichte Unterholz des Waldes. Abseits jedes zufälligen Blicks ließ er den Körper im Dickicht liegen.
Wieder auf der Landstraße, fand er die Aktentasche, die er weit in den Wald schleuderte, ehe er das Motorrad aufrichtete, um es sorgfältig hinter einer dichten Gebüschgruppe zu verstecken. Mit einem Zweig fegte er den Sand über die kleinen Blutlachen und verwischte sie bis zur Unkenntlichkeit.
Jetzt hatte sich der Schüler beruhigt. Ohne Emotionen bestieg

er sein Fahrrad und radelte zum Rübenacker seines Vaters, der hinter dem Wald, kurz vor Grabow lag.

Er wußte, wo der Vater gewöhnlich sein Fahrrad und die Geräte am Rande des Feldes ablegte. Dorthin fuhr er. Der Vater arbeitete weit draußen auf dem Acker und bemerkte seinen Sohn nicht. Stötzel griff sich einen Spaten, schwang sich erneut auf sein Rad und kehrte zu dem Dickicht zurück, in das er den Körper seines Lehrers geschafft hatte. Alles dort war ruhig und schien unverändert. Den Spaten bei seinem Opfer zurücklassend, kehrte er unverzüglich zum Rübenacker zurück. Das alles nahm nur wenige Minuten in Anspruch. Jetzt benahm er sich so auffällig, daß der Vater ihn bemerkte und ihm aus der Mitte des Ackers zuwinkte. Warum Stötzel den Spaten zu Fanselow brachte, um dann gleich wieder umzukehren, konnte er sich selbst nicht beantworten.

Jäh hatte ihn die Angst wieder eingeholt, nicht die Angst vor seinem Tun, vor sich selbst, sondern die Angst vor dem Entdecktwerden, wie beim Scheunenbrand. Nein, so eingehend hatte er das alles nicht geplant.

Bloß nichts anmerken lassen, so tun, als sei nichts geschehen! Stötzel griff sich eine Hacke und stapfte über die Furchen hinweg auf seinen Vater zu, sorgsam darauf achtend, daß er die jungen Rübenpflanzen nicht niedertrat.

„Ich habe nicht viel Zeit, muß noch nach Stresow", sagte er anstelle einer Begrüßung.

„Mach, solange du kannst", kam es kurz zurück.

Mit schnellen, geübten Bewegungen lockerten die beiden Männer den verkrusteten Ackerboden rings um die Pflänzchen. Bei dieser Arbeit sprach man nicht, sondern hing seinen Gedanken nach. Das Knirschen der Hacken auf der ausgetrockneten, aufstaubenden Erde war das einzige Geräusch. Nach gut einer halben Stunde meinte Stötzel, seiner Pflicht nachgekommen zu sein, und überließ, still und wortkarg wie sonst auch, die endlosen Rübenreihen der Ausdauer des Vaters.

Je weiter er sich vom Vater entfernte, um so stärker plagte ihn der Gedanke an den leblosen Fanselow im Wald. Da war auch wieder die Angst, die kalte Angst, und eine Frage bohrte sich in sein Hirn: Hat ihn schon jemand gefunden?

Aber die Landstraße lag ruhig. Das Knacken der Pedale seines Fahrrads und das Schlagen der Kette an den blechernen Schutz blieben das einzige Geräusch, das der Wald schnell schluckte.

Doch ihm kam es laut vor, er meinte sogar, ein Echo zu hören. Bei dem Versteck angekommen, hatte er das Gefühl, als liege Fanselows Körper nicht mehr so, wie er ihn verlassen hatte. Das Herz schlug ihm bis zum Halse. Er beugte sich über ihn, und panischer Schrecken packte den Schüler, als er das leise, kaum hörbare gurgelnde Atemgeräusch vernahm, das Fanselows zertrümmerter Körper noch von sich gab. Hastig zog er die Reibahle hervor und stach blindlings auf den Sterbenden ein. Neunzehn Stiche zählte man später. Der Lehrer war tot.

Jetzt mußte die Leiche verschwinden. Da lag auch noch der Spaten, mit dem er neben dem Toten eine Grube aushob, tief und breit genug, um den leblosen Körper ohne Anstrengungen hineinzurollen. Sodann schüttete er das Grab zu, trat die Oberfläche fest und glich die Stelle mit Laub und Zweigen der Umgebung an.

Er hatte sich wieder in der Gewalt, hatte seine eiskalte Teilnahmslosigkeit wiedererlangt, ja, er fühlte sogar eine gewisse Zufriedenheit über das Werk seiner Spurenbeseitigung. Schließlich fiel ihm noch die weggeworfene Aktentasche seines Lehrers ein. Er fand sie bald und vergrub sie zwei Spatenstiche tief, ohne einen Gedanken an ihren Inhalt zu verschwenden.

Wieder auf dem Weg nach Grabow, kam ihm das Motorrad in den Sinn, das er eigentlich auch hätte eingraben sollen. Doch seine Energie war aufgebraucht. Jetzt konnte er nicht mehr. Nur die Ahle, von ihr mußte er sich noch trennen, und beim Fahren schleuderte er das unheimliche Werkzeug in weitem Bogen in ein Roggenfeld. Daheim säuberte er sofort den Spaten und stellte ihn zu dem anderen Gerät.

Wenig später saß die Familie am Abendbrottisch. Er hatte sich wieder so weit gefaßt, daß er eine Riesenportion Bratkartoffeln und Spiegeleier mit großem Appetit verdrücken konnte. Gleichgültigkeit stieg in ihm auf.

Am nächsten Morgen war die Hölle los. Die Frau des Lehrers hatte nach schlaflosen Stunden und dunklen Ahnungen, daß ihrem Mann etwas zugestoßen sein könnte, in aller Frühe beim ABV eine Vermißtenanzeige aufgegeben. Sie wußte, daß er am Vorabend gegen 18 Uhr das Gehöft der Familie Pandelitz in Stresow verlassen hatte, um in Grabow einen weiteren Elternbesuch abzustatten. Doch Frau Stötzel beteuerte, vergeblich auf den Klassenlehrer ihres Ältesten gewartet zu haben. Der ABV tat sofort das Naheliegende. Auf seine Bitte hin erklärte sich der

Revierförster bereit, mit einer Gruppe von Schülern den Weg von Stresow nach Grabow abzusuchen. Unter den Freiwilligen der Suchaktion befand sich auch Stötzel. Noch am Morgen wurde der Wald zwischen den beiden Dörfern in einer Breite von etwa hundert Metern links und rechts der Landstraße durchgekämmt. Nur eine knappe Stunde dauerte es, bis der Revierförster das Motorrad des Lehrers fand. Wenn bis dahin die meisten Beteiligten nicht im geringsten an ein Verbrechen gedacht hatten, zweifelte mit der Entdeckung des Motorrads niemand mehr daran, daß dem Lehrer etwas Ungeheuerliches zugestoßen sein mußte.

Nun brauchte es nur noch wenige Minuten, bis der Förster hinter einem Gebüsch auf frisches Erdreich stieß. Hier mußte gegraben worden sein. Die Erregung der Schüler war auf dem Höhepunkt, doch der ABV ließ die Suche abbrechen. Seine Kompetenz endete hier. Für ihn war ein untrüglicher Verbrechensverdacht entstanden. Seine Meldung an den Kriminaldauerdienst des VPKA Burg führte dazu, daß die Morduntersuchungskommission aus Magdeburg, der Bezirkshauptstadt, angefordert wurde. Wenig später trafen die Spezialisten ein: Drei Mitarbeiter der MUK gemeinsam mit ihrem Chef, zwei Kriminaltechniker, eine Gerichtsärztin und ein Fährtenhundeführer mit „Rex", einem stattlichen Schäferhundrüden.

Mit großer Vorsicht wurde die vermeintliche Grabstelle freigelegt und der Leichnam des Lehrers Fanselow geborgen. Da die Tatzeit noch nicht weit zurücklag, ließ sich die Leiche sicher identifizieren, und auch die junge Magdeburger Gerichtsärztin konnte noch am Tatort ihre erste Diagnose treffen: Tod durch innere Verblutung infolge scharfer Gewalteinwirkung.

Die Frage nach der vorsätzlichen Herbeiführung der Verletzungen ließ sich anhand der überzeugenden Befunde an der Leiche rasch bejahen: Die Stiche wurden wahllos ausgeführt, teilweise durch das Hemd des Lehrers hindurch, sie trafen im wesentlichen die Rückenpartie, die Blutablaufspuren belegten eindeutig, daß die meisten Stiche gegen das bäuchlings liegende Opfer geführt worden waren.

Diensthund „Rex" leistete indes eine zuverlässige Sucharbeit. Angesetzt am Fundort der Leiche, verfolgte er die Spur nicht allein bis zur Stelle, an der die Aktentasche vergraben war, sondern verwies sogar in dem an den Wald grenzenden Roggenfeld auf das blutbehaftete Tatwerkzeug.

Die weiteren Ermittlungen bedeuteten für die MUK reine Routine. In der Aktentasche des Lehrers fand man drei Schülerakten, eine trug den Namen „Manfred Stötzel". Stötzels Angaben zu seinem Alibi für die fragliche Zeit waren voller

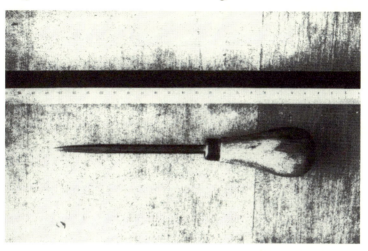

Tatwerkzeug, das M. St. zur Tötung seines Klassenlehrers verwendete.

Ungereimtheiten. Ausreichende Fingerabdruckspuren am Motorrad, an der Tasche und am Tatwerkzeug sorgten ebenso für eine schnelle Begründung seiner Täterschaft wie die an seiner Hosentasche nachgewiesenen Blutspuren mit Fanselows Blutgruppe.
Noch am selben Tag wurde das Ermittlungsverfahren gegen Manfred Stötzel eingeleitet, und er wurde verhaftet.
In den ersten Stunden seiner Vernehmung stellte Stötzel ein naives, leicht durchschaubares Verteidigungsverhalten zur Schau. Darauf folgte eine kurze Pause der Verstocktheit, in der er sich zu einem Gespräch überhaupt nicht bereit zeigte. In den späten Abendstunden schließlich brach er sein Schweigen und begann zunächst zu schildern, wie er den Brand an der Grabower Scheune gelegt hatte. Keineswegs hätten ihn staatsfeindliche Motive bewogen. Er habe erst ein kleines Feuer machen wollen, doch konnte er die Flammen nicht mehr bändigen. Als ihm das bewußt wurde, habe er das Weite gesucht. Bei den Löscharbeiten sei er dann besonders aktiv gewesen, wofür er von den Feuerwehrleuten lobende Worte erntete.

Dann gestand er, den Lehrer getötet zu haben. Eigentlich habe er Fanselow ganz gut leiden können, aber sein bevorstehender Elternbesuch habe ihn so verrückt gemacht, daß er keinen anderen Ausweg gesehen habe. Erst wollte er ihn nur stechen, damit der Lehrer zum Arzt hätte gehen müssen, doch dann sei der Jähzorn über ihn gekommen, und er habe ihn getötet.

Im Ermittlungsverfahren wurde Manfred Stötzel psychiatrisch begutachtet. Mehrere Wochen stand er unter fachärztlicher Beobachtung. Die zahlreichen klinischen Untersuchungen und Explorationen nahm er widerstandslos hin. Er blieb wortkarg und in sich gekehrt, wenngleich er sich an manchen Tagen freundlich und aufgeschlossen, ja zuweilen sogar läppisch albern zeigte.

Das Ergebnis der psychiatrischen Untersuchung beeinflußte den weiteren Verlauf des Verfahrens: Der Gutachter wies nach, daß Manfred Stötzel an einer organischen Schädigung des Stammhirns litt – Folge einer frühen Enzephalitis (Gehirnentzündung).

Diese Schädigung und eine die Persönlichkeit beeinträchtigende auffällige hormonelle Störung, die in der Fachsprache als endokrines Psychosyndrom bezeichnet wird, veranlaßten das Gericht nach § 42 des DDR-Strafgesetzbuches, wegen verminderter Zurechnungsfähigkeit die Unterbringung Stötzels in einer Heil- und Pflegeanstalt anzuordnen.

Die Antennen-Connection

(Aktenzeichen I BS 46/64 Bezirksstaatsanwalt Erfurt)

Anfang der sechziger Jahre mußte der brave DDR-Bürger für einen Fernsehapparat der einheimischen Marken „Staßfurt" oder „Rafena", deren Qualität gegenüber den aus dem sowjetischen Bruderland importierten Geräten unbestritten besser war, um die zweitausend Mark auf den Ladentisch legen, ganz zu schweigen von der Summe, die unterm Ladentisch dem Verkäufer zugeschoben wurde. Das war immerhin ein Betrag, der nahezu zwei Monatsverdiensten eines Arztes in einem großstädtischen Krankenhaus entsprach.
Rentner besaßen allerdings das Privileg, für den Erwerb eines solchen Objekts der Begierde einen großzügigen zinslosen Kredit in Anspruch nehmen zu können. Und nicht einmal eine Anzahlung war notwendig. So wurde manche Oma von ihrer Verwandtschaft gehätschelt und sanft gedrängt, der Familie das ersehnte Utensil zu ermöglichen.
Unmittelbar nachdem am 1. April 1963 das Zweite Deutsche Fernsehen seine erste Sendung ausstrahlte, boomte der illegale Bau von Tunern, kleinen Vorsatzgeräten zur Einstellung auf die UHF-Frequenzen, mit denen das ZDF problemlos empfangen werden konnte. Erst sechs Jahre später, als sich der Arbeiter- und Bauernstaat ein zweites Fernsehprogramm auf dem UHF-Kanal leisten konnte, gelangten auch die Tuner in den sozialistischen Einzelhandel. Nun konnte man ein zweites eigenes Programm empfangen, sehr zum Gefallen der Partei- und Staatsführung, die aber auch in Kauf nehmen mußte, daß ein weiterer Sender des Klassengegners ebenfalls in die Wohnstuben gelangte. Bis dahin aber sicherte der Tunermarkt findigen Bastlern einen einträglichen Nebenverdienst.

Ewald Triglitz, 26, und seine Freunde Rudi Asbach, 25, und Waldemar Pfeffenrat, 28, besaßen zwar nicht das technische

Talent, um auf diese Weise ihre Einkünfte aufzumöbeln. Doch sie diskutierten immer wieder die Frage, wie man aus dem allgemeinen Fernsehfieber Kapital schlagen könnte, ohne über die technischen Voraussetzungen für den Tunerbau zu verfügen. Da Ewald Triglitz aushilfsweise in der Erfurter Reparaturwerkstatt der PGH „Radio und Fernsehen" arbeitete, wußte er immerhin, mit welcher Ungeduld die Kunden auf die Instandsetzung ihrer Geräte warteten. Aber die Werkstatt war völlig überfordert. Ersatzteile standen nur knapp, Ausleihgeräte gar nicht zur Verfügung. Stets war langes Warten angesagt. Er hatte das Werkstattchaos bereits ausgenutzt, um gelegentlich eines der Reparaturgeräte für sich abzuzweigen und unter der Hand umzurubeln. Die Genossenschaft hatte dann dem drängenden Kunden Ersatz schaffen müssen. Für Triglitz konnte das allerdings keine Dauerlösung sein. Das Risiko, erwischt zu werden, erschien ihm doch zu groß.

Die Zusammenkünfte der drei Freunde wurden immer regelmäßiger und bald kam die Dumpfheit chronischen Trinkerverhaltens hinzu. Doch auch ihre Überlegungen zur möglichen Aufbesserung ihres Taschengeldes nahmen immer schärfere Konturen an. Dabei konzentrierten sie sich stärker auf Fernsehapparate und ihr Zubehör.

Denn es war klar: ein defekter Fernseher konnte das bürgerliche Seelenleben aus dem Gleichgewicht bringen. Es war kaum zumutbar, ein freies Wochenende ohne die geliebte Flimmerkiste zu verbringen. Ganze Sipp- und Nachbarschaften lümmelten Samstagabends in den Wohnstuben der wenigen Privilegierten, die das elektronische Kleinod nebst Tuner besaßen. Die Straßen waren leergefegt, wenn Chris Howland, der Herzensbrecher Freddy Quinn, die Krimiserien von Durbridge oder die Klamotten des „Ohnsorg-Theaters" ihre Aufwartung auf den Bildschirmen hinter der Mauer machten. Als im Jahre 1963 Borussia Dortmund deutscher Fußballmeister wurde, dämpften nur die Häuserwände die millionenfachen Jubelschreie der ostdeutschen Fußballfans, unabhängig davon, ob sie ein Parteiabzeichen trugen oder nicht.

Triglitz, ein schlanker, eitler Blondkopf, kam mit seiner Altklugheit bei seinen Freunden gut an. Der schwerfällige Kraftprotz Asbach und Pfeffenrat, der unsichere Typ mit dem ständigen Dreitagebart, besaßen beachtlichen Respekt vor seiner praktischen Intelligenz. Sein Vorschlag, die Gunst der Stunde zu nutzen, wurde von ihnen gern aufgenommen. Mit geheimnisvollem Getue verbreiteten sie im Milieu der Erfurter Kneipen rings um den Hauptbahnhof, daß sie den Aufbau von Fernsehantennen organisieren könnten, die ein tadelloses „Westbild" garantierten. An Aufträgen mangelte es ihnen bald nicht mehr. Denn auch Fernsehantennen zählten seinerzeit zu den Raritäten der sozialistischen Planwirtschaft.

Und so montierten sie im Verlaufe der Zeit auf knapp siebzig Erfurter Dächern Antennen, die Ewald Triglitz aus der Werkstatt für sie abzweigte. Dafür forderten sie von den Kunden entsprechend satte Preise. Doch diese Nebeneinnahmen reichten ihnen nicht aus. Immerhin hatte Triglitz sechs Kinder zu ernähren, und Pfeffenrats monatliche Einkünfte als Glasreiniger schmolzen beträchtlich zusammen, wenn er die Alimente für seine beiden Kinder an die Ehefrau überwies. Auch Asbach war ständig knapp bei Kasse. Sein Gehalt als Aushilfsfahrer bei einem Taxiunternehmen ging zum überwiegenden Teil an seine Frau, die sich um die drei Kinder sorgte. Also blieb den Freunden nicht allzuviel, um ihre regelmäßigen Freß- und Sauforgien zu finanzieren.

Ihr Erfindergeist gebar bald eine weitere Idee: Wenn man nämlich Leuten, die sich bereits bester Ost- und Westfernsehbilder erfreuen, kurzerhand die Antennen heimlich durchschneidet, daß es nur so flimmert, dann ließe sich durch unbemerkten Zusammenbau der Schnittstellen mit einigem schauspielerischen Geschick eine gewinnbringende Reparatur am Fernsehgerät vortäuschen. Einfach zu bewerkstelligen, aber höchst wirksam im Effekt. Es kommt also nur darauf an, die Arbeit einzuteilen und geeignete Kunden auszusuchen.

Schon kurze Zeit darauf eilten die ersten Omis in die Werkstatt der PGH „Radio und Fernsehen", um den vermeintlichen Defekt an ihren Fernsehgeräten beheben zu lassen. Triglitz brauchte nur die Ohren zu spitzen und sich heimlich die Kundenaufträge anzusehen. Noch ehe der offiziell bestellte Mechaniker erschien, war Triglitz schon zu Stelle. Und es bedurfte kaum der Kunst der Überredung, klarzumachen, daß er zwar die Reparatur ohne Auftrag seiner Genossenschaft durchführte, folglich dafür auch keine Rechnung ausfertigen könnte, aber dafür sofort zur Stelle war. Und während er den ehrfurchtsvoll dreinschauenden Omis die Innereien Ihrer Fernsehgeräte präsentierte und in schwülstigem Fachchinesisch den angeblichen Defekt erläuterte, den er nun fachmännisch zu beseitigen gedenke, knüpfte einer seiner Freunde auf dem Dach die Antennen wieder sorgfältig zusammen, während der Dritte die ganze Aktion vor möglichen Störern absicherte. Triglitz brauchte dann nur noch bei passender Gelegenheit den Kundenauftrag zu annullieren. In den feuchtfröhlichen Auswertungen am Abend teilten die drei Freunde das pekuniäre Ergebnis ihres Tagwerks unter sich auf. Wenn auch bis zu diesem Zeitpunkt ihrem kriminellen Tun durchaus etwas Amüsantes anhaftete, so änderte sich die Situation am Abend des 22. Februar 1964, als das Trio wieder in gemütlicher Runde in der Kneipe saß und der 74jährige Leopold Hobeck das Lokal betrat.

Triglitz hatte den alten Mann vor zwei Jahren kennengelernt. Er wußte, daß dieser ziemlich wohlhabend war und nach dem Tode seiner Ehefrau bei den Behörden den Antrag eingereicht hatte, zu Verwandten nach Westdeutschland ziehen zu dürfen. Vielleicht ließe sich etwas von dem Alten abstauben. Blitzschnell waren sich die Freunde einig. Pfeffenrat und Asbach schlichen sich aus dem Lokal, ohne daß Hobeck sie bemerkte. Scheinheilig bat Triglitz den Rentner zu sich an den Tisch.

Es wurde reichlich getrunken. Und der alte Hobeck schilderte arglos, daß er seine Rente durch den Verkauf der reichlichen Schmucksachen seiner verstorbenen Frau aufbesserte und überhaupt seinen Hausrat feilbot, weil er ohnehin dem Land des historischen Fortschritts den Rücken kehren und nichts in den Westen mitnehmen wolle. Voller Konzentration lauschte sein Gesprächspartner. Dann fragte er den Rentner unverblümt, ob dieser an einem Geschäft interessiert sei, daß Triglitz in Ermangelung des notwendigen Ausgangskapitals allein nicht abschließen könne. Flugs war er dabei, Hobeck eine glaubhafte Geschichte aufzutischen. In ihrem Kern ging es darum, daß Triglitz jemand kennen würde, der seinen PKW „Wartburg" für zehntausend Mark verkaufen würde und er gleichzeitig einen anderen an der Hand hätte, der ohne zu zucken fünfzehntausend Mark für ein solches Gefährt hinblättern wollte. Das Problem liege nur darin, daß er nicht flüssig genug sei, um als Zwischenkäufer aufzutreten, um dem anderen den Wagen mit Mehrgewinn verkaufen zu können.

Er bot dem alten Hobeck schließlich an, sich in das Geschäft einzuklinken. Er brauchte nur die zehntausend Mark Kaufpreis vorzustrecken, die er nach dem Verkauf sofort zurückerhalten würde, zuzüglich der beachtlichen Summe von dreitausend Mark aus dem Verkaufserlös. Das hörte sich gut an. Und Hobeck war einverstanden. Selbst wenn der ansonsten eher mißtrauische alte Mann immer noch die Spur eines Argwohns besessen hätte, die Zweifel waren restlos beseitigt, als Triglitz ihm zusicherte, daß er dem Kauf- und Verkaufsprocedere als Beobachter beiwohnen könne. Dann beriet man die Einzelheiten.

Einige Tage später teilte Triglitz dem Alten mit, daß das Geschäft auf Wunsch des vermeintlichen Kunden in einer gemütlichen Waldgaststätte unweit von Küllstedt, wenige Kilometer von Mühlhausen, abgeschlossen werden sollte. Das war immerhin eine knappe Autostunde von Erfurt entfernt. Doch er beruhigte Hobeck, dazu selbstverständlich ein Taxi zu benutzen. Triglitz kannte sich in der Umgebung von Küllstedt bestens aus, hatte seine Kindheit dort verlebt und war mit den topographischen Gegebenheiten dieser waldreichen Gegend vertraut. Deshalb kam ihm die Idee, Hobeck dorthin zu locken.

Triglitz hatte feine Fäden gesponnen. An krimineller Phantasie mangelte es ihm wahrlich nicht. Der unbändige Drang nach Verwirklichung seines Planes erzeugte sogar eine solche Suggestivwirkung auf Pfeffenrat und Asbach, daß er sie bald überzeugt hatte, den alten Hobeck zu töten, auszurauben, sich seiner Wohnungsschlüssel zu bemächtigen, seine Leiche verschwinden zu lassen und mit aller Gelassenheit das Brauchbare aus der Wohnung zu holen.

In mehreren intensiven Gesprächen zimmerte das Trio an dem schrecklichen Szenario. Dann waren die Rollen verteilt.

Am 27. Februar 1964 war es soweit. Triglitz erschien bei Hobeck und ließ ihn wissen, daß ein Taxi bestellt sei. Man wartete. Rudi Asbach hatte zuvor beim VEB Kraftverkehr einen Mietwagen besorgt und läutete zur vereinbarten Zeit an Hobecks Wohnungstür, tunlichst darauf bedacht, den Alten nicht spüren zu lassen, daß er Triglitz kenne. Die beiden Männer bestiegen das Fahrzeug. Betont förmlich nannte Triglitz das Fahrziel. Er war trotz gewaltiger innerer Anspannung heiter und zwang Hobeck während der Fahrt ein belangloses Gespräch auf, in das sich Asbach gelegentlich, immer freundlich-distanziert einmischte. Der alte Mann blieb völlig arglos. Er konnte nicht ahnen, daß sich unter einem unscheinbaren Putzlappen neben dem Fahrer ein 35 cm langes Bleirohr verbarg.

Pfeffenrat war indes mit dem Bummelzug von Erfurt nach Mühlhausen gefahren. Gemächlich trabte er zur MINOL-Tankstelle an der Fernverkehrsstraße 247, wohl wissend, daß seine Freunde bald dort erscheinen würden. Ihm blieb genügend Zeit, sich auf seinen Auftritt vorzubereiten.
Einige Zeit später fuhr der erwartete PKW an der Tankstelle vor. Während Rudi Asbach den Zapfhahn in die Tanköffnung hielt, vertrat sich Triglitz die Beine und räkelte sich auffällig. Pfeffenrat trat nun hinzu und fragte gespielt, ob sie zufällig nach Küllstedt fahren würden. Als die Männer das bejahten, schob er seine Bitte nach, ihn dorthin mitzunehmen. Natürlich, man ist ja gern hilfsbereit. Und schon war das mörderische Trio vollständig.
Während der Fahrt fragte der vermeintliche Anhalter, welches konkrete Fahrziel die Herren wohl ansteuerten. Und als er erfuhr, daß man zur Waldgaststätte zu fahren gedenke, enthüllte er ein Geheimnis, das er als Einheimischer ansonsten still behüte: er kenne eine Abkürzung. Ein Feldweg zwar, aber der zeitliche Gewinn würde diesen kleinen Nachteil wettmachen. Die Männer berieten und waren natürlich einverstanden, die Abkürzung zu nehmen. Asbach bog von der Fernverkehrsstraße in den vorgeschlagenen Feldweg ein. Langsam und lautlos schloß sich die tödliche Falle um den alten Hobeck.
Das Fahrzeug holperte einige Minuten über die ausgefahrene, etwas matschige Piste. Dann schlug Pfeffenrat vor, nun zu parken und das letzte Wegstück zu Fuß zurückzulegen. Mit gespieltem Widerstreben folgten die Männer. Nur der Widerwille des alten Hobeck war echt. Asbach steckte Triglitz blitzschnell das Bleirohr zu, und gemächlich schritten die vier Männer eine dicht bewachsene Anhöhe hinauf.
Nur drei von ihnen wußten, daß sich wenige Meter weiter das sogenannte Schwedenloch befand. Es war ein etwa handtuchgroßer Erdspalt, in den man nur wenige Meter tief einsehen konnte, der aber die Öffnung einer ungeheuren Höhle bildete, die nahezu 25 m senkrecht in die Tiefe ragte und mehr als 30 m breit war.
Noch ehe sie das Schwedenloch erreicht hatten, schlug Triglitz plötzlich das Bleirohr von hinten auf den Schädel des alten Mannes. Der brach sofort zusammen. Verzweifelt und benommen kroch er durch den eiskalten Matsch. Noch dreizehn weitere Schläge gingen auf ihn nieder. Hobeck röchelte und stöhn-

te. Sein Blut versickerte im weichen Boden. Triglitz unterbrach die Exekution. Eiskalt steckte er sich eine Zigarette an, wischte sich den Schweiß der Anstrengung von der Stirn und forderte seine Kumpane auf: „Los, erledigt ihr den Rest!" Nun näherte sich Asbach dem Opfer. Vielleicht in der Annahme, daß dieser mit dem Angriff nichts zu tun haben würde, flehte ihn der schwerverletzte alte Mann an, ihm zu helfen. Doch Rudi Asbach klappte sein Taschenmesser auf, trat mit einem Fuß auf den Hals des Liegenden und durchstach mit voller Wucht dessen Kehle. Er zog das Messer erst wieder zurück, nachdem er sich vergewissert hatte, daß der Alte auch tatsächlich tot war.
Dann durchsuchten die drei die Taschen des Getöteten. Doch ihre Beute war gering. Lediglich 300 Mark Bargeld und die Wohnungsschlüssel fanden sie. Ihre Erwartung, der alte Hobeck hätte zehntausend Mark bei sich, wurde nicht erfüllt. Nicht einmal einen Scheck konnten sie aufspüren. Wollte der Alte sie zum Narren halten? Er hatte doch die Finanzierung des Autokaufs zugesagt. Doch sie konnten auch später die Frage nicht beantworten, warum Hobeck mitgefahren war, ohne das für den Kauf erforderliche Geld bei sich zu haben. So zogen sie dem toten Mann wenigstens die Goldringe von den Fingern. Dann stürzten sie ihn in die dunkle Tiefe des Schwedenlochs. Nach 12 m Fall schlug der Leichnam auf einem Felsvorsprung dumpf auf. Triglitz blickte hinunter in die Finsternis und triumphierte: „Da unten findet ihn weder der liebe Gott noch die Polizei!" Dann ließ Pfeffenrat das blutige Bleirohr und das Taschenmesser in die Tiefe fallen und lauschte beruhigt dem fernen, erstickten Aufschlag.
Auf kürzestem Wege verließen die Mörder den Ort ihrer Bluttat. Eines Sinnes fuhren sie nach Erfurt zurück. Jetzt galt es, unbemerkt Hobecks Hinterlassenschaften zu inspizieren. Sie wähnten sich in ziemlicher Sicherheit, weil sie davon ausgingen, daß das Verschwinden des Rentners nicht so schnell bemerkt werde. Pfeffenrat und Asbach malten sich bereits aus, welchen Reichtum sie wohl in Hobecks Wohnung vorfinden würden. Triglitz war realistischer und beteiligte sich nicht an derartigen Spinnereien. Er dämpfte sogar die Vorfreude seiner Kumpane und mahnte sie, wegen der möglichen Fingerspuren die Wohnung keinesfalls ohne Handschuhe zu betreten. Gut gelaunt wartete man den Abend ab.
Im Schutze der Dunkelheit schlichen sie in die Wohnung ihres

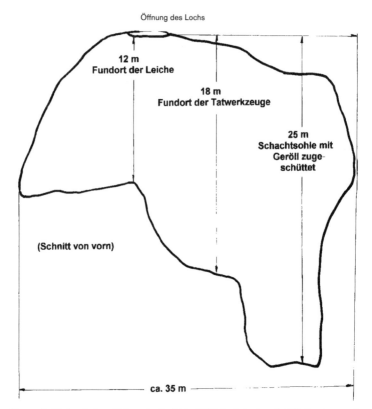

Querschnitt durch das „Schwedenloch" bei Küllstedt, in das die Mörder den getöteten Rentner H. stürzten.

Opfers. Doch das Resultat ihrer ersten, oberflächlichen Durchsuchung blieb mager: zwei Tüten Kaffee, einige Stück Seife, ein paar Schachteln Zigaretten, verschiedene Alkoholika – das alles aus dem Westen –, aber kein Geld. Nach dieser Enttäuschung beschloß das Trio, die systematische Durchsuchung an den folgenden Abenden vorzunehmen.

Insbesondere die uniformierten Rechtshüter – und das ist beileibe nicht nur ein Merkmal für die Tätigkeit der Volkspolizei – haben ihre Schwierigkeiten mit der Bearbeitung von Vermißtenanzeigen. Abwarten und hoffen, daß der Vermißtenfall ohne polizeiliches Zutun gelöst wird, gepaart mit der Unkenntnis über die phänomenologischen Besonderheiten dieser anfänglich durchaus informationsarmen Sachverhalte. Die Praxis

fördert diesen Mangel. Zum einen, weil tatsächlich mehr als neunzig Prozent der Vermißten ohne aufwendige polizeiliche Maßnahmen wieder auftauchen, zum anderen, weil die Vermißtenanzeige kein unmittelbares Strafverfolgungsverlangen, sondern eher ein Suchanliegen ausdrückt und bei der Leistungsabrechnung geringer bewertet wird als die Bearbeitung echter Strafanzeigen. Die zumeist formalen Erklärungsversuche, warum ein Mensch plötzlich vermißt wird, verschleiern häufig den möglichen Verbrechenshintergrund, zumal dann, wenn keine akute Gefährdungslage begründet werden kann.
So blieb völlig unbeachtet, daß bereits am 1. März 1964 ein Nachbar des Rentners Hobeck bei der Volkspolizei eine Vermißtenanzeige erstatten wollte. Er hatte den alten Mann seit dem 27. Februar nicht mehr gesehen. Ihm war aufgefallen, daß seit dieser Zeit der ihm bekannte leere Ascheneimer des Rentners verwaist im Hausflur stand. Da es Winter war und die Kachelöfen jede Menge Asche produzierten, zog er den Schluß, daß Hobeck seit dieser Zeit nicht mehr geheizt haben konnte. Außerdem hatte der Alte eine Verabredung mit seiner Hausgehilfin am 28. Februar nicht eingehalten. Und das war ungewöhnlich, denn schließlich sei er immer von ihm informiert worden, wenn er für längere Zeit die Wohnung verlassen wollte.
Daraufhin wurde Hobecks Wohnung überprüft. Immerhin bestand die Möglichkeit, daß der alte Mann in seiner Wohnung verstorben war oder sich zumindest dort in hilfloser Lage befand. Da Hobeck nicht gefunden wurde, begnügte sich die Polizei des Reviers mit dieser spärlichen Maßnahme.
Eine knappe Woche später drängte eine Nachbarin Hobecks den Diensthabenden des VP-Reviers erneut um eine exakte Überprüfung der Sachlage. Doch dieser ließ sich Zeit. Erst am nächsten Tag veranlaßte er einige belanglose Ermittlungen im Wohnhaus. Der Volkspolizei war ja bekannt, daß Hobeck als sogenannter Antragsteller kein Freund des Sozialismus war. Warum sich also mühen, den Alten aufzuspüren? Was lag näher, als davon auszugehen, Hobeck habe die DDR längst auf illegalem Wege verlassen? Immerhin erstreckte sich die Bearbeitung der Ausbürgerungsanträge durch die staatlichen Stellen gewöhnlich über mehrere Jahre. Warum sollte er bei seinem Alter nicht die Geduld verloren haben? Diese äußerst vage, aber politisch fundierte Vermutung reichte als Begründung aus, die Vermißtenanzeige nicht ernst zu nehmen. Erst als am 11. März

Hobecks Schwester auf dem VP-Revier gehörigen Krach schlug und das Ergebnis ihrer eigenen Ermittlungen präsentierte, nach denen nämlich ihr Bruder am 27. des Vormonats zusammen mit einem Bekannten die Wohnung verlassen hatte, was Zeugen bestätigen könnten, beachtete man auf dem VP-Revier den Fall wirklich. Es erfolgte eine den Weisungen entsprechende Übergabe an die Morduntersuchungskommission.

Wenn auch aus politischen Erwägungen vorrangig davon ausgegangen werden mußte, Hobeck habe dem Arbeiter- und Bauernstaat illegal den Rücken gekehrt, konnte diese Version wenigstens durch den Verdacht eines möglichen nicht natürlichen Todes ergänzt werden. Das bedeutete eine Untersuchung in zwei Richtungen. Auf dieser taktischen Grundlage basierten die nun folgenden Ermittlungen zur Persönlichkeit Hobecks. Dabei wurde bekannt, daß Ewald Triglitz ein Vertrauter des Rentners war. Seine Vernehmung als Zeuge wurde daher notwendig. Doch weder in seiner Wohnung, noch auf der Arbeitsstelle konnte Triglitz angetroffen werden. Er blieb verschwunden. Grund genug, ihn zur Fahndung auszuschreiben.

Triglitz und seine Kumpane hatten indes keine Ahnung, daß die Polizei die Wohnung Hobecks überprüft hatte. Aber auch die Gesetzeshüter bemerkten nicht die nächtlichen Besuche der drei, die mit aller Sorgfalt die Wohnung des Toten durchsuchten, ohne Unordnung zu hinterlassen. Doch alle Mühe schien vergeblich, das Ergebnis blieb mager. Die vermuteten Barschaften wurden nicht entdeckt.

Enttäuscht und ärgerlich berieten die Mörder ihr weiteres Vorgehen. Sie rekonstruierten in Gedanken den Ablauf der Tat und überlegten, ob der Alte nicht doch die zehntausend Mark bei sich gehabt haben konnte. Immerhin begann das Drama in einiger Entfernung vom „Schwedenloch". Es war kaltes Matschwetter und dämmerte bereits. Hobeck hatte also die Möglichkeit, zwischen den Schlägen durch Triglitz und den tödlichen Halsstichen, die Asbach ihm zufügte, unbemerkt etwas wegwerfen zu können, vielleicht seine Brieftasche.

Triglitz und Asbach beschlossen, nochmals das winterliche Gelände am „Schwedenloch" abzusuchen. Pfeffenrat war darüber entsetzt. Seine Nerven gingen ihm durch. Die Angst schüttelte ihn. In höchster Erregung donnerte er seinen Kumpanen die Frage entgegen: „Habt ihr keine Angst, daß uns die Polizei bald am Arsch hat, denn ein Mörder kommt immer wieder an

den Tatort zurück?" Triglitz verstand diese heftige Reaktion nicht. Für ihn war es Willensstärke, die Dinge zu Ende zu bringen. Er entließ Pfeffenrat aus der weiteren Verantwortung und entschloß sich, allein mit Asbach nach Küllstedt zu fahren, doch nicht ohne vorher mit seinen Freunden, wie er glaubte, ein hieb- und stichfestes Alibi für den 27. Februar zurechtzuzimmern, falls sie doch mal durch die VP befragt werden sollten.
Am 12. März suchten Triglitz und Asbach das Tatortgelände in Küllstedt ab. Wieder ohne Erfolg. Schließlich gaben sie ihr Vorhaben auf. Sie vermuteten nun, daß sie Hobecks Taschen doch nicht intensiv genug durchsucht hatten. In der Annahme, ihr Opfer habe die ersehnten zehntausend Mark für immer unerreichbar in die Tiefe seines Grabes mitgenommen, verließen sie den Ort des Grauens. Wenige Stunden später spülten sie in ihrer Stammkneipe mit etlichen Glas Bier ihre Enttäuschung durch die Kehlen.
Die Eilfahndung nach Triglitz, die sich auf den Erfurter Stadt- und Landkreis erstreckte, zeigte bald Erfolg. Ein Informant der Kriminalpolizei erkannte Triglitz am Abend des 12. März in der Kneipe. Er wurde noch am Biertisch festgenommen, während die grünuniformierten Ordnungshüter Asbach unbehelligt ließen. Noch vor Mitternacht wurde er dem Haftrichter vorgeführt.
Bereits in der ersten Vernehmung verfing sich Triglitz in den Maschen seines selbstgestrickten Alibis. Er war nicht darauf vorbereitet, daß die Kriminalisten unendlich viele Einzelheiten über den Ablauf des 27. Februar erfragen würden. Er versuchte keineswegs zu leugnen, an diesem Tag zusammen mit Asbach den alten Hobeck getroffen zu haben. Er habe ihn aber lediglich nach Mühlhausen gefahren, um ihn nach Erledigung irgendwelcher Geschäfte anschließend wieder an seiner Wohnung abzusetzen. Asbach könne das bezeugen.
Obwohl er hartnäckig jede Missetat an dem Rentner Hobeck leugnete, brach seine anfänglich stabile und offensive Verteidigungsposition durch die vielen Widersprüche zusammen. Für den Rest der Vernehmung zog er sich autistisch zurück und beantwortete keine einzige Frage mehr.
Rudi Asbach wurde am 17. März festgenommen. Er brachte nicht die Widerstandsenergie auf wie sein Kumpan Triglitz und gestand nach kurzer Vernehmung seine Beteiligung an der Tötung des Rentners. Nun hatten die Kriminalisten mit Triglitz leichtes Spiel. Mit den Aussagen Asbachs konfrontiert und

durch den erneuten zehnstündigen Vernehmungsstress zermürbt, legte auch er ein umfassendes Geständnis ab.

Am gleichen Tage wurde Pfeffenrat verhaftet. Er war von Beginn an kooperativ.

Die Beweisführung basierte zu diesem Zeitpunkt allein auf den Aussagen der drei Täter. Zu ihrer Objektivierung war es nun erforderlich, möglichst materielle Spuren zu sichern. Die detaillierte Beschreibung des Tatortes, des Tatablaufs und der verwendeten Werkzeuge besaß insofern einen hohen Beweiswert, weil sie wichtiges Täterwissen darstellte. Am 18. März untersuchte die Morduntersuchungskommission das Gebiet am „Schwedenloch". Bergerfahrene Feuerwehrleute wurden in die Tiefe herabgelassen. Der Leichnam Hobecks und die beiden Tatwerkzeuge wurden zu Tage befördert. Die Ergebnisse der Obduktion und der kriminaltechnischen Untersuchung des Bleirohrs und des Taschenmessers deckten sich mit den Aussagen der Täter.

Triglitz, Pfeffenrat und Asbach wurden vom Bezirksgericht Erfurt zu lebenslangem Freiheitsentzug verurteilt.

Fluchtpunkt Jenseits

(Tgb.-Nr. UT 329–79 der Arbeitsgruppe Todesermittlungssachen im PdVP Berlin)

Werner Teichmann, Jahrgang 1926, teilt das Schicksal mit vielen Kindern seiner Generation: Den ersten unbekümmerten Schuljahren in seiner Heimatstadt Berlin folgt jenes lebensbedrohliche Hin- und Herpendeln zwischen Klassenzimmer und Luftschutzkeller. Kindheit in diesen Jahren bedeutet nur selten fröhliches Ballspiel. Die Pausen zwischen Entwarnung und erneutem Fliegeralarm gelten dem eifrigen Auflesen von Granatsplittern, die ihr Ziel verfehlten. Sorgsam in Schachteln aufbewahrt, nach Größen sortiert, sind sie begehrte Tauschobjekte kindlicher Sammlerleidenschaft. Die Eltern evakuieren den kleinen Werner zu Verwandten in den Spreewald. Dort muß er sich zwar wieder auf neue Lehrer und Mitschüler einstellen, doch der Kriegslärm ist nicht ganz so laut.
Kaum hat er die Grundschule beendet, muß der Heranwachsende seinen sinnlosen Dienst zur Verteidigung des Deutschen Reiches leisten. Körperlich unversehrt übersteht er das Drama des Krieges. Doch die Eltern in Berlin überleben die schweren Straßenkämpfe der letzten Kriegstage nicht. Sie werden unter den Trümmern des eigenen Hauses begraben.
Werner Teichmann beginnt eine Lehre bei einem Schneidermeister im Stadtbezirk Prenzlauer Berg. Es ist die Zeit der Wendungen, Änderungen und Umgestaltungen, auch an der Bekleidung. Der geschickte Umgang mit Nadel und Faden ist lebenserhaltend. Doch Stromsperren, fehlendes Material und schlechte Entlohnung machen Arbeit und Leben schwer. Trotzdem sind es für Teichmann nicht die Hungerjahre, wie sie andere durchleben müssen. Bald ist er ein fleißiger und zuverlässiger Gehilfe in der kleinen Werkstatt. Deshalb verspricht der Meister, ihm irgendwann einmal die Werkstatt zu vermachen. Aber der ist rüstig und denkt noch lange nicht daran, sich zur

Ruhe zu setzen. So vergeht die Zeit. Im Jahre 1948, Werner Teichmann ist gerade 22 Jahre alt, heiratet er eine gleichaltrige Kindergärtnerin. Deren Eltern überlassen dem jungen Paar ein kleines Zimmer. Zunächst geht alles gut, das Leben ordnet sich. Doch die Harmonie ist nur von kurzer Dauer. Die jungen Eheleute beginnen, sich immer öfter zu streiten. Auch die Schwiegereltern mischen kräftig mit. Allmählich verkürzen sich die Abstände zwischen den Auseinandersetzungen. Doch dazwischen flammt die alte Liebe wieder auf.

Mit der Gründung der DDR im Jahre 1949 verlagert sein Meister Werkstatt und Wohnort in den benachbarten Stadtbezirk Wedding, der zu Westberlin gehört. Von nun an wird Teichmann sogenannter Grenzgänger, wohnt im Osten und verdient seinen Lebensunterhalt im Westen. Er bringt nun verhältnismäßig viel Geld nach Hause, sorgt für einen bescheidenen Wohlstand. 1950 wird seine Tochter geboren. Das Wandern zwischen den Welten weckt Neugierde. Er nimmt teil an den „Goldenen Fünfzigern", genießt den Vorteil des Westgeldes auf seine Weise. Manchmal muß ihn seine junge Frau aus der nächsten Eckkneipe nach Hause abschleppen, weil der Rausch ihn niedergestreckt hat.

1958 schließt der Meister die kleine Schneiderei. Teichmann muß gehen, ohne die versprochene Werkstatt zu erhalten. Enttäuscht sucht er eine neue Beschäftigung. Aber er kann nirgends Fuß fassen, weder im Westen, noch im Osten. Zwar werden jede Menge Industrieschneider gesucht, doch für derart stupide Tätigkeit ist er sich zu schade. So wird er kurzerhand Verkäufer für Herrenoberbekleidung im HO-Warenhaus am Alexanderplatz, das einige Jahre später als CENTRUM-Warenhaus ein neues Gebäude in der Nähe erhielt. Der Umgang mit den Kunden liegt ihm. Freundlichkeit und Überzeugung sichern ihm bald die höchsten Umsätze in seinem Verkaufsbereich. Die Umsatzprämien allerdings setzt er mit Kollegen in Alkohol um. Überhaupt nimmt er jede Gelegenheit zum Trinken wahr. Und im Warenhaus gibt es viele Anlässe für feucht-fröhliche Brigadezusammenkünfte. Schließlich kann man derlei im sozialistischen Wettbewerb als „kollektivbildende Kulturmaßnahmen" abrechnen. Im Verlaufe der Jahre wird Werner Teichmann mehrfach zum „Aktivist der sozialistischen Arbeit" gekürt. Der Mauerbau schockiert ihn sehr. Doch es geht ihm wie den meisten: Man richtet sich ein. Das den Sozialismus vom

Kapitalismus trennende Bollwerk verkörpert bald das scheinbar Endgültige.
Werner Teichmann wird Mitglied der SED und kurz darauf Erster Verkäufer und dann Stellvertreter des Verkaufsbereichsleiters. Irgendwie fühlt er sich wohl inmitten des turbulenten Warenhausalltags. Er macht lieber Überstunden, als sich Zuhause den ständigen Nörgeleien seiner Gattin auszusetzen. Es ärgert ihn, wie sie hinter ihm herschnüffelt, seine Geldausgaben überprüft, den Weinbrand vor ihm versteckt, weil sie meint, er entwickle sich zum Säufer, nur weil er gelegentlich mal über den Durst trinkt. Sie glaubt ihm nicht, daß er jederzeit mit dem Trinken aufhören könnte, wenn er es wolle. Freilich lasse er sich den Zeitpunkt dafür nicht von anderen aufzwingen. Überhaupt empfindet er die Ehe nur noch als ein duldendes, leeres Nebeneinander. Die Tochter hat schon längst die Partei der Mutter ergriffen.
Die alkoholischen Ausschweifungen bleiben der Nachbarschaft nicht mehr verborgen. Zwei- bis dreimal im Monat torkelt Werner Teichmann volltrunken und lautstark nach Hause. In diesem Zustand ist er äußert gereizt, tobt sogar herum, wenn nichts zu trinken da ist. Ansonsten gießt er sich dann restlos zu. Es dauert nur wenige Augenblicke und er fällt auf der Stelle um. Anfangs bugsierte die Gattin ihren schweren Mann noch ins Bett, doch diese Zeit ist längst vorüber. Jetzt überläßt sie ihn seinem erbärmlichen Zustand. Es kostet schon sehr viel Kraft, den Ekel zurückzuhalten, wenn sie die übelriechenden Ausstoßungen seines Magens vom Teppich wischen muß. Dann empfindet sie tiefen Haß gegen ihn.
Die Katerstimmung der folgenden Tage, die ihn in eine ungewöhnliche Sanftmut versetzt, stimmen sie wieder versöhnlich. Depressionen, Selbstvorwürfe und Reue verleiten ihn zu hochheiligen Versprechungen, der Trinkerei restlos abzuschwören. Und eine Zeitlang hält dann das von Mitleid erweichte Herz der Gattin wieder zu ihm. Doch die alkoholfreien Intervalle im Leben des Werner Teichmann schrumpfen immer mehr zusammen. In der Tat trinkt er nicht mehr so viel auf einmal. Aber er hat nur die Taktik geändert: Um Schlaflosigkeit, Vergeßlichkeit und körperliche Unruhe zu besiegen, aber auch, um die Belastungen des beruflichen Alltags zu meistern, ist ein gewisse Tagesration Wodka nötig. In eine unauffällige Mineralwasserflasche umgefüllt, verteilt er sie über den Tag.

Im Frühjahr 1966 wird Werner Teichmann vom Parteisekretär und dem BGL-Vorsitzenden des Centrum-Warenhauses zu einer Aussprache gebeten. Die Funktionäre appellieren an seine politische Einsichtsfähigkeit, daß die ständige Sauferei die Arbeitsmoral im Warenhaus untergräbt und die Produktivität hemmt. Er soll sich als Mitglied der SED die Gebote der sozialistischen Moral und Lebensweise zu eigen machen und sich gegenüber den parteilosen Kollegen vorbildlich verhalten. Anderenfalls wird ein Parteiverfahren gegen ihn eröffnet. Dann wird die Auseinandersetzung mit ihm vor der Mitgliederversammlung erfolgen.

Werner Teichmann versteht diese Drohung nur zu gut. Doch zum ersten Mal gesteht er sich ein, ohne Alkohol nicht mehr auszukommen, hält seinen Zustand für behandlungsbedürftig. Er verspricht, umgehend den Betriebsarzt aufzusuchen und das Problem mit ihm zu beraten. Die Funktionäre sind zufrieden.

Die Diagnose des Betriebsarztes ist eindeutig: Alkoholische Toxikomanie steht auf dem Überweisungsschein zur stationären Aufnahme in das Wilhelm-Griesinger-Krankenhaus in Biesdorf. Drei Monate lang erleidet Werner Teichmann die endlosen Qualen des Alkoholentzuges. Dann kehrt er wie ein neuer Mensch heim, voller Ideen und Zukunftspläne. Er arbeitet wieder wie früher und alle Kollegen bewundern seinen eisernen Willen, kein einziges Gläschen mehr zu berühren. Doch das heilige Versprechen zerrinnt wie eine Fußspur in feinem Sand. Nur ein halbes Jahr dauert die erzwungene Abstinenz. Er beginnt wieder, heimlich zu trinken. Die Gattin kündigt ihm die eheliche Treue und Gemeinschaft, wenn er in den alten vertrackten Zustand zurückfallen würde. Um nichts auf der Welt will sie die unerträglichen Belastungen der Vergangenheit noch einmal ertragen. Dieses Damoklesschwert, das drohend über seiner Ehe schwingt, nimmt Teichmann nicht wahr. Nichts kann die unheilvolle Entwicklung mehr verhindern.

Im Jahre 1968, Teichmanns Tochter ist inzwischen 18 Jahre alt und bereits zu ihrem Freund gezogen, reicht die Ehefrau die Scheidung ein und verläßt den noch Angetrauten. Wenige Monate darauf ist der juristische Akt vollzogen. Von nun an ist sich Werner Teichmann selbst überlassen.

> Die DDR war nicht nur ein Land der Arbeiter und Bauern, sie war auch ein Land der Trinker. Der Alkoholverbrauch hatte besorgnis-

erregende Ausmaße angenommen. Mit einem jährlichen Pro-Kopf-Verbrauch von durchschnittlich 150 Litern Bier, 15 Litern Spirituosen und 11 Litern Wein nahm die DDR einen der vorderen Plätze in der Welt ein. Da die Bevölkerung aber einen Anteil von 19 % Kindern und 17 % Alten aufwies, deren Alkoholverbrauch praktisch vernachlässigt werden konnte, treffen die Angaben tatsächlich auf die verbleibenden 64 % der Menschen zu.
Dieser hohe Alkoholkonsum stand in enger Beziehung mit der Zunahme des Alkoholmißbrauchs und der Alkoholkrankheiten. Die SED-Führung verfolgte die Entwicklung mit großer Besorgnis. Sie konnte schließlich nicht umhin, das Problem öffentlich anzusprechen. In ihrem Programm postulierte sie 1976 deshalb: „Die Partei fordert dazu auf, einen entschiedenen Kampf gegen Rechtsverletzungen, gegen asoziales Verhalten und Rowdytum sowie gegen Alkoholmißbrauch zu führen."
Auch im Kriminalitätsgeschehen widerspiegelte sich diese verhängnisvolle Entwicklung: Ein Drittel der vorsätzlichen Tötungsdelikte, über die Hälfte der Körperverletzungen und Raubdelikte, mehr als 60 % aller Vergewaltigungen wurden durch Täter begangen, die nicht nur zur Tatzeit unter erheblichem Alkoholeinfluß standen, sondern auch sonst zu den chronischen Trinkern zählten. Besonders auffällig war der hohe Anteil (bis 80 %) an alkoholisierten Tätern bei den Verkehrsdelikten.

In den Monaten nach der Scheidung zwingt sich Werner Teichmann zu einer gewaltigen Selbstdisziplin. Ständig muß er sich darauf konzentrieren, Alkohol zu meiden. Er ist sich klar, welche Gefahren ein Rückfall heraufbeschwören würde. Dann wäre der endgültige Ruin nicht mehr zu verhindern. Mit diesen Überlegungen entfaltet sich aber auch ein ungeheurer Sog, dem er sich in jeder Stunde des Tages widersetzen muß. Er weiß, daß der Alkohol ihm für kurze Zeit zwar eine dumpfe Entspannung und Ablenkung von seinem verpfuschten Leben verschaffen könnte, sogleich aber würde das ganze Elend der letzten Zeit wieder über ihn hereinbrechen.
Dann gibt ihm das Schicksal eine neue Chance: Im Wartezimmer seines Arztes lernt Werner Teichmann eine Frau kennen. Sie hat bereits vor Jahren eine schwere Medikamentenabhängigkeit erfolgreich überwunden, nachdem sie in die schier endlose Tiefe der gesundheitlichen und sozialen Selbstzerstörung gestürzt war. Längst geht sie wieder ihrem Beruf als Friseuse

nach und niemand bemerkt eine Spur ihres vergangenen Elends. Ihm imponiert die Stärke und Zuversicht dieser Frau, nach zerbrochener Psyche und gescheiterter Ehe ihr Leben neu geordnet zu haben.

Diese Frau ist seine Hoffnung, sein Halt. Durch sie kehrt sein Selbstvertrauen zurück. Er glaubt plötzlich, die Fähigkeit zu besitzen, sein Trinkverlangen fast mit Leichtigkeit unterdrücken zu können. In ihrer Gegenwart wirkt er heiter und lebensbejahend. Das gefällt ihr. Ein Funke inniger Zuneigung springt wechselseitig über. Und es dauert nur wenige Monate, bis sie zusammenziehen. Werner Teichmann ist glücklich. Lange Zeit widersteht er allen Versuchungen des Alkohols. Jetzt arbeitet er wieder fleißig und unauffällig in seinem Verkaufsbereich für Herrenoberbekleidung und entzieht sich mit eiserner Disziplin den feuchtfröhlichen Zusammenkünften seiner Kollegen.

Bereits Anfang des Jahres 1969 heiratet Werner Teichmann die Friseuse Inge Werder. Neun Monate später wird er Vater des Sohnes Benjamin. Nun beginnt ein Leben in familiärer Harmonie, ganz nach seinen Vorstellungen. Zu seiner Frau und zu dem kleinen Sohn entwickelt er ein inniges Verhältnis. Selbst die Beziehung zu seiner erwachsenen Tochter erfährt eine freundliche Renaissance.

Er hat sein Leben total umgestellt. Und seine Frau wacht darüber mit Hingabe, daß es so bleibt. Denn das teuflische Tabu gebietet ihm, bis zu seinem letzten Atemzug jeglichen Tropfen Alkohol zu meiden. Aber nicht nur von Bier, Schnaps, Wein und Sekt muß er sich konsequent fernhalten. Auch Mundwasser, Konfekt, Kuchen, Desserts oder Arzneitropfen, wenn sie auch nur geringe Mengen von Alkohol enthalten, können bereits den verhängisvollen Rückschlag auslösen. Selbst dem Duft aus einem Fläschchen Rasierwasser oder Parfüm, dem Geruch von frischer Lackfarbe oder Verdünnungsmitteln muß er widerstehen, anderenfalls könnte ihn der schnöde Trinkzwang besiegen. Fleiß und Ehrgeiz führen wieder zu beruflichen Erfolgen, Frau und Kind sind der moralische Halt, daß Werner Teichmann die nächsten Jahre unbeschadet übersteht.

Im späten Frühjahr des Jahres 1973 bricht plötzlich das scheinbar überwundene Leiden mit voller Gewalt hervor: Volltrunken kommt er weit nach Dienstschluß heim. Die Gattin ist zutiefst unglücklich und enttäuscht. Aber sie kennt das tückische Krankheitsbild des Alkoholismus, will nicht resignieren. Mit

dem Arzt berät sie den Plan, wie sie ihren Mann mit allen Mitteln abstinent halten kann, versucht, die absolute Kontrolle über ihn auszuüben. Doch die Krankheit hat bereits ihren verhängnisvollen Lauf genommen. Sein Rausch dauert mehrere Tage. Danach fühlt er sich hundeelend, wird von Angst gepeinigt, zittert am ganzen Körper. Auch das Gehen fällt ihm schwer. Manchmal versagt sein Gleichgewicht, dann stößt er gegen alle möglichen Hindernisse.
Erst nach einigen Wochen im Krankenhaus bessert sich sein Zustand. Er läßt sich vom Arzt bald gesundschreiben, geht wieder arbeiten. Aber die Erfüllung seiner dienstlichen Pflichten fällt ihm unendlich schwer. Sein Gesicht ist eingefallen und fahlblaß. Schnelle Ermüdbarkeit, Erschöpfung und Konzentrationsschwäche stellen sich ein.
Er glaubt, sich nur dann besser zu fühlen, wenn er getrunken hat. Folglich dauert es nicht lange, und er greift wieder zum Alkohol. Freilich läßt der Katzenjammer nicht lange auf sich warten. Hoffnungslosigkeit und ständige Selbstvorwürfe, versagt zu haben, stimmen ihn so depressiv, daß er sich das Leben nehmen könnte. In den vielen schlaflosen Nächten kämpft er gegen derlei Gedanken, verdrängt sie für kurze Zeit, wird aber bald wieder von ihnen bestürmt.
Der Ehefrau gelingt es nicht mehr, ihn zu einem Arztbesuch zu bewegen. Ihre bisherige Überzeugungskraft, ihm auch in dieser schweren Zeit zur Seite zu stehen und mit ihm gemeinsam die steinige Wegstrecke zu meistern, bleibt nunmehr ohne Wirkung. Werner Teichmann benötigt sein tägliches Quantum Alkohol. Dann ist für kurze Zeit das Leben einigermaßen erträglich. Gleichzeitig weiß er aber, daß dies ein langsamer Selbstmord ist. Der Teufelskreis schließt sich.
Anfang des Jahres 1975 wird er wieder ins Krankenhaus eingeliefert: Seine Leber ist bereits chronisch geschädigt. Monatelang dauert die Behandlung, ehe sich sein Zustand etwas bessert. Er wird invalidisiert, der jahrelange Abusus hat das Nervensystem und die Leber so geschädigt, daß er nicht mehr erwerbsfähig ist. Ein weiterer progressiver Verlauf könnte sein Leben schnell beenden. Aber die akute Lebensangst mobilisiert die letzten Widerstandskräfte gegen den Alkohol, und tatsächlich trinkt er seit dieser Zeit nicht mehr.
Seine Rente ist zwar nicht üppig, aber zusammen mit dem Lohn seiner Frau reichen die Einkünfte für ein bescheidenes Leben.

Von nun an ist er ständig zu Hause, besorgt die Einkäufe, kümmert sich um den Haushalt, beaufsichtigt die Schulaufgaben des Sohnes Benjamin und entlastet so seine Gattin von dem täglichen Kleinkram. Laufende Kontrolluntersuchungen und das gewissenhafte Einhalten der ärztlichen Verordnungen verlangsamen das Fortschreiten der schweren Folgeschäden seines Alkoholismus.

Im Frühjahr 1978 trifft Werner Teichmann ein harter Schicksalsschlag: Seine Frau bricht eines Tages im Frisiersalon zusammen. Herzinfarkt, ist die lakonische ärztliche Diagnose. Sie überlebt die nächste Nacht nicht mehr. Werner Teichmann ist verzweifelt: Er hat eine treue, verständnisvolle und Zuversicht ausstrahlende Begleiterin verloren, die ihn, der bisher immer nur enttäuschte und versagte, über viele Jahre hinweg mit gleichbleibender Geduld zum Weiterleben ermutigen konnte.

Jetzt ist ihm nur noch sein neunjähriger Sohn Benjamin geblieben. Ihm möchte er zwar ein guter Vater sein, ob er aber die Ausdauer und Kraft für eine ordentliche Erziehung aufbringen kann, bezweifelt seine Tochter. Sie geht ihrem Vater so gut es geht zur Hand. Doch ihre Unterstützung kann nur sporadisch sein, sie muß sich um ihre eigenen Familienbelange kümmern. Benjamin ist sich viel selbst überlassen, die schulischen Leistungen lassen merklich nach. Und der Klassenlehrer ist höchst unzufrieden, bittet den Vater zu einer Aussprache. Doch der ignoriert das Warnsignal. Werner Teichmann wird immer kraftloser und gleichgültiger. Statt dessen ergreift wie eine unwiderstehliche Macht nur ein einziger Gedanke Besitz von ihm, dem elenden Dasein selbst ein Ende zu setzen. Anfangs sind diese Überlegungen diffus, ohne konkrete Konturen. Sie werden durch das schlechte Gewissen gedämpft, seinen Sohn in dieser Welt dann allein zurückzulassen.

Am Vormittag des 1. September 1979, es ist der erste Schultag nach den großen Ferien und Benjamin ist längst in der Schule, klingelt es bei Werner Teichmann unerwartet an der Wohnungstür: Zwei Frauen mit ernsten Gesichtern sind erschienen. „Rat des Stadtbezirks, Referat Jugendhilfe und Heimerziehung", sagen sie und zeigen ihre Ausweise. Matt und widerstandslos läßt er sie ein. Mit der Bemerkung „Ich bin krank!" kriecht er schwerfällig in sein Bett zurück. Kritisch beäugen die Frauen jeden Winkel der Wohnung, fertigen Notizen, blicken sich bisweilen vielsagend an und wiegen nachdenklich ihre

Köpfe. Dann treten sie an sein Bett und eröffnen ihm, eine soziale Fehlentwicklung des Kindes Benjamin festzustellen, auf die staatlicherseits korrigierender Einfluß genommen werden muß. Vernachlässigung und mangelnde Aufsicht seien die Gründe, ihm das Sorgerecht zu entziehen. Er werde daher in den nächsten Tagen von dem Beschluß der zuständigen Organe offiziell in Kenntnis gesetzt. Nach dieser Mitteilung verlassen ihn die Vertreterinnen der Staatsmacht.
Werner Teichmann fühlt sich hilflos und schwach. Wieder kreisen die Gedanken um das Thema der Selbstvernichtung. Nun erstickt jeder innere Aufschrei seines Gewissens unter der krankhaften Verstrickung aus irrsinniger Angst vor der Zukunft, quälendem Mißtrauen und alles durchdringendem Weltschmerz. Sein Entschluß steht fest: Er will nicht mehr leben. Und er will es auch nicht zulassen, daß Benjamin den Rest seiner Kindheit in einem staatlichen Heim verbringt.

Ab 2. September bleibt der Platz des Schülers Teichmann in der Klasse 4 b einige Tage unbesetzt. Klassenkameraden vermuten, Benjamin sei erkrankt. Deshalb wollen sie ihn besuchen und sich nach seinem Wohl erkundigen. Doch sie läuten vergeblich an der Wohnungstür. Niemand öffnet. Eines der Kinder späht durch das Schlüsselloch und macht eine merkwürdige Entdeckung: Der hell erleuchtete Korridor gibt den Blick frei auf die nackten Beine eines Mannes. Die Füße stecken in Pantoffeln. Schlaff und unbeweglich hängen sie herab. Es scheint, als würde der Körper eine Handbreit über dem Fußboden schweben. Erst nach einigen Augenblicken des Hinsehens wird dem Kind die Ursache klar: „Da hängt ja einer!" stellt es bestürzt fest. Die Kinder schlagen Alarm. Hausbewohner informieren die Polizei.
Die von innen verriegelte Wohnungstür muß gewaltsam geöffnet werden. Mit einem Strick um den Hals hängt Werner Teichmann leblos auf dem Korridor. Sein Leichnam ist noch nicht gänzlich ausgekühlt. Der Todeseintritt dürfte demnach nur kurze Zeit zurückliegen. Am rechten Unterarm, dicht über dem Handgelenk, fallen mehrere parallel verlaufende, teilweise tief ins Gewebe reichende Schnittverletzungen auf. Zwischen Brustbein und Bauchnabel befinden sich einige tiefe Stichverletzungen mit leicht aufwärts verlaufenden Wundkanälen. Der Tod aber wurde durch die Strangulation beim Erhängen verursacht.

W. T. erhängte sich auf dem Korridor.

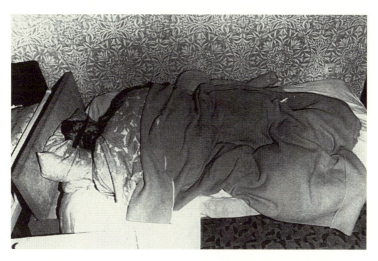
W. T. erwürgte seinen Sohn und lebte tagelang mit der Leiche zusammen.

Benjamin Teichmann liegt tot in seinem Bett, um den Hals ein fest verknotetes Drosselwerkzeug. Er muß bereits vor Tagen getötet worden sein. Untrügliches Kennzeichen dafür sind die fortgeschrittenen Verwesungserscheinungen.

Auf einem Tisch sind Personaldokumente Werner Teichmanns und ein eilig geschriebener Zettel mit der Anschrift seiner Tochter bereitgelegt. Irgendwo auf dem Linoleumfußboden steht eine Plasteschüssel, deren Boden mit einer Blutlache bedeckt ist. Daneben liegt ein blutverschmiertes Küchenmesser. Überall sind Spritzer leicht angetrockneten Blutes verteilt.

Ein Kriminalist des Sachgebiets „Todesermittlungen" untersucht den Tatort, beantragt die gerichtliche Sektion beider Leichen und führt Ermittlungen zur Persönlichkeit Werner Teichmanns. Bald steht fest, daß Werner Teichmann sich die Schnittverletzungen am rechten Handgelenk ebenso selbst zugefügt hat wie die tiefen Stichwunden im Oberbauch. Auch der Faserabrieb, die Knotenführung am Strangwerkzeug und die Spuren an Teichmanns Handinnenflächen schließen eine Fremdeinwirkung aus. Nach zwei Wochen können die Ermittlungen abgeschlossen werden. Werner Teichmann, der sich in einer schwerwiegenden, krankheitsbedingten, psychischen Ausnahmesituation befand, hat sich das Leben genommen, vorher aber seinen Sohn Benjamin getötet, um ihn nicht allein zurückzulassen.

„Vollendeter erweiterter Suizid", so bezeichnet man dieses Geschehen im Fachjargon. In der polizeilichen Einstellungsverfügung heißt es: „Von der Einleitung eines Ermittlungsverfahrens gegen Werner Teichmann wegen vorsätzlicher Tötung seines 10jährigen Sohnes Benjamin wird wegen Todes des Verdächtigen abgesehen."

Die wahren Vorgänge der letzten Tage, die sich in der Wohnung von Werner Teichmann abgespielt haben, werden im einzelnen wohl verborgen bleiben. Doch den psychopathologischen Erkenntnissen und vorgefundenen Spuren zufolge dürften sie sich wie folgt zugetragen haben:
Die Lebens- und Leidensgeschichte des alkoholkranken Werner Teichmann vermittelt ausreichende Indizien für die Annahme, daß der Wille zur Beendigung des eigenen Lebens vorherrschte und nicht etwa die Tötung des Sohnes, mit dem ihn eine innige Zuneigung verband. Doch seine krankhaft eingeschränkte Gedankenwelt produzierte die absurde Vorstellung, daß, falls er sich getötet hat, sein kleiner Sohn Benjamin allen Übeln dieser Welt hilflos ausgeliefert sei. Vermeintliches Erbarmen war das Motiv, ihn in den Tod mitzunehmen. So erdrosselte er das schlafende Kind. Tagelang lebte er dann noch bei dem toten Sohn. Er legte seine Ausweise bereit, kritzelte die Anschrift seiner Tochter auf einen Zettel, damit diese benachrichtigt werden konnte. Sodann versuchte er, sich die Pulsadern zu öffnen. Dabei hielt er den rechten Arm über eine Schüssel. Es floß auch etwas Blut aus den Adern, die sich aber wegen des Blutdruckabfalls bald wieder schlossen. Als dieser Versuch mißlang, fügte er sich die tiefen Stichverletzungen im Oberbauch zu. Sie führten zwar zu inneren Blutungen, brachten aber letztlich nicht den ersehnten schnellen Tod. Nun legte er sich eine Schlinge um den Hals, befestigte sie an einem Haken an der Decke des Korridors, bestieg einen Hocker und ließ sich in die Schlinge fallen. Wenige Sekunden später verließ ihn das Bewußtsein. Den kurzen Todeskampf seines Körpers verspürte er nicht mehr.

Hätte Werner Teichmann überlebt, wäre er für die Tötung seines Sohnes wegen Totschlags strafrechtlich zur Verantwortung gezogen worden. Allerdings sah das Gesetz in einem solchen Falle der psychischen Zwangslage eine erhebliche Minderung der strafrechtlichen Verantwortlichkeit vor und erlaubte dem

W. T. legte seine Papiere und einen Zettel mit der Anschrift seiner Tochter bereit.

W. T. ließ nach den Pulsaderschnitten das Blut in eine Waschschüssel laufen; er verlor etwa 250 ml Blut.

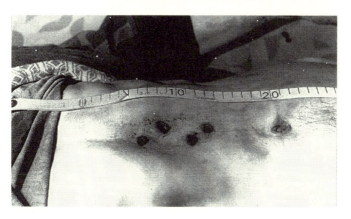

Mit einem Messer stach er sich mehrmals tief in die Bauchregion.

Gericht ein Urteil innerhalb des weitgefaßten Strafrahmens von sechs Monaten bis zu zehn Jahren Freiheitsentzug.

Der allgemein übliche, aber stigmatisierende Begriff des Selbstmordes ist juristisch ebenso falsch wie aus psychologischer Sicht das Synonym Freitod. Im ersten Fall fehlen die für einen Mord erforderlichen Tatbestandsmerkmale, nämlich, aus verwerflichem Grund, auf verwerfliche Weise oder zu einem verwerflichen Zweck einen anderen Menschen zu töten. Im zweiten Fall wird der Begriff den gewaltigen inneren Zwängen, die einer Selbsttötung zu Grunde liegen, nicht gerecht, weil eine wirklich freie Entscheidung nicht möglich ist.

Der neutrale Begriff der Selbsttötung oder des Suizides als vorsätzlich tödliche Handlung gegen sich selbst, kommt dem Wesen dieses Geschehens wohl am nächsten.

Die komplizierten Ursachengefüge für die unterschiedlichen Suizidsituationen sind Gegenstand komplexer wissenschaftlicher Untersuchungen. Im allgemeinen werden Suizide sowohl aus psychopathologischen als auch bestimmten, im Grunde nicht krankhaften Ursachen begangen. Sogar erblich bedingte Dispositionen werden diskutiert. Angstzustände und andere, den Lebensbezug beeinträchtigende Faktoren können zu subjektiv nicht mehr zu bewältigenden Konflikten und zwangsläufig damit zu kurzschlußartigen oder langfristig geplanten Suiziden führen.

Suizide sind im allgemeinen keine strafrechtlich bedeutsamen Ereignisse, vorausgesetzt, daß kein anderes rechtlich geschütztes Objekt verletzt wird. Allerdings verlangen Suizide im Hinblick auf den Ausschluß eines Tötungsdelikts grundsätzlich ein kriminalistisches Interesse. Sie zählen neben den Unfällen zur Kategorie der nicht natürlichen Todesfälle, deren Untersuchung strafprozeßrechtlich zwingend vorgeschrieben ist.

Die einzelnen suizidalen Durchführungsarten jedoch können unterschiedliche rechtliche und kriminalistische Konsequenzen erlangen. Nach ihnen erfolgt auch ihre praktische Unterteilung:

Der sogenannte einfache Suizid ist dadurch gekennzeichnet, daß der Suizident die Selbsttöung geplant hat, ein Tatmittel wählt und zur Realisierung seines Vorhabens entsprechende Vorbereitungen trifft (Sicherheitsvorkehrungen, Abschiedsbriefe usw.). Daraus ergibt sich ein überschaubares kriminalistisches Spurenbild, das in der Regel keine untersuchungsmethodischen Probleme bereitet.

Beim sogenannten gemeinsamen Suizid müssen die kriminalisti-

schen Untersuchungen den Nachweis erbringen, daß der gemeinsame Vorsatz mehrerer Personen zum Suizid bestand. Die Differenzierung der Handlungsbeiträge der Betreffenden muß gewährleisten, daß eine vorsätzliche Tötung und der nachfolgende Suizid des Täters sicher ausgeschlossen werden kann.
Beim sogenannten kombinierten Suizid werden verschiedene Tötungsarten miteinander verknüpft oder erfolgen nacheinander. Dadurch entsteht mitunter ein kompliziertes Spurenbild, dessen einzelne Bestandteile im Falle eines verschleierten Tötungsdelikts schwer zu erkennen sind.
Strafrechtlich bedeutsam kann vor allem der sogenannte erweiterte Suizid sein. Er liegt dann vor, wenn ohne Bereitschaft oder Einverständnis andere Personen in den Suizid einbezogen werden. Hierbei sind in die suizidale Gedankenwelt des Betreffenden Tendenzen zur Mitnahme angeblich bedrohter oder gefährdeter Personen eingeschlossen. Im Falle des Mißlingens, d. h. bei möglichem Überleben des Suizidenten und Tod des Mitgenommenen, sind strafrechtliche Konsequenzen unumgänglich.
Die Untersuchungen zur Suizidproblematik in der DDR zeigen, daß der Anteil des Mannes gegenüber der Frau überwog. Bei vielen Suizidenten konnte aus der Vorgeschichte mindestens ein früherer Versuch festgestellt werden. Bei den Tötungsarten dominierten die Kohlenmonoxidvergiftung, das Erhängen, die Schlafmittelvergiftung und der Sturz aus der Höhe bzw. vor Fahrzeuge, während andere Mechanismen wie Ertrinken, Erschießen, Pulsaderschnitt eher die Ausnahme bildeten.
Hinsichtlich der Ursachen traf zu, daß psychopathische und psychopathologische Dispositionen eine große Rolle beim Zustandekommen der Suizidneigung spielten. Angst vor vermeintlichen oder tatsächlich vorhandenen Krankheiten, subjektiv oder objektiv bedingte Vereinsamungsgefühle, nicht bewältigte Partnerschaftskonflikte und chronischer Alkoholismus bzw. Medikamentenabusus waren die Hauptmotive.

Die vollendeten Suizide bildeten mit einer Anzahl von 3 500 pro Jahr durchaus keine Seltenheit. Das bedeutete eine Häufigkeitsbelastung von 22 Suiziden auf 100 000 Einwohner. Damit überstieg sie die der Bundesrepublik um 3, lag jedoch deutlich unter der Westberlins, die mit 33 europäisches Spitzenniveau erreichte.
Obwohl in vieler Hinsicht sich das Suizidgeschehen in der DDR

nicht von dem anderer Länder unterschied, unterlag es einer strengen Tabuisierung. Aus ideologischen Gründen gab es weder offizielle statistische Angaben noch öffentliche Diskussionen.
Die Zahlen über die durch die Volkspolizei untersuchten vollendeten Suizide wurden im Ministerium des Innern als „Vertrauliche Verschlußsache" geheimgehalten.
Lediglich jene psychotherapeuthischen Einrichtungen, deren Arbeitsgegenstand die Suizidgefährdung bildete, verfügten über umfangreiches Patientenmaterial, mit dem die Forschung auf dem Gebiet der Suizidprophylaxe vorangetrieben wurde. Man kann annehmen, daß die Anzahl der suizidgefährdeten Personen acht- bis zehnmal größer war als die der vollendeten Suizide, wenn man von einer noch wesentlich höheren Dunkelziffer absieht. Aber auch die mannigfaltigen Versuche der Psychologen, das Suizidproblem öffentlich zu diskutieren, blieben angesichts der aufgezwungenen Zurückhaltung eher bescheiden. Und es war schon ein großer Erfolg, als Mitte der achtziger Jahre in einigen Großstädten anonyme Beratungsmöglichkeiten über das sogenannte Telefon des Vertrauens geschaffen werden konnten.

Die Verlobten von Wolmirstedt

(Aktenzeichen 5023/75 VP-Kreisamt Magdeburg)

Montag, 09.06.1975, zum Dienstbeginn 07.30 Uhr, BDVP Magdeburg.
Gero Förster, 34, Diplomkriminalist, Leiter der MUK, hat es eilig. Seine rechte Hand umfaßt eine mäßig gefüllte Akte und ein orangefarbenes Aufzeichnungsheft mit dem deutlichen Stempelaufdruck „Vertrauliche Dienstsache". Die andere Hand am Treppengeländer hastet er hinunter in die Chefetage, in der Oberstleutnant Rüttig residiert. Dort verlangsamt er sein Tempo und schreitet betont ruhig den Gang entlang, vorbei an der „Tafel der Besten" mit den Konterfeis der im letzten Jahr ausgezeichneten Volkspolizisten der Bezirksbehörde.
Am Vorzimmer von Rüttig hält er inne, klopft kurz an und tritt ein. Zwei Frauen vor breitwagigen „Optima"- Schreibmaschinen mustern ihn erstaunt und ein wenig mitleidig.
„Hat vor fünf Minuten schon angefangen", raunt ihm die eine zu und weist mit dem hochtoupierten Kopf gegen die schalldicht gefütterte Tür, dem Eingang zur Höhle des Löwen.
Mit forschem Schritt tritt Förster ein. Dann bleibt er wie angewurzelt stehen, die Arme senkrecht am Körper anlegend, eine Hand zur Faust geballt, in der anderen die Akte und das orangefarbene Aufzeichnungsheft. Er hat die geforderte militärische Grundstellung eingenommen. Sein Blick ist geradezu auf Rüttig gerichtet, einem untersetzten Endfünfziger der alten Antifa-Garde, der, ständig kleine Schweißperlen an der Oberlippe produzierend, von einem wuchtigen Schreibtisch aus zwischen einer Batterie von Telefonen das Dezernat regiert.
Dieser spricht zu den anwesenden Männern, die vor ihm um einen langen Tisch sitzen und eifrig Notizen in die gleichen orangefarbenen Hefte machen, von denen Förster eines gegen den Körper preßt.
Der Mann hinter dem Schreibtisch zieht, während er spricht,

ein meterlanges Fernschreiben durch seine fleischigen Finger, den sogenannten Lagefilm.

Regungslos wie der gußeiserne Miniatur-Lenin auf dem Schreibtisch seines Chefs steht Förster an der Tür. Dann unterbricht Rüttig einen bereits begonnenen Satz und schießt einen gezielten Strafblick auf den Untergebenen ab. Er will gerade loswettern, da kommt dieser ihm mit klarer, lauter Stimme zuvor: „Genosse Oberstleutnant, melde mich zum Rapport!" Die über die orangefarbenen Hefte gebeugten Männer blinzeln Förster aus den Augenwinkeln neugierig an.

Der Oberstleutnant rückt sich in seinem Ledersessel zurecht und knöpft sein Jackett zu. Sein Parteiabzeichen blinkt auffällig auf dem dunkelblauen Anzug wie ein Fixstern am Nachthimmel. Er sieht Förster streng an und zischt: „Ich möchte mal erleben, daß die MUK pünktlich zum Rapport erscheint!"

Dann macht er eine kurze Pause, sackt wieder tiefer in den Sessel und – ohne Förster anzusehen – spricht mit ruhiger Stimme, als wolle er die Verspätung gnädig übergehen: „Nehmen Sie schon Platz, Genosse Hauptmann! Wir wollen weitermachen."

Förster setzt sich zu den anderen, legt die Akte und das orangefarbene Heft vor sich und zwinkert lächelnd einen Gruß in die Runde.

Rüttig sucht die Stelle in dem Fernschreiben, an der er durch Försters Eintritt unterbrochen wurde. Dann beginnt er wieder: „Also, Genossen, weiter zur Lage!"

Es folgt eine Aufzählung aller meldepflichtigen Vorkommnisse der letzten Nacht, die der Fernschreiber des Kriminaldienstes aufgezeichnet hatte.

Förster hört von wichtigen Einsätzen der Funkstreifen, von Einbrüchen und hilflosen Personen, von Verkehrsunfällen, einem versuchten Grenzdurchbruch, vom Auffinden einer unbekannten Frauenleiche und von allerlei Autoräderdiebstählen auf einem Parkplatz in der Innenstadt.

Hier und da macht sich einer der anwesenden Männer eifrig Notizen. Der Oberstleutnant fragt sie dann reihum nach dem aktuellen Ermittlungsstand wichtiger Vorgänge und zeigt dabei eine erstaunliche Sachkenntnis. Es werden Maßnahmen beschlossen, Haftsachen erörtert, Kräfteaufwand und Mittel beraten und Termine abgestimmt. Und wenn der Oberstleutnant von den Ergebnissen und Entscheidungen seiner untergebenen

Leiter beeindruckt ist, lobt er sie mit kargen Worten: „Gut! Weiter so! Wenn Sie Probleme haben, kommen Sie zu mir!" Letzteres wagt kaum einer.
Schließlich folgt das politisch-aktuelle Gespräch, kurz PAG genannt, das Förster Freunden gegenüber als „Morgenandacht" bezeichnet. Rüttig breitet dazu einen halben Quadratmeter „Neues Deutschland", das Organ des Zentralkomitees der SED, vor sich aus und kommentiert die seiner Meinung nach wichtigsten Beiträge. Förster folgte dem Parteikauderwelsch nur mit halbem Ohr.
Wie üblich fordert Rüttig danach die Anwesenden auf, „Stimmungen und Meinungen aus den Arbeitskollektiven vorzutragen". Einige berichten, mit welchen Wettbewerbsverpflichtungen sie den 30. Jahrestag der Volkspolizei vorbereitet haben, andere flechten in die Huldigungen der Parteipolitik vorsichtige Kritiken an der Versorgung durch den Einzelhandel ein. Der Rest sagt nichts.
Nach einer reichlichen halben Stunde beendet Rüttig den Rapport. Doch bevor die Männer den Raum verlassen haben, bittet Förster, ihn sprechen zu dürfen.
„Warten Sie, bis die anderen raus sind."
Es wird bald ruhig im Zimmer des Oberstleutnant und Förster kann seine Angelegenheit vorbringen: „Es geht um die Vermißtensache Einbecker ...", er legt dem Chef die Akte vor, die er die ganze Zeit sorgsam in der Hand gehalten hatte, „ich habe mit dem VPKA Wolmirstedt telefoniert. Man will den Vorgang ablegen. Version illegaler Grenzübertritt!"
Rüttig mustert ihn fragend: „Na, und?"
„Ich habe mir den Vorgang angesehen. Kurz gesagt, schludrige Arbeit, nichts ist richtig ausermittelt worden."
„Sie müssen doch nicht hinter jeder Vermißtensache gleich einen Mord vermuten", beschwichtigt ihn der Dezernent, „es hauen doch wohl mehr Menschen nach der BRD ab, als wir Tötungsdelikte in der Republik haben?!"
„Das mag ja sein, aber die melden sich doch dann irgendwie. Der Einbecker ist seit dem 8. März verschwunden und hat sich, wenn er sich schon mit seiner Frau nicht verstanden hat, nicht mal bei seiner Mutter in Werdau gemeldet, zu der er immer ein gutes Verhältnis hatte."
„Nach meiner Kenntnis haben die Genossen in Wolmirstedt umfangreiche Ermittlungen geführt. Das illegale Verlassen ist doch

begründet. Mir fällt keine bessere Version ein! Oder haben wir irgendwo eine passende Leiche gefunden?"
Der Oberstleutnant hat beim letzten Satz die Stimme etwas angehoben. Es lag in ihr eine kleine Dosis Arroganz, die Förster nur provoziert: „Das sind doch ganz schlappe Vernehmungen. Den Maßnahmen fehlte es doch an genügender Breite und Tiefgründigkeit, alles konzentriert sich von Anfang an einseitig auf das illegale Verlassen der DDR. Das ist doch an den Haaren herbeigezogen!"
„Was wollen Sie denn noch mehr: Der Einbecker wurde letztmalig hinter Klötze gesehen, das ist doch nicht zu bestreiten. Ganz in der Nähe der Staatsgrenze. Er hatte seinen Wehrdienst bei den Grenztruppen geleistet, ist also vertraut mit dem Grenzregime und den Sicherungsanlagen. Außerdem hat die Ehefrau durchblicken lassen, daß ihr Mann durchaus auch abgedampft sein kann!"
„Ich meine, es sind zu viele Lücken in den Ermittlungen. Aber wenn es so entschieden wurde ...", resigniert der Kriminalist.
„Genosse Förster", bricht der Oberstleutnant den Dialog ab, „denken Sie doch bloß mal ein bißchen politisch! Die Entscheidung der Genossen in Wolmirstedt ist fundiert. Wir haben die Einstellung schon nach Berlin gemeldet. Also, der Vorgang kommt zur Ablage. Basta!" Er holt Luft, dann wird seine Stimme streng: „Sie können wegtreten!"
Förster nimmt die Akte und das Aufzeichnungsheft, geht, innerlich kochend, wortlos zur Tür, dreht sich demonstrativ um, verharrt einen Augenblick in der gleichen starren Haltung wie die eherne Miniausgabe des großen historischen Vorbilds auf dem Schreibtisch seines Chefs. Sein Mißmut drückt sich in dem betont militärischen Gebaren aus. „Genosse Oberstleutnant, ich melde mich ab!"
„Verschwinden Sie schon!" ruft dieser ihm fast versöhnlich nach.

Wolmirstedt, Dienstag, den 8. Juli 1975, ein wolkendichter, sonnenloser, schwüler Sommertag.
Marianne Einbecker, 36, hat Schwierigkeiten, die Ausgangstür der KONSUM-Kaufhalle zu öffnen. In jeder Hand schleppt sie einen prallgefüllten Beutel: Lebensmittel für die nächsten Tage, jede Menge Flaschen Bier und eine große Flasche Weinbrand für den Abend.

Eine Frau aus der Nachbarschaft hält die Tür auf: „Tag, Frau Einbecker. – Was ich Sie schon längst fragen wollte: Haben Sie schon Nachricht von Ihrem Mann?"
„Nee", entgegnet sie, „soll er doch bleiben, wo der Pfeffer wächst. Ich denke, er ist in den Westen abgehauen. Die VP sagt das auch."
„Und nicht mal geschrieben hat er nach all den Monaten? Wo Sie doch eine so große Tochter haben?"
Marianne Einbecker hat die schweren Beutel behutsam abgestellt: „Wissen Sie, die Antje ist ja nicht seine Tochter, sie ist aus meiner ersten Ehe. Er soll sie nur in Ruhe lassen, der Suffkopp!"
„Ist doch zu komisch", resümiert die Nachbarin, „so mir-nichts-dir-nichts zu verschwinden."
„So gut war unsere Ehe nicht, daß ich dem Kerl eine Träne nachweinen würde. Jetzt, nachdem die Polizei die Ermittlungen eingestellt hat, reiche ich sowieso die Scheidung ein."
„Haben Sie denn noch Sachen von Ihrem Mann, die sie nicht mehr wollen. Ich meine, Sie verkaufen sie doch?" wechselt die Nachbarin zaghaft das Thema.
„Tut mir leid, ich habe alles schon weggegeben", entgegnet sie.
Noch ehe sich die Frauen trennen, wirft die Nachbarin einen auffällig nebensächlichen, aber neugierigen Blick in den Beutel mit den geistigen Getränken: „Da haben Sie sich ja was vorgenommen", bemerkt sie scherzhaft.
„Wir haben heute eine kleine Feier", reagiert Marianne Einbecker, „jetzt muß ich aber los!" Sie keucht mit ihrem Einkaufsgut einige Straßen weiter und biegt in den Plantweg ein. Ein fünfstöckiger, grauer Neubaublock mit mehreren Hauseingängen ist ihr Ziel. Dort liegt in der Nr. 13 ihre kleine, saubere 3-Zimmer-Wohnung mit Balkon, den Blick freigebend auf einen spärlich begrünten Platz, eingerahmt von anderen Häuserblocks gleichen Typs. Alles wirkt wie ein großer Hinterhof.
Zufrieden verstaut sie die Getränke im Kühlschrank, bindet sich eine Schürze um und bereitet den Kartoffelsalat für den Abend vor. Sie rechnet damit, daß Falk Scheuner, mit dem sie heute seinen 18. Geburtstag feiern will, in den späten Nachmittagsstunden von der Arbeit kommen wird. Bis dahin muß sie die Vorbereitungen beendet haben. Sie braucht auch noch Zeit, sich für ihn besonders hübsch zu machen.
Der Gedanke, daß sie einen wichtigen Entschluß gefaßt hatte,

der für Falk eine Überraschung bedeutet, versetzt sie in eine wohlige Erregung. Sie stellt sich vor, wie gelöst sie ihn heute Abend lieben kann, ohne den inneren Druck, daß er noch nicht 18 Jahre alt ist. Wenn Falk sie streichelt, schwinden ihr vor Glück die Sinne. Nie hätte sie sich vorstellen können, einen so viel jüngeren Mann zu lieben.

Kurz nach 17 Uhr kommt Falk Scheuner von der Arbeit. Lächelnd, ein wenig beschwipst, doch keineswegs erschöpft. Marianne Einbecker empfängt ihn an der Wohnungstür, obwohl er selbst Schlüssel hat. Ihr roter Minirock, die weiße Bluse mit dem wie zufällig geöffneten oberen Knopf und der leichtherbe Duft ihres Körpers, üben einen solchen Sog auf ihn aus, daß er sie auf der Stelle küssen muß. Sie erwidert seine Umarmung und haucht: „Herzlichen Glückwunsch, mein großer Junge!"

Falk Scheuner fühlt sich sauwohl. Er genießt es, von Marianne verwöhnt zu werden. Das ist ein Zuhause, wie er es sich immer gewünscht hat.

In der Küche reicht sie ihm ein Gläschen Weinbrand und stößt auf sein Wohl an, ihren Körper dicht an den seinen geschmiegt: „Ich habe mir überlegt, ich will mich nun doch scheiden lassen! Die Polizei hat die Ermittlungen eingestellt. Jetzt kannst du mich ganz haben!"

Falk Scheuner ist freudig überrascht. Damit hat er nicht gerechnet. Seit Monaten, schon zu einer Zeit, als ihr Mann noch im Hause wohnte, hatte er sie ständig bedrängt, sich scheiden zu lassen. Aber sie hatte abgewehrt. Zweimal geschieden - das sei ihr zuviel. Ihr jetziger Entschluß befriedigte ihn. „Dann können wir ja doch heiraten?"

Er umarmt sie erneut. „Feiern wir heute unsere Verlobung?"

„Ja, heiraten wir", flüstert sie, „dann fahren wir nach Bulgarien an den Goldstrand!"

Doch sie hält plötzlich inne. Ihre Knie werden weich. Sie muß sich setzen. So schwindelig wird es ihr: „Hoffentlich geht alles gut", seufzt sie, vor sich hinstarrend.

Falk Scheuner verschließt mit dem Zeigefinder zärtlich ihren Mund: „Psst, was soll denn noch schief gehen", beschwichtigt er sie, doch nicht ohne ihren eben geäußerten Gedanken weiter nachzuhängen.

Eine knappe Stunde später kommt die 15jährige Antje Führbringer, Marianne Einbeckers Tochter aus erster Ehe, nach Hause. Sie gratuliert Scheuner zum Geburtstag, der sie zu ei-

nem Gläschen Schnaps einladen will. Doch sie lehnt ab. Die Mutter nimmt sie zur Seite: „Kannst du ruhig mal trinken. Wir haben uns nämlich verlobt!"
Doch das stille, scheue Mädchen will nicht bleiben. Sie zieht sich in ihr Zimmer zurück. Sie denkt an den Stiefvater, den sie eigentlich nicht besonders mochte, der aber niemals wiederkehren würde. Sie denkt an Falk, der nur wenige Jahre älter ist als sie und ihr Freund sein könnte. Soll der mein Stiefvater werden? In ihr rumort es. Aber sie denkt auch an ihren Vater, an den sie sich nur noch schemenhaft erinnern kann und der sich längst nicht mehr um sie kümmert.
Und wie so oft in letzter Zeit überfällt sie eine schreckliche Schwermut. Wieder muß sie weinen. Nichts wünscht sie sich sehnlicher, als daß dieses letzte halbe Jahr nur ein böser Alptraum gewesen wäre.
Sie ahnt nicht, daß das alles noch nicht vorbei ist.

Es ist Sonntag, der 22. November 1975, am späten Nachmittag.
Die Wochenendgeruhsamkeit in der Wachstube des Betriebsschutzes im Schiffshebewerk Rothensee bei Magdeburg wird jäh unterbrochen. Drei Jugendliche sind erschienen und berichten dem Wachhabenden aufgeregt, sie hätten in der Nähe des Barleber Sees zwischen den Sträuchern eine vergrabene Leiche gefunden. Zunächst hätten sie nur den Teil eines Schädels im Erdreich entdeckt und aus Neugierde dann diese Stelle etwas freigelegt. Dabei wären sie auf einen verwesten Körper gestoßen.
„Vielleicht ist es ein Tierkadaver", beschwichtigt sie der Wachhabende, der aber, um sicher zu gehen, den Operativen Diensthabenden des Volkspolizeikreisamtes Magdeburg verständigt. Zur Überprüfung der Sachlage fährt wenige Minuten später die Diensthabende Gruppe der Kriminalpolizei an den Fundort. Unschwer stellt sie fest, daß es sich tatsächlich um einen menschlichen Körper handelt, der teilweise aus dem Erdreich ragt. Ordnungsgemäß meldet die Diensthabende Gruppe den grausigen Fund dem Leiter des Kreisamtes. Doch anstatt die Morduntersuchungskommission zu verständigen, informiert er den Chef der Kreisdienststelle des MfS, der mit ihm an den Barleber See fährt, um sich persönlich von der Richtigkeit der Meldung zu überzeugen. Doch mehr als die Bestätigung, daß es sich bei dem Fund offensichtlich um einen

verwesten menschlichen Körper handelt, kann auch dieses honorige Duo nicht feststellen. So bleibt dem Amtsleiter nichts weiter übrig, als Oberstleutnant Rüttig von der Bezirksbehörde zu informieren, der den sofortigen Einsatz der MUK veranlaßt. Sie trifft gemeinsam mit den beiden Gerichtsärzten, Prof. Fuchs und der Oberärztin Schneller, kurz vor 19.00 Uhr am Barleber See ein. Inzwischen sind seit dem Fund durch die Jugendlichen mehr als zwei Stunden vergangen.

Schutzpolizisten haben den Fundort weiträumig abgesperrt. Die Gerichtsärzte schätzen nach einer ersten Inaugenscheinnahme ein, daß die Liegezeit des Leichnams mehrere Monate betragen müsse. Gefahr im Verzuge ist unter den gegebenen Bedingungen nicht gegeben.

Wegen der fortgeschrittenen Dunkelheit wird die genaue Fundortuntersuchung für den nächsten Tag festgelegt.

Am nächsten Morgen herrscht klares Wetter, der Boden ist fast frostfrei – gute Voraussetzungen für eine exakte Fundortuntersuchung und Bergung des Leichnams.

Die Arbeiten der Spezialisten dauern bis in die späten Nachmittagsstunden. Der Körper liegt einen reichlichen halben Meter tief im Erdreich. Offensichtlich war die Erdoberfläche durch Tiere an verschiedenen Stellen freigescharrt worden. Die herausragenden Weichteile des Rumpfes weisen typische Fraßspuren auf. Die Haut des Schädels ist vollständig verwest.

Behutsam Schicht für Schicht freilegend, hier und da eine Probe entnehmend, legen die Experten den Leichnam frei. Jede Arbeitsphase wird fotografisch dokumentiert. Ein penetrant riechender, süßlich-käsiger Fäulnisgeruch begleitet die Spurensucher bei der Bergung, hält sich aber durch die trockene Novemberkälte in den Grenzen der Erträglichkeit.

Bald steht fest, daß es sich um den Körper eines Mannes handelt, dem man die Beine abgetrennt hat. Den Hals umschlingt, tiefe Furchen bildend, das Stück einer Wäscheleine, im Nacken straff verknotet. Einige gut erhaltene Haare sind fest in den Knoten eingebunden. Vorsichtig wird der Leichnam geborgen und zum Institut der Medizinischen Akademie Magdeburg transportiert.

Die weitere spurenkundliche Arbeit in der Grube und ihrer Umgebung erbringt bis auf den Fund spärlicher Bekleidungsreste keine nennenswerten Hinweise. Präzisere Angaben ergibt jedoch die Leichenöffnung des Unbekannten.

Durch Tiere freigelegte Leichenteile des Ermordeten am Barleber See, wodurch die zufällige Entdeckung ermöglicht wurde.

Der nach Entfernung des Erdreichs teilweise freigelegte Leichnam.

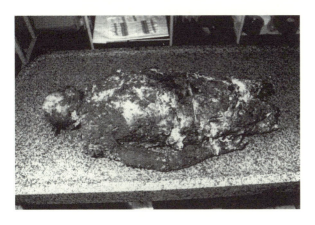

Von Erde befreiter Torso.

Während die Weichteile des Getöteten bereits erheblich verwest waren, ist das Strangwerkzeug gut erhalten geblieben.

Die Obduzenten finden eine Reihe wichtiger Details, die sowohl für die Todesursache, die Liegezeit als auch für die Identifikation des Toten von besonderem Wert sind. Nach zwei Stunden wissen die Kriminalisten, daß es sich bei der aufgefundenen „unvollständigen" Leiche um einen etwa 35 bis 40 Jahre alten und 170 bis 175 cm großen Mann handelt, dessen Gebiß charakteristische Merkmale aufweist. Der Unbekannte besaß vermutlich dunkelbraunes, nackenlanges Haar und trug Unterwäsche der Konfektionsgröße 5. Sein Tod muß durch Strangulation eingetreten sein. Das Zungenbein war geborsten. Die Untersuchung der Knochenstümpfe an den Oberschenkeln begründen den Verdacht, daß die unteren Extremitäten nach Todeseintritt durch ein Hiebwerkzeug, etwa eine Axt, abgetrennt worden sind. Die Liegezeit wird auf mehrere Monate bis maximal ein Jahr geschätzt. Die Summe aller Befunde zur Todesart und Todesursache bestätigen die Vermutung eines Tötungsverbrechens an dem Mann. Sie bildet den Ausgangspunkt der Ermittlungen durch die MUK.
Einen Tag später vertieft sich Hauptmann Förster in den Leichenöffnungsbericht über den unbekannten Toten am Barleber See. Er notiert sich wichtige Ergebnisse der Obduktion, die er für die Planung der nächsten Ermittlungen für nötig hält. Dann telefoniert er mit einem seiner Mitstreiter: „Hotte, ich brauche aus der Ablage alle ungeklärten Vorgänge von vermißten Männern der letzten zwölf Monate aus dem ganzen

Bezirk, möglichst mit Zahnstatus. Und denke dran, auch die, die wegen Republikflucht eingestellt wurden!"
Noch am Vormittag liegt ein Stapel der angeforderten Akten auf seinem Schreibtisch. Er beginnt mit einer groben Sortierung: Jene werden beiseite gelegt, in denen die Männer wesentlich jünger oder älter als 40 Jahre waren. Den Rest prüft er mit der ihm eigenen Sorgfalt. Blatt für Blatt vergleicht er die Daten über die Personen und die Zeiten ihres Vermißtseins mit den bisherigen Ermittlungsergebnissen. Immer wieder legt er dann eine neue Akte zu den bereits ausgesonderten. Bis er plötzlich innehält. Er traut seinen Augen kaum. Hält er doch eine Akte in den Händen, die ihn seit Monaten bereits beschäftigt und deretwegen er sich bei seinem Chef einen weiteren Minuspunkt geholt hatte.
Seine bisherige Gelassenheit ist gewichen, und sein Jagdfieber entfacht. Er liest, blättert, liest, blättert. Dann bricht es aus ihm heraus: „Das gibt's doch nicht!"
Er ergreift das Telefon und wählt: „Hotte, komm mal gleich rüber zu mir!"
Und Hotte kommt. Er ist der 1. Offizier in der Kommission, etwas über 40, mittelgroß, breitschultrig mit Bauchansatz, dienstälter als Förster, eine Spürnase ohne akademische Bildung, doch deshalb nicht weniger wichtig, ein Mann mit praktischer Intelligenz für die Polizeiarbeit. Schon beim Betreten des Zimmers sprudelt es aus Försters Mund: „Guck dir das hier an! Das hab ich mir doch gleich gedacht. – Diese Idioten! Und der Alte spielt noch mit!"
Hotte ist verdutzt, er versteht seinen Chef nicht. Erst als er einen Blick in die Akte wirft, die Förster ihm reicht, geht ihm ein Licht auf: Es ist die Vermißtensache Einbecker, die Anfang Juni wegen Verdachts des ungesetzlichen Grenzübertritts abgelegt wurde. Einbecker ist seit Anfang März vermißt, seine Frau hatte die Anzeige erstattet.
Und während Hotte die Akte überfliegt, bemerkt Förster beiläufig: „Unser Beinloser vom Barleber See!"
Nun setzt sich Hotte. Interessiert beginnt er, den Vorgang gewissenhaft zu lesen. Förster sieht ihm einen langen Moment wortlos zu. Dann ergreift er das Telefon und drückt einen Knopf: „Alle Mann an Deck! In zehn Minuten bei mir! Ruft eure Frauen an, es wird 'ne lange Nacht!" Das ist alles, was er für den Mann am anderen Ende der Leitung an Überraschung bereithält.

Wenig später sitzen die Kriminalisten der MUK bei Förster und schmieden den Schlachtplan für das weitere taktische Vorgehen. Die Angaben zur Personenbeschreibung des Einbecker in der Vermißtenanzeige sind nahezu identisch mit denen des Toten am Barleber See. Das Abtrennen der Extremitäten des Opfers und die Art der Leichenbeseitigung waren ein aus der Erfahrung geborenes wichtiges Indiz dafür, daß zwischen dem Opfer und seinem Mörder eine enge Beziehung bestanden haben muß.

Eine lebhafte Diskussion entflammt. Jeder darf seine Versionen vorbringen und begründen, bis Förster das Gersprächsgewirr unterbricht: „Schluß mit der Spinnstunde! Ich fasse zusammen: Unser Mann ist Opfer einer Eliminierungstötung. Der Täter dürfte – so unsere Hauptverdachtsrichtung – im sozialen Nahraum des Opfers zu finden sein. Konzentrieren wir uns also auf Freunde, Arbeitskollegen, die Ehefrau, mögliche Nebenbuhler! Diese Version gilt solange, bis wir die Grenze ihrer Verifizierung erreicht haben. Ich halte einen Fremdtäter für wenig wahrscheinlich!"

Die Mitstreiter wissen, worauf es jetzt ankommt. Was nun folgt, ist Routine, vielmals praktiziert: Ermittlungsaufträge werden formuliert, kriminaltechnische Untersuchungen geplant, Vernehmer in Bereitschaft gehalten. Längst ist bekannt, daß Rudolf Einbecker in Klötze, nahe seiner Arbeitsstelle, dem Obstbau Olvenstedt, eine Nebenwohnung unterhalten hatte und sich nur an den Wochenenden in Wolmirstedt bei seiner Frau aufhielt. Aber niemals wurde dort nach Spuren gesucht. Könnte dort nicht der Tatort sein? Auch gilt es, Frau Einbecker erneut zu befragen, insbesondere zum sozialen Umfeld ihres Mannes. Doch besondere Vorsicht ist geboten: Nicht nur der Tatort, sondern vor allem auch der Täter sind noch unbekannt. Man könnte bei den Ermittlungen direkt auf sie stoßen.

So fahren die einen nach Klötze. Sie müssen sich in der ehemaligen Behausung Einbeckers umsehen, Leute aus der Nachbarschaft befragen, um Details der Lebensgewohnheiten, des Freizeitverhaltens und des Freundeskreises zu erfahren.

Förster und Hotte knattern mit dem strapazierten Dienst-Wartburg nach Wolmirstedt. Ihr pikantes Interesse gilt der Hauptwohnung Einbeckers am Plantweg 13 und seinen Bewohnern.

Die Zeit für Hausermittlungen ist günstig. Der späte Nachmittag sichert, daß die meisten Leute von der Arbeit bereits heimgekehrt sind. Er ist die Gewähr für die erfolgreiche Kingeltour an den Wohnungstüren meist unbescholtener Bürger. Die Männer wissen, wie in einem Wohnhaus ermittelt wird. Sie gehen um den Häuserblock, erkunden, wie die Eingänge und Keller angeordnet sind, ehe sie das Haus Nr. 13 betreten.
Vor einer Parterrewohnung wischt eine Frau den Fußboden. Förster fragt: „Entschuldigen Sie! Wer führt denn das Hausbuch bei Ihnen?"
Für einen Augenblick unterbricht die Frau ihre Reinigungsprozedur: „Ja, Frau Zimmermann, im zweiten Stock!"
Dankend steigen die Männer behäbig die Stufen empor, vorbei an Wohnungstüren, die von sorgsam abgestellten Straßenschuhen, Stiefeln und Kinderrollern still behütet werden.
Frau Zimmermann, eine kleine, schlanke Mittsechzigerin mit lebhaften, neugierigen Augen, öffnet und läßt die beiden ein, nachdem sie sich ausgewiesen haben.
„Sie führen das Hausbuch?"
Sie nickt stolz. Ja, sie bekleidet als Hausbuchführerin eine wichtige gesellschaftliche Funktion. Sie ist der verlängerte Arm der polizeilichen Meldestelle und des Abschnittsbevollmächtigten. Sie wacht zuverlässig darüber, daß alle Hausbewohner ihre Personalien und Arbeitsstellen bei ihr registrieren lassen sowie ihre Besucher anmelden, falls sie längere Zeit zu bleiben beabsichtigen. Gelegentlich wird sie auch von der Kriminalpolizei um vertrauliche Auskünfte gebeten. Ebenso aber auch von den freundlich tuenden Kämpfern der unsichtbaren Front mit ihrem auffällig-unauffälligen konspirativen Gebaren.
Frau Zimmermann bietet den Männern Platz an und breitet das Hausbuch vor ihnen aus. Hottes Augen gleiten aufmerksam über die sorgfältig aufgelisteten Daten der Hausbewohner. Förster unterhält sich unterdessen mit ihr: „Wir kommen noch mal wegen des Herrn Einbecker. Vielleicht können Sie uns weiterhelfen."
Und bereitwillig erzählt sie alles, was sie über Einbecker weiß. Die Männer erfahren, daß er sich mit seiner Frau in letzter Zeit nicht vertragen hatte, viel trank, nur an den Wochenenden nach Hause kam, an den Wochentagen aber der junge Falk Scheuner in seiner Wohnung logierte. Sie bedauert es zutiefst, daß es ihr nicht zu klären gelungen war, ob dies nun der Freund der

Wohnhaus der Eheleute E. in Wolmirstedt.

Tochter von Frau Einbecker oder gar von Frau Einbecker selbst ist.
„Ich will ja nichts gesagt haben", schließt sie ihre Auskünfte ab, „aber merkwürdige Verhältnisse sind das schon!"
Eine Etage höher liegt die Wohnung, die die beiden Ermittler interessiert. Frau Einbecker öffnet selbst. Mißtrauisch mustert sie die Fremden und ihre Dienstausweise.
„Kriminalpolizei, sind Sie Frau Einbecker?"
Die Frau nickt.
„Wir müssen im Zusammenhang mit dem Verschwinden Ihres Mannes noch einige Fragen mit Ihnen besprechen. Können wir das der Einfachheit halber gleich hier erledigen?"
Marianne Einbecker läßt die beiden ins Wohnzimmer. Unbehagen breitet sich in ihr aus. Das sind nicht die Männer, die die Vermißtensache ihres Mannes auf dem VPKA bearbeiten. Sie kommen aus der Bezirksbehörde in Magdeburg. Das macht die Frau unruhig. Sie befürchtet, daß sie mit unzähligen, verwirrenden Fragen attackiert wird.
Zunächst kann Frau Einbecker alles erklären, logisch und widerspruchsfrei. Doch dann kann sie ihre Erregung nur mit äußerster Mühe unterdrücken. Das sind Fragen, die nichts mit dem Verdacht einer Republikflucht ihres Mannes zu tun haben. Sie hat den Eindruck, daß die Männer mehr wissen, als sie vorgeben. Sie flüchtet nach vorn: „Wissen Sie was Neues? Hat man

ihn gefunden – ich meine, kennt man inzwischen seinen Aufenthalt?"
Förster macht eine mehrdeutige Kopfbewegung: „Später! Wir informieren Sie. Doch jetzt schildern Sie uns bitte, wie die letzten Monate vor dem Verschwinden Ihres Mannes verliefen!"
Dann erzählt sie, wie sie mit ihm in der Weihnachtszeit des Vorjahres auf dem Magdeburger Weihnachtsmarkt Christbäume verkauft hat. Ihre Ehe sei damals schon ziemlich kaputt gewesen. Die ständige Trinkerei ihres Mannes habe zu immer mehr zermürbenden Streitigkeiten geführt. Sie war jedes Mal froh, wenn er montags in der Frühe wieder nach Klötze fuhr. Dann hatte sie Ruhe bis Freitag Nachmittag. Kurz vor Weihnachten habe das Ehepaar Einbecker den Jugendlichen Falk Scheuner kennengelernt. Er hatte sie beim Verkauf der Weihnachtsbäume tatkräftig unterstützt und sich damit ein Taschengeld hinzuverdient. Einbecker würdigte die Leistungen und lud den Jungen zum zweiten Weihnachtsfeiertag nach Wolmirstedt ein. Falk kam auch und blieb bis zum nächsten Morgen. Marianne Einbecker hatte den Eindruck, daß die Anwesenheit von Scheuner die Streitsucht ihres Mannes drosselte. Einbecker verstand sich gut mit ihm, auch wenn Falk nicht so viel trank wie er. Silvestervormittag erschien Falk Scheuner wieder bei ihnen. Er war niedergeschlagen, hatte sich ernsthaft mit seinem Vater gestritten und wollte nicht mehr nach Hause. Einbecker habe in Absprache mit ihr dem Falk bereitwillig angeboten, künftig bei ihnen wohnen zu können. So sei es bis heute geblieben.
„Ist denn Falk zu Hause?" will Förster wissen.
„Nein, aber er müßte jeden Augenblick kommen. Er wollte bei einem Freund das Moped reparieren", erwidert Marianne Einbecker. Förster schaut auf seine Armbanduhr: „Können wir solange warten?"
Diese Frage war höchst lästig, die Frau bejaht sie mit Widerstreben.
Förster fragt weiter: „Haben Sie noch persönliche Sachen von Ihrem Mann?"
„Nein, ich habe alles, was er hier gelassen hat, verkauft."
„Sind Sie sicher, daß er sie später nicht wiederhaben will?"
„So ziemlich."
Hotte mischt sich ein: „Darf ich mich ein bißchen umsehen?"
Die Frage ergänzt er auf der Stelle: „Keine Durchsuchung! – Nur Besichtigung!"

Resigniert nickt Marianne Einbecker. Und Hotte läßt einen intensiven Blick durch das Wohnzimmer streifen, beäugt das Mobiliar wie ein Museumsbesucher, gemächlich von Exponat zu Exponat schreitend. Beiläufig fragt er: „Haben Sie eine Datsche, ein Wochenendgrundstück?"
Sie verneint. Hotte setzt fort: „Eine Abstellkammer?"
„Nein, aber einen Keller", antwortet sie wie gelähmt.
„Darf ich den auch mal sehen?"
Jetzt ist es ihr zu viel. Sie entrüstet sich: „Warum das? – Meinen Sie, er liegt da? Verdächtigen Sie mich ...?"
Hotte fällt ihr ins Wort: „Nun bleiben Sie doch ruhig! Es ist doch nur eine Routinemaßnahme. Das machen wir in jedem Vermißtenfall so. Wir besichtigen alle möglichen Aufenthaltsorte ..., natürlich nur, wenn Sie keine Einwände haben", setzt er hinzu, wohl wissend, daß er keinen richterlichen Durchsuchungsbeschluß vorweisen könnte. Marianne Einbecker überlegt: Wie soll ich reagieren? Ein Nein würde sie nur verdächtig machen. Aber ein leichtfertiges Ja vermag sie ebenfalls nicht über die Lippen zu bringen. So sehr sie sich auch bemüht, sie findet keine plausiblen Ausflüchte. Deshalb zögert sie mit der Antwort, sagt dann aber: „Ich hole die Schlüssel!"
Und sie geht aus dem Zimmer. Wieder überlegt sie: Ob beide mitgehen, wenn ich in den Keller gehe? Oder bleibt einer zurück und schnüffelt herum? Sie entscheidet sich für das geringere Übel – und übergibt Hotte die Schlüssel: „Ich muß ja nicht mitgehen. Rechter Gang, der nächste Keller hinter der Waschküche."
Hotte geht. Und Marianne Einbecker bleibt. So ist es ihr allemal recht. Was soll der Bulle schon im Keller finden? Alles ist aufgeräumt, alles ist in Ordnung.
„Wollen Sie einen Kaffee?" fragt sie Förster verlegen.
„Ja, gern!" lautet dessen kurze Antwort.
Hotte findet den Keller ohne Schwierigkeiten. Er ist prall gefüllt mit allem, was man so im Keller verstaut, macht trotzdem einen sauberen, wohlgeordneten Eindruck. Sein Blick tastet durch den Raum. Nichts bleibt ihm verborgen. Auch nicht das Beil, das hinter einem Schränkchen hervorlugt. Er zieht es hervor und prüft es. Keine Auffälligkeiten? Gar keine? Es sieht neu aus. Doch seine Schneide hat merkwürdige Einkerbungen. Die kommen doch nicht vom Holzhacken, denkt Hotte, setzt den Gedanken fort: ... aber auch nicht vom Beineabschlagen! Er

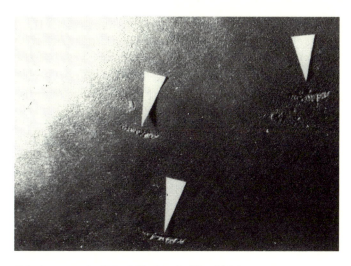
Schartenspuren im Betonfußboden der Waschküche.

schiebt das Beil an seinen Platz zurück und verläßt den Keller. Gerade will er wieder nach oben gehen, als sein Blick auf die Tür zur Waschküche fällt. Die Tür ist nicht verschlossen. Wieder wandern seine Augen umher. Er stutzt. Was ist das? Jede Menge Schartenspuren im Zementfußboden, einige Zentimeter lang, einige Millimeter breit, verteilt auf der Fläche eines halben Quadratmeters. Das erweckt seine Aufmerksamkeit. Er geht zurück und holt das Beil, hält die Schneide in die Scharten und probiert verschiedene Positionen. Mit diesem Beil wurde hier gehackt, lautet seine schlüssige Feststellung. Aber er ist sich im Klaren, daß alle weiteren Überlegungen reine Spekulation wären. Dennoch stachelt dieser Umstand seinen Instinkt weiter an. Er nimmt das Beil und geht.
Frau Einbecker öffnet ihm wieder. Falk Scheuner ist offensichtlich noch nicht da, denn Förster sitzt auf der Couch und schlürft genüßlich Kaffee.
Erst als Hotte das Beil auf dem Wohnzimmertisch ablegt, bemerkt Marianne Einbecker das Utensil. Sie erschreckt über alle Maßen, ist den Tränen nahe, kann sich kaum beherrschen. Ihr wird schwindelig. Förster und Hotte sagen nichts. Nur ihre Augen führen einen vielsagenden Dialog. Ihre Blicke schweifen abwechselnd auf das Beil, dann auf die Frau.
Förster macht eine Kopfbewegung, die Hotte versteht. Er tritt

an Marianne Einbecker heran: „Ist Ihnen schlecht?" Hilfsbereit stützt er sie und führt sie an den Sessel, drückt sie sanft in die Polster, bis sie sitzt, einen halben Meter vom Beil entfernt. Jetzt kann sie die Tränen nicht mehr zurückhalten. Hotte setzt sich zu ihr, gießt ihr eine Tasse Kaffee ein: „Lassen Sie's raus!" Er spricht ruhig und väterlich. Da bricht sie zusammen. Ihre Tränen verdichten sich zu einem verzweifelten Weinkrampf. Die Männer lassen sie gewähren. Aber nur einen Augenblick lang. Jetzt wollen sie mehr wissen. Wichtig ist nur, daß Falk Scheuner nicht stört, sonst ist alles verpatzt. Förster ergreift die Initiative: „Sie wissen doch, warum wir hier sind. Wir haben die Leiche Ihres Mannes gefunden. Erzählen Sie uns, was los war!"
Ohne ihren Kopf zu heben, schluchzt sie den entscheidenden Satz, auf den die Männer gewartet haben: „Wir waren es, der Falk und ich!"
Dann bricht sie erneut zusammen, ist am Ende ihrer Kräfte, kann nur noch heulen. Försters Worte „Wir müssen Sie festnehmen!" nimmt sie gar nicht mehr wahr. Da sitzt sie völlig teilnahmslos, zusammengesunken, mit fahlem Gesicht.
Es schließt an der Wohnungtür. Scheuner kommt! Hotte springt auf die Tür zu, reißt sie auf. Falk Scheuner ist völlig perplex. Die Wohnungsschlüssel in der Hand, steht er einem Fremden gegenüber, der ihn unsanft an den Armen packt und ins Wohnzimmer schiebt. Marianne Einbecker hat nicht mehr die Kraft, ihm entgegenzugehen. Sie blickt ihn müde und erschöpft an: „Ich hab es ihnen gesagt!" Scheuner kann nicht begreifen, was passiert ist. Noch ehe er einen Satz sagen kann, spricht Förster ihn scharf und deutlich an: „Lassen Sie den Anorak an, Sie sind verhaftet!"
Jetzt schießen auch Scheuner Tränen in die Augen: „Es stimmt, ich habe ihn umgebracht", stammelt er. Er hält die Hände vor das Gesicht, um sein schluchzendes Entsetzen zu verbergen. Alles bricht über ihm zusammen. Sein Kopf ist leer.
Förster klappert mit den Handschellen: „Wenn Sie vernünftig sind, stecke ich sie wieder ein."
Falk Scheuner wird nun still. Er nickt ängstlich. Förster läßt die Handschellen wieder verschwinden: „Gut, wir unterhalten uns später!"
Da Antje Fürbringer seit dem Sommer bei ihrer Großmutter in Samswegen wohnt, kann wenig später die Wohnung versiegelt werden.

Kurz vor Mitternacht sind die Arbeitsräume der MUK in Magdeburg noch hell erleuchtet. Unaufhörlich werden von nun an die Schreibmaschinen klappern. Vernehmungen dauern lange. Marianne Einbecker wird Falk Scheuner erst wieder im Gerichtssaal sehen. Kontakte zwischen ihnen werden, solange die Ermittlungen andauern, nicht gestattet.
Falk Scheuner gesteht gleich zu Beginn der Beschuldigtenvernehmung den Mord an Rudolf Einbecker, obwohl er immer wieder versucht, Marianne Einbecker soweit es geht herauszuhalten. Er weiß nicht, daß sie – nur wenige Meter von ihm entfernt – in einem Nebenzimmer ein lückenloses Geständnis ablegt.
Nach seinen Angaben finden die Kriminalisten am nächsten Tag, einige hundert Meter von der Fundstelle des toten Einbecker entfernt, die abgehackten Gliedmaßen und eine zerfetzte Hose, oberflächlich vergraben und mit einer Laubschicht abgedeckt. Unverzüglich wird die gerichtsärztliche Untersuchung durchgeführt. Die Extremitäten werden Rudolf Einbecker zweifelsfrei zugeordnet und die Angaben Scheuners, wie er die Beine von der Leiche abgetrennt habe, bestätigt.
Anfang Juli 1976 sind die kriminalpolizeilichen Ermittlungen abgeschlossen. Der Staatsanwalt kann die Anklageschrift vorbereiten. Nun ergibt sich ein klares Bild über den Tathergang.

Es war Liebe auf den ersten Blick, die Falk Scheuner und Marianne Einbecker verband, seit sie sich beim Weihnachtsbaumverkauf kennenlernten. Als er Silvester zu den Einbeckers zog, begann für beide die lust- und angstvolle Zeit heimlicher Liebe. Bereits in den ersten Januartagen schliefen sie miteinander. Die Woche über lebten sie wie ein Ehepaar zusammen, wenn Rudolf Einbecker in Klötze wohnte. Sie versprachen einander, zusammenzubleiben, und Marianne Einbecker wollte ihn heiraten, sobald er sein 18. Lebensjahr vollendet hatte.
Rudolf Einbecker ahnte dunkel, daß er betrogen wurde. Seine Trink- und Streitsucht an den Wochenenden machten das Leben immer unerträglicher. Falk Scheuner achtete sehr darauf, seine wahre Beziehung zu ihr nicht zu verraten. Er mischte sich auch nicht in die ehelichen Auseinandersetzungen ein, z. B. wenn Marianne Einbecker von ihrem Mann geschlagen wurde. Nur tief in ihm grollte ein unbändiger Haß auf ihn.
Wenn dieser montags früh nach Klötze fuhr, begann für die Liebenden eine Woche der Glückseligkeit. Da war Zeit für

Zärtlichkeiten und Zukunftspläne. Scheuner schnitt dabei mehrmals das Thema einer Scheidung an, aber Marianne Einbecker wich ihm aus. Sie ging davon aus, daß ihr Mann niemals einer Scheidung zustimmen würde.
Als Mitte Februar die Scheidung abermals Gegenstand eines Bettgesprächs war, machte Scheuner ohne Umschweife den Vorschlag, Einbecker zu liquidieren. Zunächst zeigte Marianne Einbecker keine Reaktion, gewöhnte sich aber schnell an den Gedanken, wie sie mit Scheuner leben könnte, wenn ihr Gatte tot wäre. An den nächsten Abenden nahmen die Pläne immer schärfere Konturen an. Sie diskutierten die Möglichkeit eines perfekten Verbrechens, ob man, falls Einbecker vergiftet würde, einen natürlichen Tod vortäuschen könne. Aber Scheuners spätere Bemühungen um ein geeignetes Gift schlugen fehl. Schließlich dachte er darüber nach, Einbecker kurzerhand zu Tode zu strangulieren und seine Leiche verschwinden zu lassen. Dieses Vorgehen hielt er für geeigneter als ein Vergiften, da er damit einer kritischen Leichenschau völlig aus dem Wege ging. Man beriet die Einzelheiten. Am nächsten Tag kaufte Marianne Einbecker eine Hanfwäscheleine, schnitt ein Ende ab, aus der Scheuner eine Schlaufe mit laufender Schlinge knotete. Von nun an verbarg er das Mordwerkzeug ständig in seiner Hose und wartete auf eine günstige Gelegenheit.
Anfang März fuhr Scheuner nach Klötze, um Einbecker betrunken zu machen und ihn zu strangulieren. Aber Einbecker kam nicht in seine dortige Wohnung. Er befand sich auf einem Kurzlehrgang in Halberstadt. Unverrichteter Dinge kehrte Scheuner nach Wolmirstedt zurück, hinterließ Einbecker aber eine Nachricht, sich am Sonntag, dem 8. März 1975, auf dem Bahnhof in Gardelegen mit ihm treffen, um ihn an einem lukrativen Nebenverdienst beteiligen zu wollen. In den frühen Morgenstunden des 8. März saß Scheuner im Zug nach Gardelegen, das Henkerswerkzeug in der Tasche. Der Zug tuckerte behäbig durch die Bördelandschaft. Er erreichte erst mit erheblicher Verspätung sein Ziel. Und Einbecker war nicht mehr am vereinbarten Ort. Enttäuscht fuhr Scheuner mit dem nächsten Zug nach Wolmirstedt zurück.
Am späten Abend erschien Einbecker angetrunken in der ehelichen Wohnung. Er polterte gleich los, warum Scheuner seine Verabredung nicht eingehalten habe. Marianne Einbecker stellte sich ahnungslos. Doch der Streit nahm kein Ende. Schließlich

gipfelte er in körperlichen Auseinandersetzungen zwischen den Eheleuten. Die Fetzen flogen. Nun mischte sich Scheuner ein. Die beiden Männer gingen wie Kampfhähne aufeinander los. Wohnzimmer und Korridor bildeten ihre Arena. Als Einbecker durch einen gezielten Faustschlag im Wohnzimmer bäuchlings zu Boden ging, drückte Marianne Einbecker die spitzen gußeisernen Füße eines vier Kilogramm schweren Standaschenbechers derart in seinen Nacken, daß er sich nicht aufrichten konnte. Das war für Scheuner die Gelegenheit, Einbecker die vorbereitete Schlinge über den Kopf zu streifen. Und ehe er sie mit der ganzen Kraft seines Körpers zuzog, stemmte er einen Fuß gegen den Leib seines Opfers. Einbecker stöhnte: „Jetzt wollt Ihr mich auch noch umbringen!"
Das waren seine letzten, wahren Worte. Scheuner zog und zog. Das Seil schnürte sich tief in die Weichteile des Halses. Der Kehlkopf zerbarst. Dann bewegte sich Einbecker nicht mehr. Seine Gattin löste ihre schmiedeeiserne Falle von seinem Nacken. Einbecker war tot.
Sie ging aus dem Zimmer, mußte sich übergeben. Dann faßte sie sich wieder. Ein völlig irrationaler Gedanke leitete ihr weiteres Handeln: Sie ging zum Kinderzimmer und weckte ihre Tochter Antje. Dem schlaftrunkenen Kind überbrachte sie die Nachricht, daß Falk Scheuner und sie den Vater umgebracht hätten. Nun müsse die Leiche verschwinden. Niemand dürfe etwas erfahren, ansonsten wären ihr viele Jahre Gefängnis sicher. Antje Fürbringer war fassungslos. Sie taumelte aus dem Bett, stand plötzlich im Korridor mit Scheuner und der Mutter, einen ängstlichen Blick auf den toten Einbecker riskierend, der im Wohnzimmer lag.
Das Trio beriet nun das weitere Vorgehen. Scheuner wickelte die Leiche in eine Wolldecke. Zu dritt schleppte man das schwere Bündel unbemerkt aus der Wohnung in den Keller und legte es auf dem Fußboden der Waschküche ab. Marianne Einbecker verschloß die Tür. Dann ging man nach oben. Erschöpft schliefen Falk Scheuner und Marianne Einbecker bis zum Morgen. Nur Antje Fürbringer wälzte sich in den Kissen und weinte.
Am nächsten Tag besorgte Marianne Einbecker einen kleinen Handwagen, den die kommunale Wohnungsverwaltung an ihre Mieter auslieh. Damit sollte der Leichnam weggeschafft werden. Doch das Gefährt erwies sich als zu klein für den Transport

Der von der Kommunalen Wohnungsverwaltung den Mietern zur Verfügung gestellte Handwagen, in dem der Leichnam des E. transportiert wurde.

des großen toten Körpers. Wieder wartete das mörderische Paar einen Tag ab. Am 10. März fuhr Scheuner nach Magdeburg und kaufte im Schutze großstädtischer Anonymität einen Spaten und ein Beil. Abends, als Ruhe im Hause war, sicherten die Geliebte und ihre Tochter an der Tür zur Waschküche das schaurige Werk Scheuners. Er hatte die Leiche aus der Decke gewickelt und trennte mit vielen wuchtigen Hieben die Beine vom Körper des Getöteten. Dann ging alles sehr schnell. Die Leichenteile, die nun problemlos in den Handwagen paßten, wurden unauffällig abgedeckt, der Spaten dazugelegt. Marianne Einbecker und er fuhren den Wagen unbemerkt aus dem Haus. Antje Fürbringer blieb zu Hause und dachte darüber nach, ob sie wohl eine Verbrecherin geworden ist. Das ließ sie wieder nicht schlafen.

Die Liebenden indes transportierten ihr grauenvolles Gut im Schutze der Nacht zum Barleber See. Dort beerdigten sie den Toten. Als Scheuner das Grab zuschaufelte, bemerkte er, daß er vergessen hatte, die Beine zu beseitigen. Das geschah schließlich irgendwo auf dem Rückweg an einer Böschung des Mittellandkanals. In dessen Fluten versenkte er auch den Spaten.

An einem der folgenden Tage verbrannte das Pärchen auf einem Müllplatz die Bekleidung des Getöteten. Am 17. März erstattete Marianne Einbecker bei der VP in Wolmirstedt eine Vermißtenanzeige, unauffällig und gefaßt: Ihr Mann habe sie nach einem Streit am 8. März verlassen und sei nicht mehr heimgekehrt ... Er könne möglicherweise in den Westen abgehauen sein.

Ende August, einen Monat nach dem 18. Geburtstag Falk Scheuners, reichte sie auf dem Kreisgericht die Scheidung ein, weil ihr Ehemann sie böswillig für immer verlassen habe. Die Vorlage eines Schreibens der VP mit der Begründung der Einstellung der Vermißtensache wegen Republikflucht, war dafür ein überzeugendes Argument.

Das Gericht verurteilte das Paar wegen Mordes zu einer lebenslangen Freiheitsstrafe.

Zunächst wurde gegen die Tochter, Antje Fürbringer, wegen des Verdachts der Begünstigung gemäß § 223 StGB ebenfalls ein Ermittlungsverfahren eingeleitet. Sie hatte objektiv den Tatbestand der Begünstigung erfüllt. Doch dieses Verfahren wurde gemäß § 148 Abs. 1 Ziffer 3 StPO schließlich eingestellt, weil die Begünstigung ihrer Mutter gewährt wurde, um sie vor einer Bestrafung zu schützen. Sie wurde bis zu ihrer Volljährigkeit in einem staatlichen Heim in Magdeburg untergebracht.

Eine Tote zwischen den Gräbern

(Aktenzeichen 131-22-72 Bezirksstaatsanwalt Schwerin)

Als der sowjetische Kriminalist A. I. Winberg und seine Mitarbeiter im Jahre 1965 die Ergebnisse ihrer Forschungen auf dem Gebiet der Geruchsspuren und ihrer Anwendung in der Kriminalistik, die sogenannte Gerichtsodorologie, vorstellten, ahnte wohl niemand, in welchem Ausmaß die Sicherheitsorgane des Arbeiter- und Bauernstaates, allen voran das Ministerium für Staatssicherheit, zwei Jahrzehnte später sich der Speicherung des menschlichen Individualgeruchs bedienen würden.

Die Methode war eine vielversprechende Weiterentwicklung damaliger Möglichkeiten, bei denen man den ausgeprägten Geruchssinn des Hundes für kriminalistische Zwecke nutzte. Klassische Fährtenhunde, Stöbermeuten, Leichensuchhunde und eigens für das Auffinden von Gasquellen, Sprengmitteln, Narkotika, Munition usw. ausgebildete Spürhunde galten schon lange als zuverlässige Helfer der Polizei.

Es ist höchst beeindruckend, daß die Fähigkeit des Hundes, Gerüche wahrzunehmen und zu differenzieren, bis zum heutigen Tage allen labortechnischen Erkenntnismöglichkeiten überlegen geblieben ist.

Mit der Gerichtsodorologie wurde das Spektrum der Nutzung des Hundes in der Kriminalistik um einen wichtigen Bereich erweitert. Jetzt ging es nicht mehr lediglich um eine Differenzierung zwischen verschiedenen Personen nur an Hand ihres Geruchs, sondern vor allem darum, Geruchsspuren, die beim Berühren von Gegenständen oder Verweilen an fraglichen Orten hinterlassen wurden, zu individualisieren.

Mit geeigneten Absorptionsmitteln ließ sich dieser Geruch abnehmen, speichern und mit Geruchsproben von Personen vergleichen. Die Begeisterung über dieses Verfahren schlug hohe Wogen. Wenn man nämlich einem Verdächtigen allein nur durch den von ihm hinterlassenen Individualgeruch nachweisen konnte, daß er sich an einem bestimmten Ort aufgehalten oder einen bestimmten Gegenstand berührt hatte, ohne dabei herkömmliche Spuren, etwa Fingerabdrücke, zu verursachen, dann würden sich für die Kriminalistik ungeahnte Möglichkeiten ergeben.

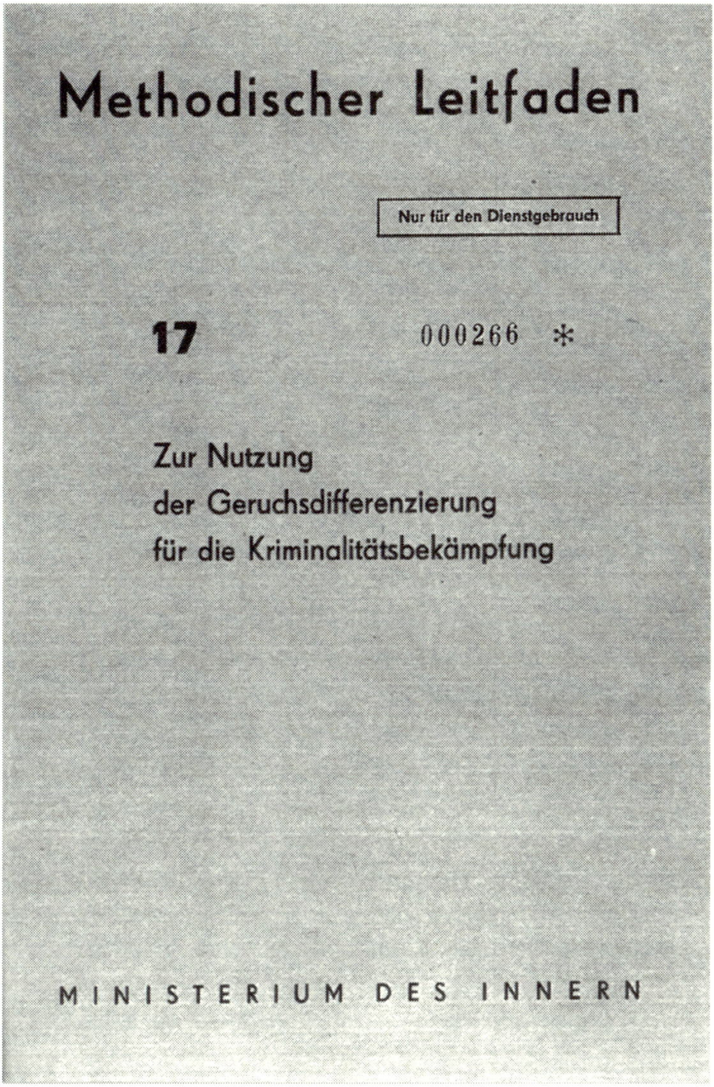

Methodischer Leitfaden

Nur für den Dienstgebrauch

17 000266 *

Zur Nutzung
der Geruchsdifferenzierung
für die Kriminalitätsbekämpfung

MINISTERIUM DES INNERN

- 10 -

II. Die Suche und Sicherung von Geruchsspuren

GS werden nur von speziell durch den Differenzierungshundeführer eingewiesene Kriminalisten gesichert.

In der Regel sichert diese Spuren
  der Kriminaltechniker;
bei schweren und komplizierten Verbrechen
  der Differenzierungshundeführer.

Der planmäßigen Suche der GS ist die g e d a n k l i c h e R e k o n s t r u k t i o n d e s T a t a b l a u f e s zugrunde zu legen. Aus Gründen der Beweiserheblichkeit sind Stellen und Gegenstände, mit denen ein intensiver Täterkontakt stattgefunden hat, wie z. B. Standort vor dem angegriffenen Objekt, Tatwerkzeug, zurückgelassene Bekleidungsgegenstände, gegenüber anderen Stellen für die Sicherung zu bevorzugen.
Auch ist die U m g e b u n g d e s E r e i g n i s o r t e s (An- und Abmarschweg des Täters) zu berücksichtigen.

> Die Sicherung der GS erfolgt durch einen direkten Kontakt des Geruchsspeichers (steriles Staubtuch) mit der Spur.

- 23 -

VI. Asservierung von Geruchsspuren und Geruchskonserven

Geruchsspuren werden vernichtet, wenn
- die Straftat aufgeklärt wurde
- die Straftat nicht aufgeklärt wurde, nach Verjährung der Strafverfolgung.

GK von verdächtigten Personen, die nicht den Bestimmungen der Registrierung - siehe Punkt V. - unterliegen und die durch die Geruchsdifferenzierung bzw. durch andere Untersuchungshandlungen ausgeschlossen wurden, werden nach Abschluß bzw. Einstellung des EV vernichtet.

Faksimiles der Seiten 10 und 23 des Methodischen Leitfadens.

Doch es war klar: Die Schnüffelresultate der auf diese Methode abgerichteten Hunde durften als Beweismittel im Strafverfahren nicht verwendet werden. Ihr Nutzen blieb auf die allgemeine Ermittlungshilfe beschränkt, bis andere, prozeßrechtlich zugelassene Beweise erlangt wurden.

Ursprünglich galt die Odorologie als Staatsgeheimnis. Doch ließ sich dieses wegen der auffälligen praktischen Beschaffung der Vergleichsspuren – für einige Minuten mußte der Betreffende Körperkontakt mit einem sterilen Tuch dulden – kaum lange wahren.

Interne Anweisungen der Kriminalpolizei regelten den Umgang mit Geruchsspuren und -konserven. So mußten die Asservate vernichtet werden, sobald die fragliche Straftat aufgeklärt war. Zumindest forderten das die Vorschriften.

Doch die Odorologie kam im Laufe der Zeit in Verruf, weil vor allem das Ministerium für Staatssicherheit ungeachtet der prozeßrechtlichen Begrenzung reichlichen Gebrauch von ihr machte.

Riesige Archive von oft konspirativ erlangten Geruchskonserven mißliebiger Untertanen aus dem sogenannten Untergrund entstanden. Ethisch-moralische Skrupel blieben dabei weit hinter dem Präventivgedanken, nämlich vermeintlich konterrevolutionäre Kräfte vorsorglich zu überwachen.

Da eine Geruchskonserve aus einem mit Deckel und Deckelspange versehenen, industrieglasähnlichen Behälter bestand, in dem die auf einem sterilen Staubtuch aufgenommene Geruchsprobe gespeichert wurde, war mit der Zeit eine gewaltige Lagerkapazität notwendig geworden.

Bürgerrechtler, die in der Wendezeit der Jahre 1989/90 die Zwingburgen der Staatssicherheit eroberten, waren teils belustigt, teils angewidert, mit welch zynischer Sorgfalt man die massenhafte Speicherung von Gerüchen Andersdenkender betrieben hatte.

Die angestauten Aggressionen gegen die DDR-Obrigkeit und ihren Sicherheitsapparat entluden sich in der Zeit der großen historischen Veränderung und führten nach dem Beitritt der DDR zur Bundesrepublik dazu, die Odorologie aus der kriminalpolizeilichen Praxis zu verbannen und Diskussionen über eine Neubelebung des Verfahrens bereits im Keime zu ersticken.

Doch in den siebziger Jahren dachte niemand an den späteren Untergang eines solchen Verfahrens und noch viel weniger an den der DDR.

Sonntagsruhe in der Hauswache des Volkspolizeikreisamtes Hagenow, der Vierzehntausend-Seelen-Kleinstadt südwestlich von Schwerin. Es ist der Nachmittag des 15. August 1972. Die Dienststelle ist fast menschenleer. Nur in den Räumen des Operativen Diensthabenden und des Kriminaldienstes herrscht eine gewisse Betriebsamkeit. Ein Fernschreiber rattert, irgendwo dudelt ein Fernseher. Neben der Wachstube dekoriert ein Uniformierter eine Wandzeitung, steckt sauber ausgeschnittene Buchstaben und ein Foto des jugendlichen Helden Erich Honecker an das rote Tuch: „Dem Generalsekretär der Sozialistischen Einheitspartei Deutschlands und Vorsitzenden des Staatsrates herzliche Glückwünsche zum 60. Geburtstag!"
Am Haupteingang klingelt es. Der Uniformierte geht zur Tür, blinzelt durch den Spion, öffnet eine Sprechklappe. Draußen steht ein sichtlich erregter, etwa zwanzig Jahre alter, schmächtiger Mann, ein blonder Krauskopf mit blassem Gesicht.
„Ja bitte, Sie wünschen?"
„Ich ..., ich habe ...", stammelt dieser, „auf dem Friedhof Heinrich-Heine-Straße zwischen den Büschen eine Leiche gefunden."
Die Luke schließt sich. Schwere Schlösser schnappen, ein Scherengitter wird zur Seite geschoben. Der Wachtmeister gibt den Eingang frei.
„Kommen Sie herein. Ihren Personalausweis bitte!"
Verstört fingert der Krauskopf das blaue Dokument aus seiner Gesäßtasche.
„Nehmen Sie Platz, es kommt gleich jemand!"
Der Mann plaziert sich artig im Warteraum, während der Uniformierte telefoniert:
„Hauswache, Hauptwachtmeister Schlegel. Genosse Leutnant, hier ist der Bürger ...", er macht eine kleine Pause und blättert in dem Personalausweis, „... Treese, Bernd, wohnhaft in Hagenow. Er meldet den Fund einer Leiche auf dem Friedhof Heinrich-Heine-Straße!"
Irgend etwas muß der Angerufene erwidert haben, denn der Uniformierte wendet sich an den Besucher: „Kommt gleich jemand von der K!"
Wenig später sitzt der 20jährige Zerspanungsfacharbeiter im Zimmer des Kriminaldienstes. Leutnant der K Ihlander, ein untersetzter Endfünfziger mit schütterem Haar, beruhigt seinen erregten Gast: „Nun erzählen Sie mir mal alles ganz von vorn!"

Bernd Treese nickt, schluckt trocken. „Also, ich bin zur Zeit krankgeschrieben, habe mir an einer Maschine den Finger gequetscht." Er weist auf seine fachkundig verbundene Hand. Der Mull ist nicht mehr ganz frisch. „Deshalb habe ich mehr Zeit für den Jugendklub ..."
Dann schildert er, daß er dem ehrenamtlichen FDJ-Klubrat angehört, als dessen stellvertretender Vorsitzender sei er für die Realisierung des Kulturplans verantwortlich. Am Nachmittag wollte er im Klub sein. Um den Weg dorthin abzukürzen, sei er über den Friedhof gegangen.
Hinter dem Haupttor, rechts neben der ersten Grabreihe sei ihm etwas Buntes entgegengeschimmert, als habe sich dort jemand alter Textilien entledigt. Er sei näher getreten und habe eine nackte Frau liegen sehen. Mit großer Bestürzung habe er sich zu ihr heruntergebeugt, um ihr zu helfen. Er habe ihren Puls gefühlt und gehört, ob sie noch atme, dann aber festgestellt, daß sie offensichtlich tot sei.
Ihlander, der aufmerksam zuhört, unterbricht ihn: „Einen Moment, ich bin gleich zurück!"
Im Nebenzimmer führt er mehrere Telefongespräche. Wortfetzen dringen bis zu Bernd Treese. Er reimt sich zusammen, was der Kriminalist beabsichtigt: Funkstreifenwagen zum Ereignisort, Verständigung der Schnellen Medizinischen Hilfe und des Bereitschaftsdienstes der Morduntersuchungskommission in Schwerin.
Zurückgekehrt fragt Ihlander nach weiteren Details, macht Notizen. Dann schließt er das Gespräch ab: „Also, fahren wir hin, Sie zeigen mir die Stelle!"
Beim Verlassen des Zimmers rümpft er die Nase, schnuppert auffällig dicht vor der Nase seines Gastes herum: „Haben Sie getrunken?"
„Nur ein paar Bier, ehe ich zum Klub wollte."
Über eine Hintertreppe erreichen die Männer den Hof mit den Einsatzfahrzeugen. Unterwegs bemerkt Bernd Treese wie beiläufig: „Ich habe auch ihre Schuhe angefaßt, die herumlagen. Ich meine nur, Sie finden dort Spuren von mir."
„Ist schon gut", beruhigt ihn Ihlander, „wir besprechen das an Ort und Stelle." Dann fragt er weiter: „Woher nehmen Sie denn die Gewißheit, daß die Frau tot ist?"
„Das sieht man doch, sie lag so verkrümmt da", ist die zögerliche Antwort.

„Warum haben Sie keinen Arzt verständigt, sie könnte doch noch leben?"
„Nein, nein, sie ist tot, das hab ich gesehen!"
„War ihr Körper noch warm, als Sie den Puls gefühlt haben?"
„Weiß ich nicht!"
Ihlander läßt das Fragen, es führt im Moment nicht weiter.
Bernd Treese beginnt, eine Phantasiemelodie vor sich her zu summen. Das erscheint Ihlander nun doch fehl am Platze. Ein eigenartiger Kunde, dieser Auffindungszeuge, denkt er und schneidet den Singsang mit den Worten ab: „Sie müssen heute noch Zeit für uns haben. Ihre Zeugenvernehmung, verstehen Sie, der Papierkram!"
Zeugenvernehmung? So recht scheint das Treese nicht zu behagen. Er gibt daher zu bedenken: „Meine Frau glaubt, ich bin im Klub. Sie ist mit dem Kind allein zu Hause."
„Wir werden sie informieren, kein Problem", räumt Ihlander die Besorgnis aus.

Auf dem Friedhof herrscht inzwischen das Bild einer polizeilichen Ereignisortsicherung: Die Besatzungen zweier Funkstreifenwagen haben weiträumig ein rot-weißes Plastikband, wie es neuerdings zur Begrenzung von Baustellen verwendet wird, gespannt. Der weiße Wagen der Schnellen Medizinischen Hilfe steht bereits auf dem Hauptweg. Ihlander fährt seinen Wagen bis dicht an die Begrenzung. Ein Wachmeister eilt auf ihn zu: „Genosse Leutnant, wir haben den Fundort gesichert. Ich zeige Ihnen, wo wir unsere Spuren hinterlassen haben!"
Ihlander fordert Treese auf, vor der Abgrenzung zu warten und gibt dem Schutzpolizisten einen Wink, auf ihn zu achten.
Die Angaben Treeses scheinen sich zu bestätigen. Hinter dem Gebüsch liegt eine leblose, fast nackte Frau. Der Arzt kauert einen reichlichen Meter entfernt von ihr und inspiziert sie, ohne sie zu berühren.
„Ich fasse sie nicht weiter an", spricht er gleich, als Ihlander hinzutritt.
„Die Totenflecke sind deutlich sichtbar, die Starre ziemlich ausgeprägt. Mehr als den Tod will ich hier nicht feststellen. Zur Todeszeit kann ich nur wenig sagen. Sie liegt mindestens fünf bis sechs Stunden zurück. Verständigen Sie die Gerichtsmedizin. Die Frau ist offensichtlich erwürgt worden. Sexualtötung. Sehen Sie die typische Lustmordstellung!"

Aus sicherer Distanz erfaßt Ihlander die Situation: Die Frau liegt, den Kopf zum Gebüsch geneigt, auf dem Rücken, die Arme vom Körper gestreckt, nach oben angewinkelt. Ihre Beine sind weit gespreizt. Der Slip hängt schlaff und schmutzig über dem Knöchel des linken Fußes. Ein weißer Pulli, bis unter die Achselhöhlen hochgeschoben, umschlingt den Hals wie eine Krause, ohne die kratzerartigen Hautabschürfungen am Hals zu verdecken. Zu beiden Seiten des jugendlichen Körpers liegt ein zerrissener Büstenhalter, die Verschlußseite mit dem Rücken am Boden fixiert. Eine blaue Hot Pants bedeckt einige Meter weiter den Teil einer Grabtafel. – Ein gräßlicher Anblick. Ihlander nimmt dieses seltene Bild eines Gewaltaktes mehr gefühlsmäßig als polizeitaktisch und sachlich auf. Speiübel könnte ihm werden. Mit festem Willen, keine Spuren zu vernichten, unterdrückt er jede Regung seines Leibes. Es erleichtert ihn sehr, daß knapp zehn Minuten später die Mordkommission und ein Gerichtsarzt aus Schwerin eintreffen.
Chef der Kommission ist Hauptmann Petershagen, 39, ein hagerer, hochaufgeschossener Mann mit fahlem Gesicht und den eingefallenen Wangen eines chronisch Magenkranken. Er ist ein besonnener, in sich gekehrter mecklenburger Dickschädel, der sein Fach beherrscht. Ihlander schildert ihm die Anzeigenumstände und seinen ersten Eindruck von diesem etwas merkwürdigen Auffindungszeugen. Ehe er sich aber zum Kreisamt zurückbegibt, wendet er sich Bernd Treese zu, der artig an der Absperrung ausharrt: „Sie müssen sich gedulden, die Mordkommission will Ihnen noch einige Fragen stellen!"
Ruhig, sicher und vielfach erprobt wird nun der Tatort untersucht. Behutsam nähern sich Petershagen und der Gerichtsarzt der Leiche, Schritt für Schritt schweift ihr geschulter Blick auf dem Erdreich, dem Kiesweg und den Gräbern umher. Nichts darf ihnen entgehen. Ihnen folgt der Kriminaltechniker. Hier und da stellt er handgroße Täfelchen mit Ziffern auf, die sogenannten Spurentafeln, um dann mit der „Exa II", der VP-eigenen Kleinbildkamera, jede Menge Tatort- und Spurenbilder aufzunehmen. Petershagen erwartet von ihm einen aussagekräftigen, illustrierten Tatortbefundsbericht. Dieser ist straff und eindrucksvoller als ein bildloses, langatmig formuliertes Protokoll. Abgesehen von kriminalistischen Erwägungen für seine Entscheidung erinnert sich Petershagen an die unzähligen orthographisch und stilistisch mißratenen Polizeiprotokolle, die ihn

mal in Zorn, mal in Heiterkeit versetzen. Besonders genießt er es, wenn ihm ein solches Machwerk eines seiner Vorgesetzten in die Hände gerät, aus der Zeit als dieser an der Polizeibasis noch richtig malochen mußte, aber jetzt nach blendendem Studienabschluß an der Parteihochschule das Hohelied der marxistisch-leninistischen Erziehung an der Dienststelle mitsingen darf.

Während sich Petershagen einen Überblick über den Tatort verschafft, untersucht der Gerichtsarzt behutsam den Leichnam der jungen Frau, bemüht, die unsichtbaren Spuren nicht zu vernichten. Ihm geht es zunächst um die Todeszeit. Alles andere, insbesondere die Sicherung von Mikrospuren am Körper der Toten, gehört in den Sektionssaal. Der Kriminaltechniker fotografiert jede Phase der Untersuchung.

„Die Todeszeit liegt zirka zwölf bis zwanzig Stunden zurück", wendet sich der Gerichtsarzt an Petershagen, „das könnt Ihr den Ermittlungen vorerst zugrunde legen. Vielleicht ist die Zeit noch weiter einzugrenzen, das geht aber nur im Institut!"

„An dem zerrissenen Büstenhalter könnten Geruchsspuren vom Täter sein", meint Petershagen. Der Kriminaltechniker hat für deren Sicherung einen besonderen Koffer parat, in dem sich mehrere Gläser befinden. Mit zwei etwa 25 cm langen Hakenzangen, wie sie eigentlich in der chirurgischen Praxis zum Abklemmen von Blutgefäßen Verwendung finden, entnimmt er den Gläsern gelbe Staubtücher, bedeckt mit ihnen den Büstenhalter, breitet ein Stück Aluminiumfolie darüber und beschwert das Ganze mit einigen faustgroßen Steinen, damit ein möglicher Luftzug das Ergebnis seiner Arbeit nicht zerstört. Wieder wird alles fotografiert.

Wenn der Täter bei der Überwältigung der Frau tatsächlich mit bloßen Händen ihren Büstenhalter vom Körper gerissen hat, müßte sich mit etwas Glück nach etwa einer halben Stunde sein Geruch auf die Staubtücher übertragen haben. Petershagen beobachtet die Prozedur. Dann berät er sich mit dem Gerichtsarzt. Jetzt weiß er, daß die unbekannte Frau etwa 14 bis 16 Jahre alt ist, ein Mädchen also, das keine Papiere bei sich trägt und in den späten Abendstunden des gestrigen Tages Opfer eines Notzuchtdelikts wurde. Der Gerichtsarzt sichert zu, im Sektionssaal Scheidenabstriche vorzunehmen, um die mögliche Samenflüssigkeit des Täters näher zu analysieren.

Kopf, Hände und Füße der Toten werden mit Plastiktüten überzogen, um sie im Institut vor der Sektion mittels eines Operationsmikroskops nach Haaren, Fasern und möglichen Hautpartikeln des Täters zu untersuchen. Dann wird der Leichnam behutsam auf eine große Plastikfolie gehoben und zum Abtransport vorbereitet.

Zwei Aufgaben erwarten Petershagen jetzt: Zum einen muß die Tote rasch identifiziert werden, zum anderen harrt der Auffindungszeuge vor der Tatortabsperrung auf seine Fragen. Mit der Bemerkung „Ich fahre ins VPKA und vernehme den Zeugen, mach du hier weiter", verläßt er seinen Kriminaltechniker.

Doch bevor er mit Bernd Treese sprechen kann, trifft der Leiter der Spezialkommission der Bezirksverwaltung des MfS Schwerin ein.

Die Spezialkommission war eine in jedem DDR-Bezirk installierte, mittlere Struktureinheit der Hauptverwaltung Untersuchung des MfS. Sie befaßte sich mit solchen Straftaten, die Sicherheitsinteressen des Staates beeinträchtigen könnten und zählte demnach zu den im § 88 Strafprozeßordnung aufgeführten Ermittlungsorganen. Damit war sie offiziell den rechtlichen Kompetenzen der Kriminalpolizei gleichgestellt. Inoffiziell führte dies aber zu einer direkten Überwachung der kriminalpolizeilichen Arbeit, da sie jeden kriminalpolizeilich relevanten Sachverhalt nach eigenem Ermessen prüfte und fragte, ob staatliche Sicherheitsinteressen berührt würden. Daraus erklärt sich ihre permanente Präsenz bei kriminalpolizeilichen Maßnahmen. Das führte mitunter zu mißliebigen Konkurrenzen und Eifersüchteleien mit der Kriminalpolizei, vor allem, wenn es darum ging, wer schließlich die Aufklärungserfolge für sich verbuchen durfte.

Eine solche Spezialkommission verfügte über modernste kriminaltechnische Ausstattung, oft aus den Ländern des sogenannten Klassengegners, die die volkseigene Polizei entbehren mußte. Bemühte sich der Leiter einer MUK um einen freundlichen Kontakt zu seinem allmächtigen „großen Bruder", dann konnte er durchaus eine gelegentliche Unterstützung mit technischer Ausrüstung oder wichtigen Informationen erwarten.

Petershagen grüßt den MfS-Mann kurz und prellt gleich vor: „Ist nichts für euch. Eine stinknormale Sexualtötung!"
„Können wir euch unterstützen?" ist dessen Frage.
„Im Augenblick nicht!" Petershagen stockt, korrigiert sich aber

schnell: „Doch! Sei so gut und mach mir ein paar Polaroidaufnahmen, damit ich sie gleich mitnehmen kann." Wenig später trabt Petershagen davon, in einer Hand drei Tatortfotos zum Trocknen in der Luft herumschwenkend.
Bernd Treese erwartet ihn schon ungeduldig. Der Hauptmann macht ihm deutlich, daß seine Aussage als förmliche Zeugenvernehmung protokolliert werden muß. Natürlich im VPKA.
Unterwegs quetscht Petershagen ihn ein wenig aus und erfährt, daß Treese verheiratet und Vater einer zweijährigen Tochter ist, daß ihm der Schichtdienst in der Hagenower Großbäckerei nicht gefällt und überhaupt die im Betrieb alle ziemlich doof sind. Er ist gesprächig und wirkt erstaunlich gut gelaunt. Petershagen provoziert ihn zu unverfänglichen Heiterkeiten, lenkt ihn bewußt vom Thema ab, streut nur gelegentlich einige Fragen zur Sache ein. Er will alles wissen, jedenfalls mehr, als ein Zeuge von sich preisgeben würde. Bald steht sein Eindruck fest: Wer aufschneidet, lügt. Wer lügt, verbirgt etwas. Noch bevor sie das Kreisamt erreichen, steht Petershagens Strategie fest: Aussagen auf Details konzentrieren, auf Widersprüche festlegen lassen, auch einmal geschickt die Frage nach dem eigenen Alibi stellen, aber keinen Verdacht gegen ihn äußern.
Dieser Zeuge weckt sein kriminalistisches Interesse, auch deshalb, weil sich Ihlanders Zweifel inzwischen auf ihn übertragen hat.
Doch zu Beginn der Vernehmung wird daraus Argwohn. Als nämlich Bernd Treese den genauen Ablauf des Vortages schildern soll, um vielleicht auf diese Weise auf andere Zeugen zu stoßen, fällt sein Bemühen auf, die Zeit nach 21 Uhr möglichst auszuklammern. Er ist unerfahren mit den Gepflogenheiten einer kriminalpolizeilichen Befragung, und deshalb besitzt er kein logisches Konzept für die eigene Rechtfertigung. Eine plausible Begründung, warum er den Friedhof überhaupt betreten hatte, kann er nicht geben. Petershagen erkennt dieses Manko, weiß indes, daß er die bisherige Bereitwilligkeit auszusagen, bremsen könnte, wenn er ihm jetzt plumpe Vorhalte an den Kopf schmettern würde.
Noch sind keine Beweise für eine Täterschaft vorhanden, und so gilt es, eine freundliche Atmosphäre zu schaffen und die bei Treese aufkommende Angstreaktion zu mildern. Mit einer härteren Gangart könnte er, wenn nötig, bis zum Eintreffen der ersten Ergebnisse der Spurenauswertung warten. Immerhin ge-

lingt es ihm, Bernd Treese über seine vagen Vermutungen, die immer mehr zu einem Verdacht reifen, im Unklaren zu lassen. Verdutzt läßt dieser zu, daß Petershagen ihm mit der Sorgfalt antiseptischen Vorgehens eine Klemmzange mit einem gelben Staubtuch präsentiert. Mit der kurzen Bemerkung: „Sie haben sich ja am Tatort aufgehalten, jetzt brauchen wir Ihre Vergleichsspuren" verschwindet das Tuch unter Treeses Achselhöhle.
„Klemmen Sie es mit dem Arm fest", verlangt Petershagen. Widerspruchslos folgt Treese der Aufforderung.
Die nächsten anderthalb Stunden verlaufen entspannt. Petershagen hat Limonade für ihn herangeschafft und im Nebenzimmer ein paar Telefonate erledigt. Treese hat inzwischen das Protokoll durchgelesen und unterschrieben. Er findet alle seine Angaben wieder, und es beruhigt ihn, schwarz auf weiß bestätigt zu sehen, daß es sich um eine Zeugenvernehmung handelt. Seine innere Anspannung schwindet, als Petershagen ihn von dem geheimnisvollen Staubtuch befreit.
Eigentlich dürfte es nunmehr keinen Grund geben, von der Polizei weiter festgehalten zu werden. Doch es fehlt ihm der Mut, das auszusprechen.
Petershagen hat die rechtlichen Grenzen erreicht. Die Zeugenvernehmung ist abgeschlossen. Aber er entläßt Treese nicht. Vielmehr verwickelt er ihn in ein ablenkendes Gespräch über Gott und die Welt, das heißt eigentlich nur über die Welt, da kennt er sich besser aus. Er muß Zeit gewinnen.
Endlich, gegen 17 Uhr schrillt das Telefon. Der Kriminaltechniker meldet sich aus dem Sektionssaal, gibt erste Ergebnisse durch. Doch die sind enttäuschend. Die noch andauernde Obduktion der Leiche bestätigt nur die bisherigen Feststellungen: Tod durch Erwürgen, gewaltsamer Sexualakt. Die Analyse des Mageninhalts, die feingeweblichen und toxikologisch-chemischen Routineuntersuchungen sind erst in den nächsten Tagen verfügbar.
Auch am Tatort keine direkten Hinweise auf den Täter. Die gesicherten Textilfasern, Haare und Bodenspuren können nur im Kriminaltechnischen Institut in Berlin untersucht werden. Das kann Wochen dauern.
Petershagen fordert einen odorologischen Differenzierungshund an und legt dessen Einsatz für 19 Uhr fest. In dieser Maßnahme sieht er eine vage Möglichkeit, seine innere Überzeugung vom Tatverdacht Treeses zu festigen, falls eine Indivi-

dualdifferenzierung gelingen sollte. Anderenfalls muß er, wenn auch widerwillig, Treese vorerst entlassen.
Um 19 Uhr wird der Zeuge in einen hell erleuchteten, länglichen Kellerraum geführt. Ein für seine Uniform viel zu dicker Wachtmeister mit feistem, pickeligen Gesicht, stellt eine gerade Reihe offener Konservengläser auf den Betonfußboden, in dem sich gelbe Staubtücher befinden. Auf jedem Glas ein Aufkleber mit fortlaufender Numerierung von 1 bis 20. Zwei einzelne, tuchgefüllte Gläser stehen auf dem kleinen Tischchen in einer Ecke des Kellers. Der Dicke hebt eines an und sächselt Petershagen und Treese zu: „Das hier is die vom Bäha der Jeschädichten jesicherde Jeruchsschbur!"
Auf dem Etikett steht: Tatspur. Dann weist er auf das andere Glas: „Die Verjleichsschbur des Bürjers Dräse!"
Er reiht es irgendwo zwischen die anderen Gläser. Treese kann den Aufkleber deutlich lesen: Vergleichsspur. Die Anspannung wächst. Sein Mund ist trocken.
Jetzt erst bemerkt er, daß unter dem Tischchen fast regungslos ein schwarzer Schäferhund hervorblinzelt. Der Uniformierte kommandiert ihn zu sich. Gehorsam baut sich der Hund vor seinem Herrn auf, der mit einer Klemmzange aus dem Glas „Tatspur" ein gelbes Tuch entnimmt. Er schiebt es in eine Plastiktüte und stülpt diese wie einen Maulkorb über die Schnauze des Hundes. Durch tiefes Einatmen verschwindet die Luft aus der Tüte in dessen sensible Nase. Dann läßt ihn der Dicke frei: „Such!"
Scheinbar unbekümmert trabt der Hund an den Gläsern vorbei, die Nasenspitze dicht über deren Öffnungen. Am Glas mit der Aufschrift „Vergleichsspur" hält er für eine Sekunde inne, bellt kurz auf und legt sich diszipliniert davor. Bernd Treese starrt in die Szene. Das kann doch nicht wahr sein, der Hund weiß es! Er hatte dem Mädchen den Büstenhalter vom Leib gerissen. Jetzt fühlt er sich durch dieses blöde Vieh verraten. Es bricht über ihn herein, er kann die Tränen kaum halten. Petershagen erkennt seine Zermürbung und faßt gleich zu: „Überzeugt Sie das? Sie haben den Büstenhalter zerrissen!"
„Ich ..., ich wollte sie nicht töten", schluchzt Treese kläglich. Zusehends schwindet sein innerer Widerstand. Ein unerklärlicher Druck zwingt ihn, darüber zu sprechen, der Rest seines Verstandes wehrt sich verzweifelt dagegen. Sein angstvoller Blick streift Petershagen in der diffusen Erwartung, daß dieser

seine bisherige Freundlichkeit aufgeben wird. Doch zu seiner Verwunderung bleibt Petershagen kühl und gelassen.
Als sie den Keller verlassen, legt er sogar einen Augenblick lang seinen Arm um Bernd Treese: „Ich besorge uns eine Bockwurst. Es wird eine lange Nacht!"
Noch auf dem Weg zum Vernehmungszimmer erklärt Treese: „Vielleicht hat mich jemand mit dem Mädchen gesehen. Von mir sind doch Spuren am Tatort. Ich dachte, wenn ich selbst bei der VP Anzeige erstatte, gerate ich nicht in Verdacht, Täter zu sein!"

Die weiteren Ermittlungen verliefen zügig und ohne Hindernisse. Die Mutter der Getöteten hatte bereits am Sonntagmorgen beim VP-Gruppenposten eine Vermißtenanzeige aufgegeben. Ihre 16jährige Tochter Sigrun Arends war im Rahmen ihrer Ferienarbeit in der Gummifabrik nicht zur gestrigen Nachtschicht erschienen.
In den Abendstunden des 11. August 1972 wird gemäß § 98 Strafprozeßordnung gegen Bernd Treese ein Ermittlungsverfahren wegen dringenden Mordverdachts eingeleitet. Er wird dem Haftrichter vorgeführt. Ohne seine väterliche Gelassenheit zu verlieren, macht ihm Petershagen klar, daß es von nun an um Kopf und Kragen gehe und es besser sei, durch wahrheitsgemäße Aussagen den Ermittlungsprozeß zu erleichtern. Treese weiß, auf Mord kann die Todesstrafe stehen. Und eine neue Angst überfällt ihn. Aber sie begünstigt sein Aussageverhalten. Bereitwillig legt er in der ersten Beschuldigtenvernehmung ein umfassendes Geständnis ab.
Schon am Vormittag des 10. August hatte er seinen Frust über den lädierten Finger in verschiedenen Kneipen mit Bier zu ertränken versucht. Als er gegen Abend nach Hause kam, hatte seine Leber mehr als 15 Glas Bier zu verbrennen. Um 19 Uhr war Klubratssitzung, so daß er sich nicht eine Minute von den Strapazen des Tages erholen konnte. Die anderen Mitglieder des Klubrates hatten offenbar Besseres zu tun, als sich über die nächsten Buchlesungen, Discos und Diavorträge die Köpfe zu zerbrechen. Mangels Beschlußfähigkeit ließ Bernd Treese die Sitzung platzen. Wiederum unterlag er der Anziehungskraft der nächsten Destille, die er mit einem Liter Bier im Magen gegen 21 Uhr verließ. Sicher, angetrunken kam er sich schon vor, aber betrunken, nein, das war er nicht. Er fühlte sich voller Power.

Und Lust nach einem sexuellen Abenteuer abseits von seinem ehelichen Geschlechtsleben erfaßte ihn. Doch da gab es objektive Grenzen. Die langweilige Kleinstadt war höchst ungeeignet für ein spontanes Liebesabenteuer. Hagenow war schließlich nicht Schwerin. Nirgends war etwas los. Seine Phantasie schlug solche Purzelbäume, daß ihn sogar die spärlichen Auslagen eines kleinen Miederwarenladens heftig erregten. Dann wurde ein folgenschwerer Zufall sein Komplize: Er begegnete Sigrun Arends, die sich auf dem Weg zur Nachtschicht befand. Beide kannten sich aus dem FDJ-Klub. So konnte Treese ohne Umschweife auf sie zugehen und ein Gespräch beginnen. Sigrun Arends hatte es eilig. Stehenbleiben wollte sie nicht. Gegen eine Begleitung hatte sie keine Einwände, zumal sie sich vor einer Gruppe vorüberziehender, johlender Jugendlicher ängstigte. Außerdem konnte sie ein schon längst bestehendes Anliegen bei ihm vorbringen, ob er für eine bestimmte Veranstaltung Karten für sie besorgen würde.
Mit schwülstigen, eitlen Erklärungen, in seiner Funktion als erster Stellvertreter des Klubrats von anderen ständig um ähnliche Gefälligkeiten gebeten zu werden, die er immer abschlage, mache er nur in ihrem Falle eine Ausnahme, weil er sie überaus sympathisch fände.
Dann kam er gleich zur Sache: Mit dem Zartgefühl einer Straßenwalze versuchte er, ihre Gunst zu erheischen. Ungestüm umfaßte er das Mädchen und versuchte, es zu küssen. Doch es löste sich aus seiner Umklammerung: „Laß das, ich muß zur Schicht!"
Wieder versuchte er eine grobe Umarmung und griff ihr unter den Pulli. Sigrun Arends' Reaktion wurde heftiger: „Hör auf, Du Schwein, ich schreie!"
„Sei nicht so zickig!" Er zog sie unsanft an sich, hielt ihr mit kräftigem Griff den Mund zu, packte ihren Arm und drehte ihn nach hinten auf ihren Rücken.
Vor Schmerz mußte sie sich nach vorn beugen. So stieß er sie einige Meter vor sich her, bis sie das geöffnete Tor des Friedhofs erreicht hatten.
Vergeblich versuchte Sigrun Arends, sich zu befreien. Sie ächzte. Doch Treeses Attacken wurden immer heftiger. Er packte sie an den Haaren, würgte sie und schob sie vor sich her auf den Friedhof. Hinter einem Gebüsch begann er sie zu entkleiden. Er war wie von Sinnen.

Sigrun Arends winselte, er möge sie doch in Ruhe lassen. Doch ihre Hilflosigkeit stachtelte ihn nur an. Er brachte sie zu Fall, entkleidete ihren Unterkörper, öffnete seine Hose. Er nutzte den Augenblick, als sich das Mädchen erneut zu befreien versuchte und die fest zusammengepreßten Beine etwas lockerte, für eine brutale Penetration. Die absolute Herrschaft über Sigrun Arends steigerte seine Erregung bis zur Ekstase. Mit beiden Händen zerriß er ihren Büstenhalter, um sich in den jugendlichen Brüsten festzukrallen ... Sekunden später war der Rausch vorbei.

Das Mädchen lag gedemütigt und gelähmt auf der geweihten Erde. Bis auf ein klägliches, leises Winseln war sie zu keiner ernsthaften Reaktion fähig. Erst als Bernd Treese von ihr ließ, um seine Hose zu schließen, fand sie wieder zu sich. In der vagen Hoffnung, jemand könnte sie hören, schrie sie aus voller Lunge um Hilfe. Das erschreckte ihn. Wut und Angst, entdeckt zu werden, überkamen ihn. Wiederum stürzte er sich auf sie und umschloß mit einem kräftigen Griff ihren zarten Hals. Der Kehlkopf knackte. Ihr entrann nur noch ein erbärmliches Glucksen. Mehrere Minuten verharrte er in dem tödlichen Würgegriff. Erst als er keinerlei Lebenszeichen mehr wahrnahm, ließ er von ihr ab. Er stand auf, ordnete seine Kleidung, verwischte die Schuhspuren im aufgewühlten Erdboden und, ohne einen weiteren Blick für sein Opfer zu verschwenden, verließ er den Ort seines schrecklichen Tuns.

Über Umwege gelangte er nach Hause. Dort war er vergnügt und wieder ganz er selbst. Das Geschehene hatte ihn vor dem Einschlafen wieder so aufgeheizt, daß er seine Frau zu einem Beischlaf überrumpelte. Dann schlief er wie ein unschuldiges Kind ruhig bis in die späten Morgenstunden des 11. August.

Jetzt erst ließ die innere Verdrängung der Tat nach. Er versuchte, seine Gedanken zu ordnen, wollte allein sein. Gegen Mittag verließ er die Wohnung, suchte ein Lokal auf. Dort kostete ein einfaches Bier nur fünfzig Pfennig. Er goß neun Glas Bier in sich hinein, um das Grübeln zu erleichtern. Ihm war klar, daß man seine Spuren am Tatort, zumindest an der Leiche, finden würde. Er konnte deshalb nicht einfach so tun, als sei nichts geschehen. So erwog er, den Friedhof nochmals aufzusuchen und, falls die Leiche noch nicht entdeckt worden sei, nach weiterer Spurenverwischung den Fund selbst anzuzeigen. Das schien ihm die beste Lösung zu sein, zumal er auf diese Weise die Polizei in eine falsche Richtung lenken könnte. Nun war nur noch Selbstdisziplin und Beherrschung nötig. Daß er sie zu besitzen glaubte, davon war er bis zu dem Moment überzeugt, als der Hund ihn am Geruch auf dem Büstenhalter wiedererkannte.

Sicher wäre Bernd Treese auch ohne sein bereitwilliges Geständnis eines Tages überführt worden, wenn alle Gutachten vorgelegen hätten. Doch seine Kooperation verkürzte das Ermittlungsverfahren.

Bernd Treese wurde nach der psychiatrischen Untersuchung für voll schuldfähig befunden. Der Zweite Strafsenat des Bezirksgerichts Schwerin verurteilte ihn entgegen seiner Befürchtung nicht zum Tode, sondern zu lebenslangem Freiheitsentzug.

Treese fragte sich, ob seine Geständnisbereitschaft das Gericht gnädig gestimmt und davon abgehalten hatte, die Todesstrafe auszusprechen. Er hätte, wie es sein Recht gewesen wäre, die Tat auch hartnäckig leugnen können. Doch die Demonstration der Geruchsdifferenzierung hatte ihn so tief beeindruckt, daß er sein Widerstandskonzept alsbald aufgab. Konnte auf diese ungewöhnliche Weise ein Schäferhund sein Leben gerettet haben?

Eine Antwort fand er nicht, wohl aber war er über das Urteil auf eine merkwürdige Weise glücklich.

Ein Nachgedanke zwingt sich auf: Die makabren Auswüchse des Gebrauchs von Geruchsspuren durch die DDR-Sicherheitsorgane dürfen den kriminalistischen Nutzen dieser Methode bei der Verbrechensbekämpfung nicht in Frage stellen.

Ebenso wie andere Mikrospuren, können auch die Geruchsspuren die Täterermittlung begünstigen, selbst wenn sie nach wie vor als Beweismittel unzulässig bleiben müssen, wie übrigens diverse andere Verfahren auch, die zwar als Ermittlungshilfen eingesetzt werden, vor dem Prozeßrecht allerdings keine Akzeptanz finden. In vielen Fällen ebnen sie den Weg zur Erlangung zulässiger Beweise. Der Geruchssinn eines Differenzierungshundes ist eine Million mal besser ausgeprägt als der des Menschen. Und da kein objektives, von den Gerichten als Beweismittel anerkanntes naturwissenschaftliches Verfahren auch nur eine annähernde Empfindlichkeit besitzt, sollte im Interesse der Kriminalitätsbekämpfung kein ethischer Argwohn aufkommen, wenn eine moderne Kriminalpolizei auch auf den Einsatz solcher Spezialhunde zurückgreift.

Übrigens arbeitet die nordrhein-westfälische Landespolizeischule für Diensthundeführer in Holte-Stukenbrock seit Mitte der achtziger Jahre intensiv an der Nutzung des Geruchsvergleichs bei der Verbrechensbekämpfung. Inzwischen ist die Methode sogar verbessert worden, doch das Prinzip wurde beibehalten. Auch andere Länder der Europäischen Union wenden sie in der kriminalpolizeilichen Praxis an.

Grüne Fasern im Hollerbusch

(Aktenzeichen: 369/69 VP-Kreisamt Hainichen)

Am späten Nachmittag des 18. Oktober 1969 steht ein aufgeregter Mann mitten auf der Fernverkehrsstraße 169, etwa 12 Kilometer nordöstlich von Karl-Marx-Stadt, wie Chemnitz seit 1953 heißt, kurz vor Frankenberg, dort, wo der Weg zum Lichtenwalder Schloßpark führt. Hilflos schwenkt er die Arme, um auf sich aufmerksam zu machen. Doch die Autofahrer nehmen keine Notiz von ihm. Eine Radfahrerin nähert sich. Heftig gestikulierend läuft er ihr entgegen und zeigt auf den steilen Hang mit den dichten Holunderbüschen, am rechten Wegrand:
„Schnell, holen Sie die Polizei, da liegt ein Toter!"
Erschrocken und zugleich mißtrauisch hält sie an und steigt vom Rad.
„Was ist los?" fragt sie, als ob sie seine Aufforderung nicht verstanden hätte.
„Da im Gestrüpp liegt eine Leiche. Ich habe sie gerade entdeckt, als ich hier spazieren ging."
Aus sicherer Distanz riskiert die Frau einen teils neugierigen, teils angstvollen Blick in die Richtung, in die der Mann weist.
„Dort liegt sie, halb verscharrt", erklärt er.
Es ist wahr. Die Frau kann die Konturen eines leblosen menschlichen Körpers wahrnehmen, mit Zweigen und Laub halb abgedeckt. Eine aschfahle, mit Erdreich verschmutzte, zu halb geöffneter Faust verkrampfte Hand ragt aus dem welken Blattwerk hervor. Näher wagt sich die Frau nicht heran, sorgsam darauf bedacht, auch die Distanz zu dem Unbekannten nicht zu verringern.
„Das ist ja schrecklich!" stammelt sie entsetzt.
„Ich habe nichts berührt", entgegnet der Mann und drängt: „Nun fahren Sie schon los. Holen Sie die Polizei, ich passe solange hier auf!"

Der Frau kommt es sehr gelegen, den düsteren Ort und den unheimlichen Mann schnell verlassen zu können.
„Bleiben Sie, ich fahre nach Frankenberg und schicke die Polizei her!"
Flugs steigt sie auf ihr Rad und tritt mit vollen Kräften in die Pedale. Wenig später ist ein Streifenwagen aus Frankenberg zur Stelle, und der Mann schildert den Volkspolizisten seine Entdeckung. Aus sicherer Entfernung überprüfen sie die Szene. Während der eine dann zum Fahrzeug zurückkehrt, um über Funk den Operativen Diensthabenden des VPKA Hainichen zu informieren, nimmt der andere den Mann behutsam zur Seite: „Gut, daß Sie nichts berührt haben. Bitte bleiben Sie hier, wir müssen den Tatort absperren!"

Rudi Korges, ein untersetzter Fünfundvierziger, langjähriger Chef der Morduntersuchungskommission in Karl-Marx-Stadt, bildet mit einem Kriminaltechniker, der strukturell seiner Mannschaft angehört, die Vorhut der kommenden Betriebsamkeit. Sie stellen ihr Fahrzeug, ein unauffälliger grauer Barkas-Kleinbus, der die notwendigen technischen Ausrüstungen für die Spurensuche beherbergt und trotzdem ausreichenden Platz für erste Vernehmungen im freien Gelände bietet, quer zum Lichtenwalder Weg. Nur das Blaulicht, seine schnellen Impulse in die Dämmerung abgebend, verrät die Herkunft des Fahrzeugs.

Blick in das Einsatzfahrzeug einer MUK, in dem erste Spurenauswertungen vorgenommen werden konnten.

Der Kriminaltechniker schießt die ersten Fotos, und Hauptmann Korges inspiziert die Fundstelle der Leiche.
Nach und nach treffen weitere Funkwagen ein: Schutzpolizisten, ein Hundeführer und der Rest der alarmierten Morduntersungskommission, dann Dr. Heinemann, der Gerichtsarzt aus Leipzig. Sie alle werden für die nächsten Stunden wichtige Aufgaben zu erfüllen haben. Lästigen Wespen auf einem Pflaumenkuchen gleich erscheinen aber auch die sogenannten „Funktioner", wie Korges sie nennt. Es sind die wichtig tuenden Funktionäre des Kreises und des Bezirkes, die aus Gründen des Staats- und Parteiinteresses sich über den Sachstand informieren dürfen, dabei unsinnige Fragen stellen oder Forderungen erheben, die in diesem Untersuchungsstadium völlig unangebracht sind. Rudi Korges ist einerseits bestrebt, ihr Informationsbedürfnis zu befriedigen, andererseits speist er sie mit Nebensächlichkeiten und solchen Informationen ab, von denen er weiß, daß sie keinen Schaden anrichten. Freundlich, sachlich, kühl und knapp sind die Auskünfte. Ansonsten konzentriert er sich auf die Organisation der Tatortuntersuchung.
Der Spaziergänger, der die Leiche entdeckte, sitzt bereits auf der engen Bank im Kleinbus und wird der peinlichen Befragung eines Auffindungszeugen unterzogen. Zwei Kriminalisten fahren nach Frankenberg, um die Radlerin zu vernehmen, die im Polizeijargon „Anzeigeerstatter" heißt und als Auslöser der Aktion grundsätzlich für besonderes Interesse sorgt. Die nähere Untersuchung des Fundorts erfolgt erst, nachdem der Fährtenhund seine Schnüffelaufgabe erfüllt hat. An der Abdeckung der Leiche nimmt er zunächst zielbewußt eine intensive Witterung auf, trabt dann aber kreuz und quer hangaufwärts und hangabwärts durch das Dickicht, bis er sich schließlich erschöpft und mißmutig mitten auf den Lichtenwalder Weg niederlegt.
„Wieder ein Hundeeinsatz ohne Ergebnis", schlußfolgert Korges, ohne Groll gegen den Vierbeiner, der ihn in der Vergangenheit durchaus nicht immer enttäuscht hatte.
Der Kriminaltechniker hat inzwischen einen Arbeitsweg markiert, auf dem sich keine bedeutsamen Spuren befinden. Er dient fortan als Zu- und Abgangsweg zum eigentlichen Fundort der Leiche. Korges und Dr. Heinemann streifen sich Gummihandschuhe über und treten nun erstmalig dicht an den zweig- und laubbedeckten Hügel heran, aus dem die fahle Hand herausragt, die den Spaziergänger so entsetzte.

Fotoausrüstung eines Kriminaltechnikers.

Die Hand ist zart und zierlich, könnte die eines Kindes oder einer jungen Frau sein. Dr. Heinemann hebt sie etwas an, besichtigt die Unterseite des Armes. „Die liegt schon länger hier, die Fäulnis ist im Gange", ist seine sachliche, emotionslose Feststellung.
Dann tragen die beiden Männer mit großer Sorgfalt den Hügel ab. Mit spitzen Fingern entnehmen sie Erdbröckchen für Erdbröckchen, Steinchen für Steinchen, Blatt für Blatt und Zweig für Zweig. Sie beäugen und sortieren ihre Funde und beraten, was für weitere Untersuchungen zu sichern ist. Ab und zu blitzt hinter ihnen das Fotolicht des Kriminaltechnikers auf. Nach ei-

ner halben Stunde liegt die Leiche frei: ein Mädchen, etwa 16 bis 18 Jahre alt, liegt auf dem Rücken, die Beine lang ausgestreckt. Die Arme sind über dem Kopf leicht angewinkelt, die verschmutzen Hände weisen mit den Innenseiten nach oben, verkrampft zu halbgeöffneten Fäusten. Die Luft riecht nach Tod. Die Oberbekleidung des Mädchens ist geöffnet und teilweise über den Kopf gezogen und gibt den jugendlichen Körper frei. Der Rock ist in Hüfthöhe zusammengeschoben und bildet einen unförmigen Ring. Die schwarze Strumpfhose scheint unbeschädigt zu sein, der Slip schimmert durch das netzartige Gewebe. An den Füßen sind hellbraune Pumps mit halbhohen Absätzen zu erkennen. Der Körper wirkt leicht aufgedunsen. Blaugrüne, verästelte Flecken an der rechten Bauchseite zeigen die beginnende Fäulnis an. Die Bekleidung ist mit Erdreich und moderndem Laub verschmutzt. Neben der Toten liegt eine kleine lederne Damenhandtasche.
Behutsam legt Dr. Heinemann den Kopf der Leiche frei, tastet die Oberfläche des Schädels ab, blickt in die äußeren Gehörgänge. Er öffnet die halbgeschlossenen Augenlider, entdeckt die punktförmig blutunterlaufenen Bindehäute. Zielstrebig befreit er den Hals von Textilien. Unförmige Unterblutungen und Kratzer im Kehlkopfbereich werden sichtbar. „Strangulationstod, ich denke Erwürgen", ist seine Schlußfolgerung, die Korges wie erwartet zur Kenntnis nimmt. Zur Todeszeit will sich der Gerichtsarzt nicht äußern, zu unsicher wären die Ergebnisse. Unter Berücksichtigung der milden Herbstwitterung könnte den Leichenerscheinungen nach der Tod vor ein bis zwei Wochen eingetreten sein.
Dr. Heinemann überwacht und begleitet den sachgerechten Abtransport des toten Mädchens. Die Obduktion will er gleich in Karl-Marx-Stadt durchführen. Er verabschiedet sich von Korges: „Sehen wir uns nachher?"
„Ja sicher. Vielleicht machen wir hier morgen weiter", ist seine Antwort. Doch er will erst die Frage beantworten, ob der Fundort gleichzeitig auch Tatort ist. Die Nacht bricht mit Eile herein. Korges läßt Scheinwerfer aufstellen. Noch ist die Spurensuche nicht beendet. Da macht der Kriminaltechniker eine Entdeckung. Wenige Meter von dem abgetragenen Hügel, der die Leiche verbarg, findet er in der Astgabel eines Holunderstrauches eine winzige Faser. Mit einer Handlupe verstärkt er seine eigene Optik und sucht Zweig für Zweig, Busch für Busch

ab. Weitere Fasern werden sichtbar. Vorsichtig werden sie auf durchsichtigem Klebeband gesichert. Immer wieder müssen die Scheinwerfer neu ausgerichtet werden. Doch die Schatten, die die Helligkeit durchbrechen, und die Dunkelheit außerhalb des Lichtscheins erzeugen so starke Kontraste, daß die Augen des Spurensuchers schnell ermüden. Korges entschließt sich: „Machen wir Schluß für heute. Such morgen weiter!"
Kurze Zeit später erlöschen die Scheinwerfer und die Sicherungskräfte beziehen ihre Posten. Nach und nach verlassen die Fahrzeuge den Lichtenwalder Weg. Nur zwei Funkwagen bleiben zurück. Bald wird es still am Hang mit den dichten Holunderbüschen. Lediglich das rhythmische Piepsen des Polizeifunks durchdringt die Stille der Nacht.

Die nächsten Stunden verbringen Hauptmann Korges und sein Kriminaltechniker bei Dr. Heinemann im Sektionssaal der Pathologie des Kreiskrankenhauses. Zweiter Obduzent ist Dr. Amelung, ein forensisch ambitionierter Pathologe des Krankenhauses. Eine Protokollantin und ein Sektionsgehilfe, dessen Berufsbezeichnung neuerdings Fachpräparator für Sektionstechnik heißt, stehen ihnen zur Seite. Der Sektionssaal ist modern und geräumig, ausgestattet mit drei Seziertischen. Zwei davon sind nicht belegt und können für die Präsentation der Asservate genutzt werden. Die Bekleidung des Mädchens und der Inhalt ihrer Handtasche werden großzügig ausgebreitet, fotografiert und mit einem Operationsmikroskop sorgfältig nach Spuren untersucht.
Auf dem dritten Tisch liegt der nackte Leichnam des Mädchens, den die Doktoren obduzieren. Intensiver, käseartiger Fäulnisgeruch breitet sich aus. Laut und deutlich diktiert Dr. Heinemann die Befunde. Zwischendurch erscheint für einige Minuten der Staatsanwalt. Er wirkt unausgeschlafen und angewidert von den Gerüchen im Sektionssaal.
Zu dem Seziertisch hält er repektvoll Abstand, verharrt einen Augenblick, wagt kaum zu atmen und bittet Korges schließlich nach draußen, um sich über den Sachverhalt informieren zu lassen. Sein kurzer Auftritt erfolgt mehr aus strafprozessualer Verpflichtung als aus kriminalistischen Erwägungen. Nun kann niemand behaupten, er habe als Herr der Ermittlungen nicht der gerichtlichen Sektion beigewohnt. Seine Teilnahme wird also im Sektionsprotokoll nachgewiesen sein, abgesehen davon,

daß es rechtlich völlig ausreicht, Korges als seinen Beauftragten dort zu wissen.

Erst weit nach Mitternacht ist die Arbeit im Sektionssaal beendet. Literweise Kaffee war der einzige Trost der letzten Stunden. Rudi Korges verfügt nun über gute Ansätze für die nächsten Ermittlungen. Die Personenbeschreibung und die Utensilien aus der Handtasche des Mädchens, unter denen sich ein unbenutzter Busfahrschein befindet, der am 12. Oktober an einem Schalter des Busbahnhofs in Karl-Marx-Stadt gelöst wurde, bilden eine solide Basis für eine schnelle Identifizierung.

Auch der Anfangsverdacht eines Todes durch Erwürgen wird durch die Sektion bestätigt. Die Todeszeit ist zwar nicht weiter einzugrenzen, doch die Fahrkarte spricht dafür, daß der Tod nicht vor dem 12. Oktober eingetreten sein kann. Den Verletzungen nach muß das Mädchen mit seinem Mörder heftig gekämpft haben. Auch über das Motiv hat Korges jetzt sehr viel mehr Klarheit als vor einigen Stunden: zwar ist das Jungfernhäutchen des Opfers unverletzt geblieben, was beweist, daß kein Geschlechtsverkehr stattgefunden haben kann, doch sind die massiven Unterblutungen im Genitalbereich der Beweis für gewaltsame Manipulationen. Und an der Außenseite der Strumpfhose und des Rockes verraten Reste eines eingetrockneten Ejakulats eine untrüglich männliche Hinterlassenschaft. Das reicht Korges fürs erste.

Während der Sektionsgehilfe die Relikte der nächtlichen Aktivitäten aus dem Sektionssaal entfernt, finden sich Korges, der Kriminaltechniker und Dr. Heinemann im Arbeitszimmer von Dr. Amelung zusammen. Die Obduzenten teilen Korges mit, daß mit dem schriftlichen Gutachten erst nach den toxikologisch-chemischen Untersuchungen, frühestens in einer Woche, zu rechnen sei. Dann beraten die Männer, die massenhaften Faserspuren von der Bekleidung durch einen Experten des Kriminalistischen Instituts in Berlin untersuchen zu lassen, da in Karl-Marx-Stadt niemand über spezialisierte Erfahrungen in der Anwendung moderner Methoden der Faseruntersuchung verfügt. Hinsichtlich der Spermaspuren an der Strumpfhose ist zu bedenken, daß diese lediglich für eine Blutgruppenbestimmung geeignet wären, falls der Verursacher Blutgruppensubstanzen überhaupt ausscheidet. Zerstörerische Witterungseinflüsse haben die Spuren nahezu unbrauchbar gemacht.

Dr. Amelung hat unterdessen eine Flasche „Dujardin" geöffnet

und bietet den Männern ein Gläschen an: „Schließen wir unser Nachtwerk würdig ab!"
Der Kriminaltechniker mustert aus den Augenwinkeln neugierig das exotische Etikett der schlanken, braunen Flasche. Dr. Heinemann entgeht dies nicht, und er stichelt: „Macht Sie das unsicher? Immerhin ist es ein Produkt des Klassenfeindes."
Dr. Amelung fällt ihm mit der gleichen Ironie ins Wort: „Das Präsent eines lieben Kollegen aus dem Westen. Die Staatsmacht wird doch wenigstens mal dran nippen dürfen, he?"
Korges fühlt sich angesprochen, blinzelt in die Runde, ergreift sein Glas, prostet den anderen zu und doziert scherzhaft: „Die Staatsmacht ist allzeit zum Kampf gegen den Klassenfeind bereit. Vernichten wir also seine Machwerke! Zum Wohle allerseits!"
Nach einigen Minuten trennen sich die Männer. Für Korges und den Kriminaltechniker bleiben nur wenige Stunden Schlaf.

Während Korges mit Dienstbeginn an seinem Schreibtisch über dem Untersuchungsplan brütet, ist sein Spurensucher längst schon wieder am Fundort des toten Mädchens. Das Wetter ist klar und angenehm und bietet gute Sichtverhältnisse. Die Sicherungskräfte sind längst durch die nächste Schicht ersetzt worden und lümmeln gelangweilt im Gelände.
Das Fehlen von Schleifspuren bestätigt die frühe Vermutung Korges', daß der Fundort mit dem Tatort identisch ist. Diese Version sollte auch durch die kommenden Spurenfunde bestätigt werden.
Das Interesse des Kriminaltechnikers gilt nunmehr den kleinen Bäumen und Holundersträuchern, die ihn in den Nachtstunden nicht enttäuscht hatten, Zweig für Zweig, Strauch für Strauch. Diese Mühe sollte sich lohnen. Besonders im Bereich des Fundortes findet er diverse, nahezu unsichtbare Fasern, teils an den Rinden, teils in Astgabeln oder an den Zweigenden haftend. Diesmal sichert er sie zusammen mit den Spurenträgern. Mit einer Gartenschere knipst er vorsichtig die fasertragenden Zweige ab. Selbst die dünnen Stämmchen der kleinen Bäume, an deren Rinde er feinste Fasern vermutet, werden das Opfer seiner Sicherung. Einzeln werden die vermeintlichen Spurenträger in geräumigen Plastiktüten asserviert.
Keines der sichtbaren Faserbruchstücke ist groß genug, um mit bloßem Auge die Farbe auszumachen. Nicht einmal die Lupe,

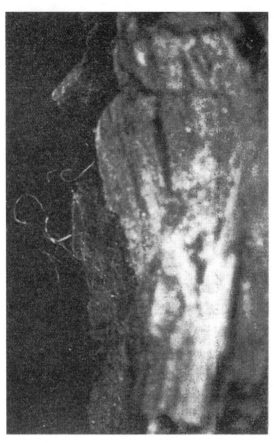

Mikroskopisch kleine Faserreste an einem Holunderästchen.

die er wie einst Sherlock Holmes, der geniale Einzelgänger aus den Anfängen der literarischen Kriminalistik, stets bei sich führt, macht es möglich.

Mikroskopische Untersuchungen unter Laborbedingungen sind nun für exakte Ergebnisse erforderlich.

Seine Stunden dauernde Mühe wird schließlich mit der stattlichen Anzahl von mehr als 150 unterschiedlichen textilen Faserteilchen belohnt. Zufrieden kann er nun die Ankunft des Berliner „Fusselfritzen" abwarten.

An die Textilien stellt der Verbraucher hohe Anforderungen. Sie müssen elastisch, anschmiegsam, wärmend oder kühlend, Feuchtigkeit aufsaugend oder abweisend usw. sein. Diese Eigenschaften bedingen, daß ihr Gebrauch einen ständigen, mikroskopisch kleinen Abrieb von Gewebeteilchen verursacht. Ein bekleideter Mensch verliert auf diese Weise beim Zurücklegen eines Weges von nur wenigen Metern mehrere tausend textiler Mikrospuren. Die Kriminalisten vergangener Jahrzehnte konnten diesen, ihnen durchaus bekannten Umstand nur unzureichend nutzen. Die mikrospurenkundlichen Verfahren fanden deshalb kaum Anwendung, weil es für die Tatortarbeit an zuverlässigen und einfach handhabbaren Spurensuch- und -sicherungsmethoden mangelte. Man mußte sich auf Spurengrößen beschränken, die möglichst mit bloßen Fingern aufzunehmen waren.

Erst durch die Veröffentlichungen des Schweizer Kriminalisten Max Frei-Sulzer zu Beginn der fünfziger Jahre, zeitgleich mit der Entwicklung von selbsthaftenden, mit glasklaren Klebstoffen beschichteten Folien (Tesafilm, Prenaband usw.), wurden verblüffend einfache Sicherungsmethoden für Mikrofaserspuren bekannt, die auch heute noch angewendet werden. Die Folien werden bei der Spurensicherung direkt auf den Spurenträger (alle möglichen Materialien, auch menschliche Haut) aufgedrückt, abgezogen und auf einen herkömmlichen Objektträger geklebt, wie er beim Mikroskopieren Verwendung findet. Die Klebschichten nehmen die Mikrospuren sicher und komplett auf und sind unter Tatortbedingungen leicht anzuwenden. Für mikroskopische Untersuchungen bestens geeignet, lassen sie die Farben nicht ausbluten und gestatten, einzelne Faserstückchen für nähere Untersuchungen herauszulösen.

In der DDR wurde diese Methode allerdings erst im Jahre 1968 eingeführt. Davor war die Sicherung von Textilfaserspuren eher eine Ausnahme.

Einfache durchlichtmikroskopische Untersuchungen gestatten bereits die Beantwortung der Frage, ob es sich um textile Faserspuren handelt. Für die Zuordnung der Faserart und -farbe können dann weitere Untersuchungen im polarisierten Licht, Lösungstests, Schmelzpunkt- und Querschnittsbestimmungen durchgeführt werden. Schließlich gelangt man durch spezielle Verfahren wie infrarotspektralfotometrische, gaschromatografische und Röntgenfeinstrukturuntersuchungen zu einer sicheren, beweiskräftigen Bestimmung der Faserart.

Dies alles ist der Arbeitsgegenstand des 38jährigen Biologen Konrad Schönborn aus Berlin, den Hauptmann Korges mit Ungeduld erwartet.

In einem Labor der Bezirksbehörde untersucht er die mehr als 150 Spuren, die der Kriminaltechniker der Morduntersuchungskommission am Tatort und von der Bekleidung des getöteten Mädchens gesichert hat.
Es sind unterschiedliche Faserarten: Schaf- und Baumwolle, Viskose, Polyester und Polyacrylnitril. Ihre Farben sind ebenfalls höchst vielfältig und erreichen nahezu das gesamte Farbspektrum. Bereits eine einfache statistische Auflistung führt zu wichtigen Schlußfolgerungen: die nur vereinzelt auftretenden Faserbruchstücke werden nicht weiter berücksichtigt. Sie sind vermutlich zu früherer Zeit durch Kontakt mit anderen Geweben aufgenommen worden und besitzen insofern keine Tatrelevanz. Die gehäuft vorliegenden Spuren werden – bis auf etwa 80 grüne Schafwollfaserstücke – durch Vergleich der Bekleidung des Mädchens zugeordnet. Die Schafwollspuren jedoch dürften demnach von der Bekleidung des unbekannten Täters stammen.
Diese grünen Schafwollfasern untersucht Schönborn genauer. Sie bestehen aus einem handgestrickten, sogar mehrmals verstricktem, grün nachgefärbtem Material. Demnach müßte der Täter einen grünen Pullover oder eine grüne Strickjacke getragen haben, mit denen er den Körper des Mädchens und das Strauchwerk am Tatort kontaminiert hat.
Zunächst richtet Hauptmann Korges aber seine Aufmerksamkeit auf die Identifizierung des unbekannten Mädchens. Sie bereitet ihm insofern keine Schwierigkeiten, als bereits ein passender Vermißtenvorgang bei der VP in Frankenberg in Arbeit ist. Danach wird seit dem 12. Oktober 1969 die 16jährige Oberschülerin Marlies Stenzel vermißt. Ihre erkennungsdienstlichen Daten und die Beschreibung der Bekleidung sowie des Inhalts der Handtasche lassen keinen Zweifel daran, daß die unbekannte Tote und die Vermißte identisch sind. Korges läßt die Akte heranschaffen.
Am 14. Oktober zeigte der Feinmechaniker Horst Stenzel aus Frankenberg bei der VP an, daß seine Tochter entgegen ihrem üblichen Verhalten nach dem Besuch einer Tanzveranstaltung in Karl-Marx-Stadt am Abend des 11. Oktober nicht mehr nach Hause zurückgekehrt sei. Marlies Stenzel und ihre Freundin Katrin Essenbach waren zusammen mit dem Vorortzug von Frankenberg nach Karl-Marx-Stadt zu einer Tanzveranstaltung gefahren. Dort trafen sie sich mit anderen bekannten Jugend-

lichen. Marlies und ihre Freundin Katrin verließen den Ort der Fröhlichkeit jedoch viel zu spät. Kein Zug, kein Bus konnte sie um diese Uhrzeit in das 15 Kilometer entfernte Frankenberg befördern. Auch ihre Bemühung um ein Taxi blieb ohne Erfolg. Nahezu eine Stunde verharrten sie vergeblich an einem Taxistand in der Nähe des Hauptbahnhofes. Enttäuscht suchten sie dann das große, warme Bahnhofsgebäude auf, um der unangenehmen Kühle der Herbstnacht zu entgehen. In der Bahnhofsvorhalle langweilten sich bereits andere Jugendliche aus der Stadt. Die beiden Mädchen gesellten sich zu ihnen. Mehrere Stunden vertrieben sich die Jugendlichen die Zeit mit allerlei Albernheiten und oberflächlichen Annäherungsversuchen. Einer der Jugendlichen versprach Marlies, sie mit seinem Motorrad, das er in der Nähe seiner Wohnung geparkt habe, nach Hause zu fahren. Es war nur der simple, aber erfolgversprechende Vorwand, Marlies in seine sturmfreie Bude zu locken.

Prompt verabschiedete sie sich von Ihrer Freundin Katrin und trank einige Minuten später Kaffee in der Wohnung des neuen Freundes. Erst als der Tag erwachte, verließ sie die fremde Wohnung. Seit dieser Zeit wurde Marlies nicht mehr gesehen. Mehr Erkenntnisse gibt die Akte nicht her.

Korges hat Zweifel, ob die Aussagen des Jugendlichen, der das Mädchen mit in seine Wohnung nahm, tatsächlich der Wahrheit entsprechen. Immerhin ist er derjenige, der Marlies Stenzel bisher als Letzter gesehen hat und die gleiche Blutgruppe besitzt, die in der Spermaspur an ihrer Strumpfhose nachgewiesen wurde. Und ein solcher Umstand ist für einen Morduntersucher immer ein guter Grund für Argwohn. Überhaupt scheinen ihm die Jugendlichen, was ihre Alibis betrifft, nur unzureichend überprüft zu sein.

Er beordert seine Mitarbeiter in das Bahnhofsmilieu. Und es dauert nur wenige Tage, alle ermittelten Jugendlichen durchzuchecken. Doch niemand von ihnen gerät in Verdacht. Die unbenutzte Busfahrkarte aus der Handtasche der toten Marlies Stenzel wurde am 12. Oktober zu einer Zeit gelöst, für die alle Jugendlichen ein sicheres Alibi nachweisen können.

Hauptmann Korges' Hoffnung auf eine schnelle Ermittlung des Täters aus dem Kreise der Bahnhofsjugendlichen zerplatzt wie eine Seifenblase.

Nun muß er sich auf langwierige, breit angelegte Untersuchun-

gen vorbereiten. Doch setzt er dabei auf die Möglichkeit, daß der Täter in Besitz eines Kleidungsstücks aus grüner Schafwolle ist.
Es gelingt ihm, seinen Chef nicht nur zur personellen Verstärkung seiner Kommission zu überreden, sondern auch dazu, daß der „Fusselspezialist" Schönborn in der nächsten Zeit für die Vergleichsuntersuchungen zur Verfügung stehen kann.
Weit über 20 Kriminalisten melden sich in den nächsten Tagen in den Räumen der Morduntersuchungskommission zum Dienstantritt. Korges hat inzwischen mehrere Arbeitsgruppen gebildet, in die er die Zusatzkräfte verteilt.
Neben der routinemäßigen Überprüfung der internen Speicher und polizeibekannter Gewalt- und Sexualtäter erforscht eine Gruppe alle Personen aus dem sozialen Nahraum der getöteten Schülerin. Eine andere ermittelt die Personenbewegung zur fraglichen Zeit am Bus- und Hauptbahnhof. Eine dritte überprüft die Taxifahrer von Karl-Marx-Stadt. Weiter werden Ermittlungen zum Fahrzeug- und Personenverkehr in der Nähe des Fundorts der Leiche geführt. Sämtliche Färbereien der Region sind Anlaufstellen für Nachforschungen über Kunden, die Schafwolle zum Färben in Auftrag gegeben haben.
Alle Ermittlungen richten sich nun auf das Alibi für den 12. Oktober und den Besitz von selbstgestrickter grüner Schafwollbekleidung.
Zeitgleich werden im Landkreis Hainichen und in der Bezirksstadt Handzettel der VP verteilt, Fahndungsplakate in allen öffentlichen Einrichtungen ausgehängt und Informationen in der Tagespresse veröffentlicht, um die Bevölkerung zur Mitfahndung aufzurufen. Immer wieder spielt dabei das Interesse der Kriminalpolizei an Personen eine wichtige Rolle, die grüne Schafwollbekleidung besitzen.
In wenigen Tagen hat Rudi Korges' große Mannschaft mehrere hundert Personen zu überprüfen. Niemand hatte bis zu diesem Zeitpunkt geahnt, wie viele unbescholtene Mitbürger ihre Freizeit mit dem Verstricken grüner Schafwolle verbringen.
Es ist ein glücklicher Umstand, daß Schönborn die entsprechenden Vergleichsuntersuchungen an Ort und Stelle vornehmen kann. Das führt zur schnellen Entlastung aller ehrsamen Träger von grünen Schafwollpullovern.
Rudi Korges' Untersuchungskonzept zeigt immer mehr die Wirkung eines zwischen allen Möglichkeiten weit ausgespann-

ten Spinnennetzes. Nur drei Wochen später wird er die Beute zu einem festen Paket für die Anklageerhebung verschnürt haben. Noch aber kann er nicht wissen, daß der unbekannte Täter sich bereits in den zähen, klebrigen Fäden der Ermittlungen unentrinnbar verfangen hat.

Seit dem Fund der getöteten Schülerin Marlies Stenzel brechen die Spekulationen über die Umstände ihres grausamen Todes in der alten, kleinen Stadt Frankenberg nicht ab. Der Mord ist das Topthema jedes Tagesgesprächs. Besonders als bekannt wird, daß die VP einen Verdächtigen mit grüner Schafwollbekleidung sucht, schlagen die Emotionen hohe Wogen und die Vermutungen über den Täter ufern zu irrealen Phantasiegebilden aus. Schon der bloße Besitz eines grünen Pullovers kommt bei den erregten Bürgern einer Täterschaft gleich.

Die Eltern des Opfers durchleben eine schreckliche Leidenszeit unzähliger Tränen und schlafloser Nächte. Immer wieder beschäftigt sie, was für ein Mensch der Täter wohl sein mag, ob er noch jugendlich oder bereits erwachsen ist, in welcher Familiensituation er leben könnte und vor allem, wie er mit dem schrecklichen Geschehen weiterleben wird. Hauptmann Korges opfert den Eltern viele Stunden, um geduldig die unzähligen Fragen zu beantworten, den jeweiligen Ermittlungsstand zu erläutern und die Zuversicht zu vermitteln, daß der Täter eines Tages gefaßt sein wird.

Katrin Essenbach plagen Schuldgefühle, sich in der Nacht zum 12. Oktober auf dem Bahnhof von ihrer Freundin getrennt zu haben. So oft sie kann, besucht sie die Eltern von Marlies, um auf diese Weise ihre Anteilnahme zu bekunden. Auch ihre eigenen Eltern unterhalten einen engen Kontakt zu den Stenzels. Seit Jahren sind die Familien miteinander befreundet.

In der Familie Essenbach wird deshalb häufig über den Mord an Marlies Stenzel gesprochen. Katrins Vater, der 44jährige Hartmut Essenbach, ein ansonsten eher stiller, unauffälliger Mann, der als Brigadier in der Eisengießerei wie der Vater der Getöteten fleißig seine schwere Arbeit verrichtet, lenkt die Familiendiskussionen immer wieder auf das Geschehen.

Einige Tage nach der Entdeckung des Opfers am Lichtenwalder Weg berichtet er beiläufig, daß er vor einer knappen Woche genau an dieser Stelle eine merkwürdige Beobachtung gemacht hätte: für wenige Minuten habe dort ein beigefarbener Wartburg

geparkt, dessen Fahrer sich durch das Dickicht der Holunderbüsche zwängte.
Frau Essenbach drängt ihren Gatten, diese Wahrnehmung der Polizei mitzuteilen. Doch Hartmut Essenbach gibt zu bedenken, seine Angaben seien zu unpräzise, er könne der Polizei weder das Autokennzeichen noch eine brauchbare Personenbeschreibung des Fahrers mitteilen.
Doch am 31. Oktober gibt er seine Angaben bei der VP zu Protokoll. Hauptmann Korges befragt ihn selbst. Dieser Zeuge könnte zu wichtig sein, als ihn durch einen Mitarbeiter vernehmen zu lassen.
Essenbach ist überaus gesprächig, umgeht aber konkrete Auskünfte und beruft sich auf die nur kurze Wahrnehmung. Da dessen Tochter Katrin in der Nacht zum 12. Oktober am Hauptbahnhof in Karl-Marx-Stadt noch mit dem Opfer zusammen war, kommt Korges in dem Gespräch auf diese Nacht zurück und will von ihm wissen, ob er dazu ergänzende Angaben machen könne. Essenbach schildert, er sei am 12. Oktober mit dem Motorrad zum Hauptbahnhof nach Karl-Marx-Stadt gefahren, um nach seiner Tochter zu suchen, die zu diesem Zeitpunkt von der Tanzveranstaltung noch nicht heimgekehrt war. Er sei jedoch unverrichteter Dinge nach Frankenberg zurückgekehrt. Seine Tochter wäre inzwischen längst daheim gewesen.
Noch ehe Korges den Zeugen entläßt, fragt er nebenbei: „Was für Bekleidung trugen Sie denn zu dieser Zeit?"
Essenbach überlegt, und nach kurzem Schlucken gibt er die klare Antwort: „Schwarze Hose, grauer Pullover, dunkelbraune kunstlederne Motorradjacke!"
Korges notiert die Daten, will dann weiter fragen: „Sind Sie in Besitz einer grü...?"
Er kann die Frage nicht vollenden. Essenbach fällt ihm sofort ins Wort und ergänzt: „... einer grünen Strickbekleidung?" Und nach einem tiefen Atemzug setzt er lächelnd fort: „Nein, nein, ich hab nichts aus grüner Wolle!"
Zu Hause berichtet er sofort über seine Episode bei der Kriminalpolizei. Die Frage des Polizisten nach der grünen Strickbekleidung hat ihn ziemlich bewegt. Frau Essenbach ist verwundert: „Aber, du hast doch selbst einen grünen Pullover! Du weißt doch, den ich gestrickt habe, als ich mir damals den Fuß verstaucht hatte!"

„Ach der! – Den hab ich schon lange nicht mehr", ist seine kurze Antwort und ergänzt: „Hatte ich dir nicht erzählt, daß der mir auf Arbeit geklaut wurde?"
Frau Essenbach ist erstaunt: „Ich, ich kann mich nicht erinnern!"
„Da der Pullover sowieso weg ist, hab ich erst gar nicht davon angefangen bei der Polizei. Die spielen sonst nur verrückt."
„Aber du hättest doch wenigstens sagen können, daß er geklaut wurde", hält sie ihm vor.
„Hab ich doch damals dem Betriebsschutz gemeldet. Die sind doch auch Polizei. Warum soll ich jetzt wieder davon anfangen?" reagiert er prompt.
„Ich weiß nicht, ob das richtig war", zweifelt sie.
„Laß mal, am besten ist, ich hatte keinen grünen Pullover. Wollen wir noch mehr Aufregung? Die Sache mit Marlies ist doch schon schlimm genug", beschwichtigt er die Gattin.

Es stimmt, Hartmut Essenbach hat den Diebstahl eines grünen Pullovers bei den Polizisten des Betriebsschutzes angezeigt. Doch daß er diese Anzeige am 15. Oktober machte, also drei Tage nach dem Verschwinden des Mädchens, stimmt Hauptmann Korges in höchstem Maße argwöhnisch.
Am nächsten Tag wird eine erneute Befragung Essenbachs vereitelt. Er mußte sich wegen eines mißlungenen Suizids in ärztliche Behandlung begeben. Nun zögert Korges nicht mehr, eine Wohnungsdurchsuchung bei der Familie Essenbach durchzuführen.
Der Hauptmann, der Biologe Schönborn und mehrere Kriminaltechniker führen die Aktion durch. Einzig und allein geht es ihnen um Bekleidung, Wolle oder Garne, in denen grüne Schafwollfasern zu vermuten sind. Da Frau Essenbach eine ausgeprägte Strickleidenschaft besitzt, ist die Ausbeute an verdächtigen Wollresten besonders groß. Doch sie können weder einen grünen Wollpullover noch eine grüne Strickjacke finden. Auch die sofort durchgeführten Vergleichsuntersuchungen an den Wollresten erbringen keine Identität mit den am Tatort gesicherten Faserspuren. Immerhin können sie den Schluß ziehen, daß Essenbach nicht in Besitz eines artgleichen Textils ist. Schörnborn und Korges wollen aber noch nicht aufgeben. Wenn schon keine verdächtige grüne Wollbekleidung gefunden werden kann, so sollte doch Essenbachs Oberbekleidung dar-

auf geprüft werden, ob natürlicher Verschleiß grünfaserige Abriebspuren in ihr hinterlassen haben kann.
Korges erinnert sich an die Bemerkung Essenbachs, am 12. Oktober mit dem Motorrad unterwegs gewesen zu sein. Er läßt Schönborn zunächst die an der Flurgarderobe hängende kunstlederne Jacke untersuchen. Schon eine erste Besichtigung er-

 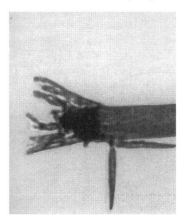

Am Tatort gesichertes Endstück einer grünen Wollfaser mit charakteristischer Aufspaltung.

In der Lederjacke des Beschuldigten E. gesichertes Wollfaserstück mit gleichen Merkmalen.

gibt, daß im Ärmelfutter unzählige Bruchstücke grüner Wollfasern haften, deren mikroskopische Betrachtung eine frappierende Übereinstimmung im Material und Farbton ergibt. Die Motorradjacke wird beschlagnahmt und verschwindet in der sterilen Platiktüte, die Schönborn bereithält.
Nun gibt sich Korges zufrieden. Und Essenbach wird festgenommen.
Schönborn und die Kriminaltechniker ziehen sich mit ihrer Beute in das Polizeilabor zurück. Dort untersuchen sie die Faserstücke vom Tatort und der Bekleidung des Mädchens mit speziellen mikroskopischen Verfahren, messen ihre Dicke und fertigen für jede Spur sogenannte Durchlässigkeitskurven an. Dann analysieren sie die grünen Fasern aus der Motorradjacke auf dieselbe Weise und vergleichen die Ergebnisse mit denen der Tatortspuren. Ihre Schlußfolgerung ist von hoher Beweiskraft: alle Fasern sind artgleich. Weil aber die grünen Schafwollfasern weder in der Bekleidung der Marlies Stenzel noch im Futter der Motorradjacke Essenbachs verarbeitet wurden, müs-

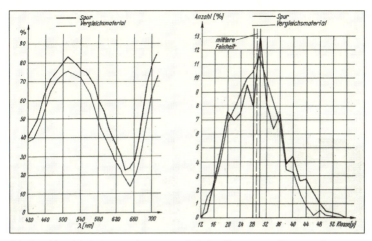

Die Durchlässigkeitskurven der grünen Schafwollfasern vom Tatort und aus dem Futter der Lederjacke des Beschuldigten E. zeigen eine weitgehende Übereinstimmung.

sen sowohl die Innenseite der Jacke, die Bekleidung des Opfers und das Holunderstrauchwerk am Fundort der Leiche mit dem gleichen grünfaserigen Wollprodukt in Kontakt gekommen sein. Dieser schlüssige Beweis führt zum Erlaß eines Haftbefehls gegen Hartmut Essenbach.

In der Beschuldigtenvernehmung am 24. November 1969 gesteht Essenbach, dem Mädchen in den Morgenstunden des 12. Oktober am Busbahnhof in Karl-Marx-Stadt begegnet zu sein, als er nach seiner Tochter Ausschau hielt. Er habe Marlies auf seinem Motorrad mitgenommen. Unterwegs sei es zu einem Streit mit ihr gekommen. Dadurch sei er so in Rage versetzt worden, daß er das Mädchen blindlings erwürgt habe, ohne dies zu wollen. Aus Angst vor den rechtlichen Konsequenzen habe er die Leiche zwischen den Holundersträuchern am Lichtenwalder Weg versteckt.

Korges wertet diese Einlassungen nur als Teilgeständnis, das im Kern lediglich eine Täterschaft Essenbachs beweist, aber die Spurenlage völlig ausklammert. Erst nachdem Essenbach zwei Gerichtsärzten vorgestellt wird, die an Hand seiner Konstitution, Körpermaße und der Form und Länge seiner Fingernägel den geschilderten Tathergang rekonstruieren und mit den objektiven Befunden an der Leiche vergleichen, werden die Ungereimtheiten deutlich.

Dann erst entschließt er sich zu einer wahrheitsgemäßen Darstellung des Tatablaufs.

In Wahrheit ist Essenbach in den Morgenstunden des 12. Oktober mit seinem Motorrad in Karl-Marx-Stadt gewesen, um seine Tochter Katrin zu suchen. Am Busbahnhof begegnet er Marlies Stenzel, der Freundin seiner Tochter. Bereitwillig bietet er dem Mädchen an, es heim nach Frankenberg zu fahren und arglos willigt das Mädchen ein. Immerhin ist seine Familie mit der ihrigen seit Jahren befreundet. Am Lichtenwalder Weg täuscht Essenbach einen leichten Defekt an seinem Motorrad vor, den er scheinbar behebt, die Rast aber gleichzeitig zu einer Zigarettenpause nutzt. Großzügig bietet er dem Mädchen eine Zigarette an. Er tritt einige Meter weit zwischen die Holunderbüsche. In einer kleinen Lichtung entledigt er sich seiner dunkelbraunen Motorradjacke und breitet sie unter sich aus. Er präsentiert Marlies seinen grünen Rollkragenpullover. Marlies findet, daß ihn der Pullover kleidet und sportlich macht. Essenbach kniet sich mit einem Bein auf die ausgebreitete Jacke. Den Fuß des anderen Beines richtet er so aus, daß Unter- und Oberschenkel mit seinem Körper jeweils einen rechten Winkel bilden. Scherzend bietet er Marlies an, auf seinem Oberschenkel Platz zu nehmen. Und scherzend macht sie davon Gebrauch. Dann rauchen sie.

Schnell lenkt er das Gespräch auf sexuelle Themen. Immer intensiver gleiten dabei seine Hände über ihren Körper, bis er ohne Umschweife zwischen ihre Beine faßt und einen Geschlechtsverkehr mit ihm verlangt. Marlies springt auf, doch Essenbach ist sofort bei ihr, grapscht mit groben Händen an ihre Brüste. Mehrmals versucht er, das Mädchen zu Fall zu bringen. Marlies verbittet sich diese Anzüglichkeiten und droht, seiner Familie diese plumpen, sexuellen Annäherungen zu offenbaren. Mit äußerster Rohheit fällt er über sie her. Verzweifelt schlägt sie um sich, doch unter seinem festen Würgegriff erlahmen ihre Kräfte schnell. Opfer und Täter sinken zu Boden. Und während Marlies in den folgenden Augenblicken ihr Leben aushaucht, reagiert sich Essenbach zwischen ihren Schenkeln ab.

Dann erst läßt er von ihr. Er zerrt die Tote unter den nächsten Holunderstrauch und deckt sie mit Laub und Zweigen ab.

Daheim ist er unauffällig und verschlossen wie sonst auch. Am Nachmittag des gleichen Tages treibt ihn sein Gewissen wieder an den Ort seiner Grausamkeit zurück. Doch er scheut sich,

sein Motorrad anzuhalten. Mit geringer Geschwindigkeit fährt er einige Male über den Lichtenwalder Weg und wirft einen kritischen Blick auf den kleinen Hügel aus Laub und Zweigen zwischen den Holunderbüschen. Er glaubt, zwischen den Blättern eine kleine, weiße Hand wahrzunehmen, wagt aber keinesfalls, diesen Ort nochmals zu betreten. Seine Anstrengungen, das Geschehene innerlich zu verdrängen, scheitern spätestens an dem Tag, an dem in Frankenberg bekannt wird, daß die Polizei einen Mann mit grüner Schafwollbekleidung sucht. Unbemerkt verbrennt Essenbach zwei Tage nach dem Mord den grünen Pullover im Heizungskeller seiner Arbeitsstelle. Und nach einem weiteren Tag faßt er sich ein Herz und zeigt beim Betriebsschutz den vermeintlichen Diebstahl an.
Essenbachs Blutgruppe ist ebenfalls identisch mit der in der Spermaspur an der Strumpfhose nachgewiesenen. Seine Schilderungen, wie er sich zwischen den Schenkeln des Mädchens befriedigte, sind ein wichtiges Indiz dafür, daß er der eigentliche Produzent der Spur ist und nicht der Jugendliche vom Hauptbahnhof.
Im Zuge der Ermittlungen entdeckt Hauptmann Korges weitere dunkle Flecken auf der bislang weißen Weste des biederen Brigadiers Essenbach. Hinter dem Rücken seiner Angetrauten unterhält er vielfältigen Kontakt zu anderen Frauen, besonders, wenn diese im jugendlichen Alter sind. Ihre Liebesdienste honoriert er großzügig. Auch vor der Unzucht mit Minderjährigen schreckt er nicht zurück. Auf makabre Weise beendet der Mord an Marlies Stenzel seine unheilvollen Leidenschaften.
Korges kann den Fall schnell zum Abschluß bringen. Der Biologe Konrad Schönborn wird einige Wochen später sein schlüssiges Gutachten vor Gericht erstatten, daß die am Opfer und am Tatort gesicherten grünen Schaffwollfasern eindeutig Hartmut Essenbach zuzuordnen sind. Damit ist dessen Täterschaft nachgewiesen. Neben dem Geständnis des Täters sind die Faserspuren das einzige objektive Beweismittel in diesem Strafverfahren.
Essenbach erwartet eine lebenslange Freiheitsstrafe.

Nachtrag: Zehn Jahre später wurde Hauptmann Rudi Korges unehrenhaft aus der Volkspolizei entlassen, weil er sich erlaubte, in sein Wochenendgrundstück Bekannte aus dem Westen Deutschlands einzuladen, die er bei einem Ungarnurlaub kennengelernt hatte. Aufmerksame Nachbarn hatten dieses unverzeihliche Vorkommnis den dafür zuständigen Sicherheitsorganen gemeldet.

Diplombiologe Konrad Schönborn verstarb im Jahre 1995, wenige Tage nach seinem 64. Geburtstag an den Folgen einer Alkoholkrankheit.

Hartmut Essenbach wurde in der Zeit des Untergangs der DDR im Jahre 1990 amnestiert.

Ein Koffer voller Rätsel

(Aktenzeichen 131–110–81 Bezirksstaatsanwalt Halle/Saale)

Ausgangs der fünfziger Jahre gab die SED-Führung die These aus, die Chemisierung der Industrie sei die entscheidende Waffe im ökonomischen Kampf mit dem Kapitalismus. Die dazugehörige Losung lautete: „Chemie ist Wohlstand", und sie wurde alsbald zu einem starren volkswirtschaftlichen Dogma mit kaum absehbaren, fatalen Folgen für Mensch und Umwelt. Die Großbetriebe Buna, Leuna und Bitterfeld, die bereits für den Zweiten Weltkrieg auf Hochtouren produziert hatten, bildeten das Zentrum der chemischen Großindustrie im Bezirk Halle.
Die Pläne der Partei- und Staatsführung waren ehrgeizig, und so wurde die Produktion rücksichtslos ausgebaut, während die Natur in weitem Umkreis vergiftet wurde und allmählich abstarb. Ein grauer Schleier mit stechend saurem Geruch überzog alles. Die Saale und ihre kleinen Geschwister verkamen zu leblosen Kloaken der Chemiegiganten.
Für die Beschäftigten der Chemiemoloche Leuna und Buna wurde der Bau einer sozialistischen Satellitenstadt wenige Kilometer westlich der Bezirkshauptstadt und jenseits der Saaleaue beschlossen. Den Grundstein legte man 1964, bereits 1967 erhielt das Areal das Stadtrecht, und in weniger als zwanzig Jahren entstand für knapp einhunderttausend Menschen die Plattenbauidylle Halle-Neustadt.
Warme, helle, billige Wohnungen und eine bescheidene Infrastruktur machten das Leben in der betonierten Tristesse der eintönigen Vielgeschosser erträglich. Unaufhaltsam zog es die Hallenser dorthin, weil die alten, vom Krieg verschonten Wohngebäude ihrer Stadt inzwischen völlig heruntergekommen waren.
Straßennamen gab es so gut wie keine. Die Wohnblöcke trugen schlichte Ziffern. Ein Ortsunkundiger erkannte nur schwer ein ordnendes System und irrte lange zwischen den Betonriesen umher, ehe er sein Ziel erreicht hatte.

Lino Brandt ist ein fröhlicher, aufgeweckter, zarter Junge von sieben Jahren, Schüler der 1. Klasse in der 6. Polytechnischen Oberschule von Halle-Neustadt. Südöstlich der Magistrale, die das Hallesche Zentrum mit der Neustadt verbindet, sie durchquert und schließlich in die heutige Bundesstraße 80 mündet, im Block 483, ist sein Zuhause. Dort lebt er zusammen mit seiner zwölfjährigen Schwester bei seiner Mutter. Der Vater wohnt, getrennt von seiner Familie, einige Kilometer entfernt, in einer Junggesellenwohnung. Lino kann nicht begreifen, warum die Eltern sich nicht verstehen. Er sieht seinen Vater nur gelegentlich.
Am Nachmittag des 15. Januar 1981 erfüllt ihm die Mutter einen lang gehegten Wunsch: Er darf allein ins Kino „Treff", knapp zehn Minuten Fußweg von der Wohnung entfernt. Der Weg ist ihm vertraut, er führt an der großen Kaufhalle und der Poliklinik vorbei, die er zuweilen mit der Mutter besucht hat. Die Schwester begleitet ihn ein Stück Wegs, bis das Kino in Sichtweite ist, dann trennen sich ihre Wege.
Zum Abendbrot hätte der kleine Lino zurück sein müssen, und in dem Maße, wie das Essen langsam kalt wird, nimmt die Besorgnis der Mutter zu.
Schließlich hält sie es nicht mehr in der Wohnung. Sie sucht die nahegelegenen Spielplätze ab, telefoniert mit Bekannten, fragt bei Spielgefährten und Mitschülern nach, die sich längst wieder in der Obhut ihrer Eltern befinden. Niemand weiß etwas über Linos Verbleib, nirgends wurde er gesehen. Die winterlichen Straßen sind inzwischen nahezu menschenleer, die wenigen Geschäfte haben bereits geschlossen. Schlimme Ahnungen steigen in ihr auf und treiben sie gegen acht Uhr abends auf das 4. VP-Revier von Halle-Neustadt.
Die Polizisten beruhigen sie, nach ihren Erfahrungen tauchen die meisten verschwundenen Kinder ein paar Stunden später auf. Kindern vergeht die Zeit wie im Flug, indes die wartenden Eltern Ängste ausstehen. Doch es ist Winter, und Lino hat sich so sehr noch nie verspätet. Das inständige Bitten der besorgten Mutter und die Einsicht in die polizeiliche Pflicht, mögliche Gefahren abzuwenden, veranlassen die Polizisten dann doch zu schnellem Handeln. Und nur wenig später durchkämmen Schutzmänner die Gegend zwischen dem Wohnblock 483 und dem Kino, forschen auf Spielplätzen und in Garagen nach, durchstöbern Abstellplätze für Mülltonnen, befragen Linos

Spielkameraden. Die Suche bleibt erfolglos, kein Ort, den man nicht ausgespäht hätte. So vergehen die Stunden. Nun verstärkt sich auch auf dem Revier die Vermutung, daß etwas geschehen sein könnte, und man entschließt sich zu ernsthaften polizeilichen Maßnahmen.
Ein Polizeiwagen bringt Frau Brandt gegen Mitternacht zum VP-Kreisamt, um – wie es den Dienstvorschriften entspricht – ihre Vermißtenanzeige von der Kriminalpolizei aufnehmen zu lassen. Nach Lino Brandt wird eine Eilfahndung ausgelöst. Uniformierte und zivile Nachtstreifen halten Ausschau nach dem siebenjährigen Jungen. Die Mutter läßt sich nicht mehr beschwichtigen, und auch die Hoffnungen der Polizei auf einen raschen Fahndungserfolg sinken von Stunde zu Stunde.

Der Morgen graut nach durchwachter Nacht, doch Lino bleibt verschwunden. Nun nimmt der Umfang der polizeilichen Maßnahmen zu. Zwar zögert man noch etwas mit der Einleitung eines Ermittlungsverfahrens gegen „Unbekannt", doch wird eine erneute, diesmal systematische Suche in den Wohngebieten von Halle-Neustadt angeordnet. Wieder werden Linos Freunde befragt, aber auch Taxi- und Busfahrer, Zeitungsausträger, Straßenarbeiter und die Angestellten des Kinos „Treff" vernommen. Doch niemand kann weiterhelfen, nicht der kleinste Fingerzeig ergibt sich, Lino bleibt unauffindbar.
Die Hallenser Bezirksleitung der SED, die von dem Fall erfährt, reagiert sensibel. Im ganzen Land laufen fieberhaft und wie nach einem Stabsplan die Vorbereitungen auf den X. Parteitag, mit dem ein weiteres Loblied auf die Partei als führende Kraft bei der „Gestaltung der entwickelten sozialistischen Gesellschaft" angestimmt werden soll. Erfolgsmeldungen sind gefragt. Da könnte selbst ein Randereignis wie der ungeklärte Vermißtenfall eines siebenjährigen Jungpioniers aus Halle-Neustadt einen Mißklang in den heroischen Chorus bringen.
So drängen die Genossen der SED-Bezirksleitung, der Bezirksverwaltung des MfS und der Polizeiführung auf schnelle Aufklärung und geben nach Abstimmung mit ihren jeweiligen Berliner Obrigkeiten grünes Licht für weitere, nunmehr massive Sucheinsätze und für eine großzügige Öffentlichkeitsarbeit der Kriminalpolizei.
Bereits am 17. Januar verbreitet die offizielle Bezirkspresse, die Tageszeitung „Freiheit", eine Fahndungsinformation, in der die

Bevölkerung zur Mitarbeit aufgerufen wird. Solche Meldungen, die dazu angetan sind, die Bürger zu beunruhigen, sind in dieser Zeit durchaus nicht üblich.

Am 18. Januar 1981, drei Tage nach dem Verschwinden des Jungen, übernimmt die MUK Halle den Vermißtenfall Lino Brandt, für dessen Aufklärung eigens eine Einsatzgruppe gebildet wird. Weitere Polizeikräfte werden ihr zugeordnet, Kraft-

Fahndungsaufruf der VP in der Halleschen Tageszeitung „Freiheit" vom 17. Januar 1981.

fahrzeuge und Büroausstattungen zur Verfügung gestellt. Chef der Einsatzgruppe ist der langjährige Leiter der MUK Hauptmann Siegurt Scherzer (52), ein erfahrener Praktiker, seit Gründung der Volkspolizei in ihren Diensten, stolz darauf, die Polizeischule für Kriminalistik in Arnsdorf besucht zu haben, die längst nicht mehr besteht. Er hat nicht wenige Gegner in den Führungsetagen. Nicht nur, daß man ihm sein Talent neidet, komplette Sätze einer Beethoven-Sinfonie fehlerfrei vor sich hin zu summen. Nicht nur, weil er dazu neigt, sich gelegentlich bis zum Stehkragen mit Alkohol zuzuschütten. Nein, man fürchtet vor allem seine spitze Zunge und seine Schlagfertigkeit, mit der er in heiklen Situationen verschieden interpretierbare Antworten gibt. Das verunsichert manchen. Doch seine fachliche Kompetenz vermochte ihm bislang keiner streitig zu machen.

Scherzer muß die Ermittlungen in der erforderlichen Breite führen. Die Ausgangsdaten sind zu dürftig, als daß man aus ihnen etwas Konkretes ableiten könnte. Folglich muß von mehreren gleichwertigen Annahmen ausgegangen werden. Sie dürfen nur eben keine Lücken aufweisen, damit man sicher sein kann, daß wenigstens eine von ihnen zutreffen wird. Kleine Gruppen von Ermittlern verfolgen die möglichen Untersuchungsrichtungen. Scherzer geht davon aus, daß Lino Brandt noch lebt, daß er sich verirrt hat und dringend Hilfe braucht. Gleichzeitig zieht er auch die Version eines Unfalls ins Kalkül. Doch daneben rechnet er auch mit der schlimmsten Möglichkeit: Lino könnte Opfer eines Verbrechens sein.

Eine Suche gigantischen Ausmaßes nimmt ihren Verlauf. Keller, Scheunen, Abrißgrundstücke, Sport- und Parkanlagen, Kanalisationen in der näheren und weiteren Umgebung von Linos Wohnung werden systematisch durchstöbert, man sucht die Angersdorfer Teiche ab, den langgedehnten Kirchteich, die Kanäle westlich der Rabeninsel. Der Junge könnte ins Eis eingebrochen sein. Natürlich gilt die Aufmerksamkeit in erster Linie dem Jungen selbst, doch achten die Suchkräfte auch auf Gegenstände, die einen möglichen Zusammenhang zu einem Verbrechen nahelegen und die spurenkundlich zu untersuchen sind: Sie finden u. a. verrostete Stichwerkzeuge, alte Bekleidung, Kinderschuhe, benutzte Taschentücher, Fahrkarten, Kinderspielzeug usw. Dutzende dieser vermeintlichen Spurenträger warten auf ihre Begutachtung. Ein mit großen Mühen Besucher für Besucher erfassender Bestuhlungsplan der Kinderfilmveranstaltung vom 15. Januar erfordert die Befragung von mehr als einhundert Personen. Sämtliche medizinischen Einrichtungen in Halle-Neustadt, in Halle und im ganzen Saalkreis werden von den zähen Ermittlern aufgesucht. Tagelang sind Hunderte Einsatzkräfte auf der Suche nach dem Kind.

Eine Fülle von Hinweisen geht bei der Einsatzgruppe ein, jedes Detail will bedacht und ernstgenommen sein. Viele Hinweise führen an der Sache vorbei und andere widersprechen sich. Neue Ermittlungen sind nötig, bis die Widersprüche ausgeräumt sind.

Hauptmann Scherzer weiß, daß der Schlüssel zum Fahndungserfolg auch im scheinbar Nebensächlichen verborgen sein kann. Also wird jede Information gewissenhaft gespeichert. In nur wenigen Tagen füllen die Akten ein ganzes Zimmer. Es bedarf einer eigenen Ordnung, sich in ihnen zurechtzufinden.
Doch Lino Brandt bleibt verschwunden. Immer mehr verblaßt die Aussicht, Lino könnte lebend gefunden werden, dagegen zeichnet sich immer deutlicher die grausame Möglichkeit eines Verbrechens ab. Fragen über Fragen drängen sich auf. Wer könnte Interesse am Tod des Jungen haben? Wie sicher sind die Angaben der Mutter über den Ablauf, die Zeiten, die Umstände? Wo hielt sich Linos Vater am Nachmittag des 15. Januar auf? Könnte er womöglich ein Motiv besitzen? Wo könnten der Tatort, der Fundort, die Leiche sein?
Die Alibis der Verwandten, Bekannten und Freunde der Familie Brandt werden überprüft. Die Schnüffelei der VP wird immer lästiger. Bei den Befragten, aber auch bei den Befragern machen sich allmählich Unwille und Mißtrauen breit. Verdächtigungen werden offen oder hinter vorgehaltener Hand geäußert. Hauptmann Scherzer weiß um die Tragik solcher vorschnellen Urteile nur zu gut, vor allem, wenn der Staatsanwalt oder der Richter auf sie hereinfällt. Es gilt, kühlen Kopf zu bewahren und die Ungeduld nicht taube Blüten treiben zu lassen. Den Spekulationen besonders eifriger Zeugen muß genauso begegnet werden, wie denen der Vorgesetzten, denen der politische Druck von oben den Sinn für die kriminalistische Realität abhanden kommen läßt.
Allzu leicht wird daher der mehrfach mit dem Gesetz in Konflikt geratene, alkoholabhängige Vater des verschollenen Jungen die schnelle Beute falscher Verdächtigungen, zumal es seinem Alibi an ausreichender Überzeugungskraft mangelt. Mit nahezu pathologischem Starrsinn versteift sich auch Scherzer auf einen Verdacht gegen den Vater. Er ist unablässig bemüht, seine Ermittlungen auf diesen zu konzentrieren, und unterliegt dem Fehler einer leichtfertigen Fokussierung auf eine einzige Person.

Fehlende materielle Beweise dürfen aber nicht durch Fiktionen ersetzt werden, auch wenn der SED-Parteitag immer näher rückt. Scherzers Untersuchungsmethodik wird kritisiert. Doch er zeigt keine Einsicht. Verbissen hält er den Vater Linos für den Täter. Kurzerhand wird ihm der Fall entzogen und in die Hände seines Stellvertreters, Oberleutnant Noll, ein agiler, intelligenter Enddreißiger mit Universitätsabschluß, gegeben.

Am 28. Januar 1981 tritt die langersehnte, gleichzeitig aber befürchtete Wende im Fall Lino Brandt ein: Auf der stark befahrenen Reichsbahnstrecke zwischen Halle und Leipzig wird nahe der Ortschaften Schkeuditz und Wahren, direkt neben den Gleisen, in einem zerschlissenen Pappkoffer die Leiche eines kleinen Jungen gefunden. Die Vermutung liegt nahe, daß der Koffer aus einem fahrenden Zug geschleudert wurde. Noll, Scherzer und Ärzte aus dem Leipziger Institut für Gerichtliche Medizin und Kriminalistik sind sofort zur Stelle. Der Junge ist mit Sicherheit schon längere Zeit tot, doch das kalte Januarwetter hat die Verwesung des kleinen Leichnams verlangsamt, so daß noch günstige Untersuchungsbedingungen bestehen.

Die Kriminalisten haben ausreichende Unterlagen über Lino Brandt mitgebracht, so daß die Leiche vor der Obduktion, die tags darauf stattfindet, identifiziert werden kann. Zweifelsfrei handelt es sich um Lino Brandt, der offensichtlich durch stumpfe Gewalteinwirkungen auf den Schädel und massive Stiche in die Brust getötet wurde. Wahrscheinlich war der Junge vor der Tötung sexuell mißbraucht worden. Dafür sprach die ungewöhnliche Erweiterung des Afters. Der Täter hatte die nackte Leiche in mehrere Plastiksäcke gehüllt, in den Koffer gezwängt und die Lücken mit der Bekleidung des Jungen, aber auch alten Zeitungen und Zeitschriften ausgefüllt. An Linos Kleidung finden sich massenhaft Fremdfasern, Haare und Bodenspuren, die, wie sich später herausstellen wird, als materielle Beweise einmal große Bedeutung haben werden. Auf einem der Plastiksäcke prangt ein Aufkleber mit der Beschriftung „Euvetes Nederland, Art. nr. 4000 ACN/EIN, Material Zellwolle/B Acryl, 1. Wahl, MSL nr. Größe 150/200 cm, EVP 76,50". Ausreichende Angaben, um vielleicht herauszufinden, was die Säcke ursprünglich enthielten. Der braune Koffer, ein älteres Billigmodell, besitzt eine eigenwillige Innenverkleidung. Denkbar, daß

es jemanden gibt, der diesen Koffer wiedererkennt. Die Zeitungen und Zeitschriften, Januarausgaben der FDJ-Zeitung „Junge Welt", der „BZ am Abend" und des Frauenjournals „Für Dich" sowie verschiedene Exemplare der „Neuen Berliner Illustrierten" und der „Freien Welt", auch zwei Kinderzeitschriften, lassen zwar keinen direkten Rückschluß auf einen bestimmten Bezugsort zu, doch jemanden haben es die Kreuzworträtsel angetan; verschiedene wurden angefangen ...
Während an den folgenden Tagen auf dem Hallenser Marktplatz zahllose Neugierige das von der Kriminalpolizei in einem Schaufenster des Centrum-Warenhauses ausgehängte Fahndungsplakat und den zur Schau gestellten Koffer beäugen, laufen die Ermittlungen zur Herkunft des beschrifteten Plastiksacks auf Hochtouren. Sie führen schließlich zu dem wenig ermutigenden Ergebnis, daß vor knapp zehn Jahren mehr als ein-

Wer kann Hinweise geben?

Zur Aufklärung eines Verbrechens bittet die Volkspolizei um Mithilfe! Wer kann Angaben machen zu Personen, die den abgebildeten Koffer vor dem 15. Januar 1981 im Besitz hatten? Wo wurde eine Person am 15. Januar 1981 oder in der Zeit danach mit einem derartigen Koffer gesehen (in Grundstücken, auf Straßen, in Verkehrsmitteln)? Wer kann Angaben machen, wo ein derartiger Koffer vor dem 15. Januar 1981 oder danach abgestellt war bzw. sonst gesehen wurde?

Beschreibung: Länge 77 cm; Breite: 45 cm; Höhe: 22 cm; Material: Hartpappe mit Vulkanfiberecken; Farbe: mittelbraun; Kofferinneres: bedrucktes Papier (Korbflechtmuster), Derartige Koffer werden seit 10 bis 13 Jahren nicht mehr an den Handel geliefert.

Zweckdienliche Angaben, die auf Wunsch vertraulich behandelt werden, nimmt jede VP-Dienststelle entgegen.

Wortlaut des Presseaufrufs in der Halleschen Tageszeitung „Freiheit" vom 10. Februar 1981.

tausend aus Holland importierte Steppdecken in derartigen Behältnissen in den halleschen Einzelhandel gelangt waren. Oberleutnant Nolls Hoffnungen richten sich deshalb zunächst

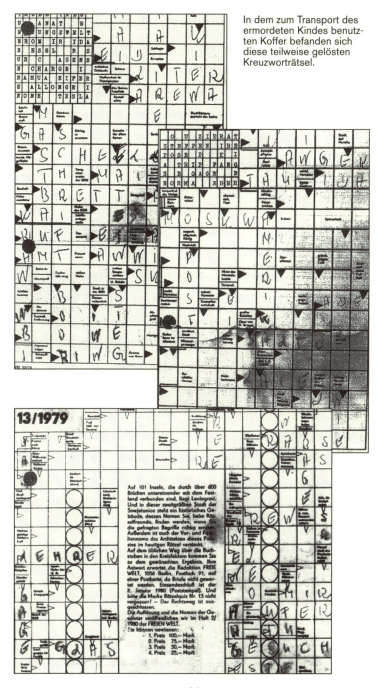

In dem zum Transport des ermordeten Kindes benutzten Koffer befanden sich diese teilweise gelösten Kreuzworträtsel.

darauf, daß Zeugen den ausgestellten Koffer wiedererkennen. Inzwischen werden die angefangenen Kreuzworträtsel von Schriftsachverständigen beurteilt. Zwei wichtige Schlußfolgerungen können sie ziehen: Zum einen wurden alle Rätsel von demselben Schreiber angefangen, zum anderen weisen die etwas schwerfälligen Buchstaben so viele individuelle Merkmale auf, daß das für einen späteren Schriftvergleich geeignet und ausreichend scheint.

Das kriminalistische und charakterologische Interesse an der Handschrift dürfte genauso alt sein wie die Fälschung von Schriftstücken, das Verfassen anonymer Schmähschriften oder die Bemühungen um Urheberschaft einer Schrift. Das erste, bereits im 17. Jahrhundert veröffentlichte Buch über die Beurteilung von Handschriften verfaßte der Italiener Camillo Baldo. Doch sollten noch mehrere Jahrhunderte ins Land gehen, bis die Ergebnisse der Schriftbegutachtung auf einer wissenschaftlichen Grundlage, weitgehend frei von Spekulation und Voreingenommenheit, standen. Eines der folgenschwersten Fehlgutachten über ein handgeschriebenes Dokument erstattete 1894 Alphonse Bertillon, seit 1888 Chef des weltweit ersten polizeilichen Erkennungsdienstes der Pariser Präfektur, im Kriegsgerichtsverfahren gegen den Artilleriehauptmann Alfred Dreyfus. Gefälschte Beweise und eben dieses Fehlgutachten führten dazu, daß Dreyfus zu lebenslanger Deportation auf die berüchtigte Teufelsinsel verurteilt wurde. Erst zwölf Jahre später wurde das Gutachten in einem wiederaufgenommenen Verfahren widerlegt und Dreyfus freigesprochen.
Daß aber trotz aller modernen Expertisemöglichkeiten Handschriften auch noch heute gewinnbringend gefälscht werden können, ohne daß der Betrug sofort bemerkt wird, beweisen die von Konrad Kujau fabrizierten „Tagebücher" Adolf Hitlers, die die Illustrierte „Stern" Anfang der achtziger Jahre für nahezu zehn Millionen Mark arglos aufkaufte.
Die Grundmethoden der Schriftbeurteilung bestehen im bloßen Formenvergleich, in der Typisierung von Schriftmerkmalen oder in sogenannten graphometrischen Messungen und richten sich stets darauf, den Schreiber zu identifizieren, dessen Handschrift mannigfaltige Merkmale aufweist. Diese Merkmale, die daher rühren, daß sich das Schreiben nahezu automatisiert hat, machen es der modernen Kriminalistik verhältnismäßig leicht. Aus den einst schwerfälligen, malenden Schreibbewegungen des Schulkindes

werden unwillkürliche Gewohnheitsbewegungen des Erwachsenen. Die sogenannte Schulausgangsschrift entwickelt sich zu einer ganz persönlichen „Hirnschrift", und ihr hoher Individualisierungswert bildet die Basis für die Rechtsverbindlichkeit eines handgeschriebenen Schriftstücks oder gar nur einer Unterschrift.
Für die kriminalistische Handschriftenuntersuchung müssen neben dem fraglichen Schriftstück entsprechende Vergleichsproben vorliegen, die, nachdem die jeweiligen Merkmalskomplexe bestimmt wurden, einander gegenübergestellt werden.
Zusätzlich kann der Untersuchungsgegenstand auf die Identifizierung des Schreibgeräts, des Schriftträgers und des Schreibmittels erweitert werden. Aber auch dann muß ausreichendes Vergleichsmaterial zur Verfügung stehen.
Läßt sich der Verdächtigenkreis nicht näher einengen, sind die praktischen und rechtlichen Grenzen der Beschaffung von Vergleichsschriften meist schnell erreicht. Für die Volkspolizei, besonders aber für das MfS, war das indes kein Grund zur Resignation. Einerseits, weil ein zentralistisch geführter Staat, die allenthalben gespitzten Ohren der Sicherheitsorgane in den Betrieben, Schulen, Massenorganisationen und Hausgemeinschaften es möglich machten, die Barrieren mühelos zu überwinden; andererseits, weil selbst dann, wenn sich eine MUK strikt an die rechtlichen Spielregeln hält, eine Gewaltstraftat viel stärker an das Rechtsempfinden der Bevölkerung rührt und daher deren Bereitschaft, der Polizei zu helfen, ungleich leichter mobilisiert als Gesinnungsdelikte wie Republikflucht, Staatsverleumdung oder Hetze.

Noll und seine Mitarbeiter wissen nicht, daß die Schriftexperten der Stasi an der Komplettierung eines computergestützten Verfahrens zum Wiederauffinden von Handschriften basteln. Natürlich streng vertraulich. Da bietet sich der Fall Lino Brandt direkt an, die bisherigen Erkenntnisse heimlich zu testen. So ist es also zu verstehen, daß das MfS der Hallenser MUK großzügige Unterstützung bei der Schriftfahndung zusagt. Die politische Großwetterlage bietet dazu den passenden Anlaß.
Die Hoffnung, der ausgestellte Koffer würde bald von einem zuverlässigen Zeugen wiedererkannt werden, erfüllt sich nicht. Zwar erreichen ihn viele Hinweise zu dem vermeintlichen Besitzer des Koffers, doch bei näherer Prüfung erweisen sie sich allesamt als falsch. So vergehen die Wochen.

Ungeduld und Mißmut breiten sich in den politischen Führungsetagen der VP aus. Die Befürchtung wächst, es könne nicht gelingen, den Erfolgsgabentisch des X. Parteitags mit der Aufklärung des Falls Lino Brandt zu bereichern. Noch immer ist der Tatort nicht bekannt, ist kein einziger Verdächtiger ermittelt.

Doch unbeirrt läßt Noll die Untersuchungen weiterführen, auch wenn seine Einsatzgruppe täglich weiter schrumpft, weil die Kräfte wieder abgezogen werden, wie es im Dienstjargon heißt.

Ein Experte der Sektion Kriminalistik der Berliner Humboldt-Universität entwickelt ein hypothetisches Persönlichkeitsprofil des unbekannten Täters, aus dem man hofft, neue Ermittlungsansätze ableiten zu können. Da man bisher nicht überzeugend nachzuweisen vermochte, daß Lino tatsächlich die Filmveranstaltung besucht hat, muß auch in Betracht gezogen werden, daß ihn der unbekannte Täter bereits vor Beginn des Films in seiner Gewalt gehabt haben könnte. Aus dem Verpackungsmaterial, der Art der Leichenbeseitigung und dem Fundort schließt er ferner, daß Lino Brandt an einem Ort getötet worden ist, an dem die Verpackungsutensilien dem Täter direkt zur Verfügung standen. Daß die Tat im Freien verübt wurde, schließt er daher aus.

Oberleutnant Noll wirft ein riesiges Schleppnetz der Überprüfung über Halle, Halle-Neustadt und den gesamten Saalekreis aus. Nahezu einhundert Personen, die zur Familie Brandt auf diese oder jene Weise in Beziehung stehen, rund zweihundert polizeilich registrierte Homosexuelle und Pädophile, mehr als zweihundertfünfzig vorbestrafte Sittlichkeitsdelinquenten und über eintausend Personen, die regelmäßig in der Umgebung des Versorgungszentrums am Kino anzutreffen sind, geraten in die Maschen und müssen ein Alibi nachweisen. Doch trotz aller Anstrengungen stellt sich der ersehnte Erfolg nicht ein. Der Täter bleibt unbekannt und unerkannt.

Am Freitag, dem 27. März, etwa zwei Wochen vor dem SED-Parteitag, wird Noll zu einer Berichterstattung beim Chef seiner Bezirksbehörde zitiert. Anscheinend hat Berlin Druck auf den General ausgeübt. Er benötige Argumente, warum Nolls Mannschaft den Fall noch nicht aufgeklärt habe, und fordere, nachdem er sich mit der SED-Bezirksleitung und seinem

Grafische Fahndungstabelle der Kriminalpolizei mit den individuellen Schriftmerkmalen aus den Kreuzworträtseln.

Amtsbruder von der Staatssicherheit abgestimmt habe, die zeitaufwendigen Massenüberprüfungen weitgehend einzustellen. Statt dessen sollen die Ermittlungen auf die Schriftfahndung konzentriert werden. Oberleutnant Noll beklagt den nunmehrigen Mangel an Kräften seiner Einsatzgruppe, und der General sichert ihm eine großzügige Verstärkung zu. Beide sind sich darüber im Klaren, daß sich der Ermittlungsprozeß hinziehen werde.

So ist die Einsatzgruppe in den nächsten Monaten mit der Beschaffung von Vergleichshandschriften ausgelastet. Hunderte Polizisten, freiwillige Polizeihelfer und MfS-Mitarbeiter gehen in Halle-Neustadt „auf Klingeltour", um Schriftproben von meist braven Untertanen einzuholen. Die Schriftexperten hatten nach den Merkmalen der Buchstaben aus den Kreuzworträtseln einen unverfänglichen Text verfaßt, der den Probanden kurzerhand diktiert wird:

„Ein zweitägiges Kolloquium, das am Dienstag in Berlin begann, befaßt sich mit Karl-Friedrich Schinkels Werk und dessen Bedeutung für die DDR."

Fast 21 000 Schriftproben liefern die überwiegend kooperativen Bürger. Hartnäckige Weigerer werden registriert. Ihre Vergleichsschriften beschafft die Stasi auf konspirativem Wege.

Auf Geheiß der SED-Bezirksleitung veröffentlicht die Hallesche Tageszeitung „Freiheit" ein von den Schriftexperten vorbereitetes Kreuzworträtsel und lockt die Leser mit aufregenden Preisen zum Einsenden ihrer Lösung. Nahezu 11 000 Rätselfreunde erweitern auf diese Weise den Fundus an Vergleichsproben.

Unter kriminalpolizeilicher Regie veranstalten Schüler und Lehrer aller Schulen von Halle-Neustadt eine Altpapiersammlung gigantischen Ausmaßes. Sechzig Tonnen Zeitungspapier sind das Ergebnis. Sie werden nach Territorien geordnet und nach handschriftlichen Vermerken durchgesehen.

Kriminalisten und als Angehörige der Kriminalpolizei getarnte MfS-Mitarbeiter sammeln in den sogenannten Kaderabteilungen der Hallenser Betriebe aus den Personalakten mehr als 100 000 Schriftvergleiche.

Knapp 30 000 Wohnungsanträge der Arbeiterwohnungsbaugenossenschaft, 40 000 PKW-Anmeldungen des IFA-Vertriebs, 250 000 bei den VP-Meldestellen eingereichte Anträge auf einen Personalausweis werden kopiert.

50 000 beim Amt für Arbeit befindliche Personalakten von Pendlern und 90 000 Telegrammformulare werden Gegenstand des Schriftvergleichs.

Alles in allem wird die enorme Menge von 551 198 Schreibleistungen ausgewertet.
Eine eigens für den Schriftvergleich gebildete Sonderkommission ist für die nächsten Monate vollauf beschäftigt, während Nolls Team die Routineaufgaben der Morduntersuchung wahrnimmt: Personen sind zu überprüfen oder zu vernehmen, Gutachten sind einzuholen, Durchsuchungen vorzunehmen, die internen Datenspeicher auszuwerten. Bei den flächendeckenden Klingeltouren kommt man gleichzeitig einer Vielzahl von Einbrüchen, Sexualdelikten und Betrügereien auf die Spur. Aber auch die politische Denunziation lauert hinter mancher Wohnungstür.

Die nächsten Monate vergehen. Längst ist der Mord an Lino Brandt nicht mehr der einzige Fall, den die Kommission bearbeitet. Das anfängliche Jagdfieber und die geschäftige Erwartung eines raschen Ermittlungserfolges sind längst einem weniger turbulenten Kriminalistenalltag gewichen. Doch Nolls Autorität und Zähigkeit halten das Team zusammen. Längst ist der politische Druck des Parteitages gewichen. Doch die Schriftvergleiche sind noch nicht abgeschlossen. Und so lange gibt es Hoffnung auf Erfolg ...
Mitte November 1981 wird es wieder spannend: Die Schriftprobe der fünfzigjährigen Ilona Gründel, Serviererin im Ostseebad Dierhagen, ist mit den Buchstaben aus den Kreuzworträtseln identisch. Dierhagen – man ist zunächst verblüfft. Doch da die Frau in Halle-Neustadt polizeilich gemeldet ist und an der See nur eine Nebenwohnung unterhält, hatte sie zu denen gehört, die vor Monaten um eine Schriftprobe gebeten worden waren.
Endlich scheint Oberleutnant Noll den Anfang des Fadens des anscheinend unentwirrbaren Knäuels in den Händen zu halten. Doch muß er die Euphorie seiner Mitstreiter dämpfen – die Schreiberin muß nicht zwangsläufig mit der Tat in Verbindung stehen, wiewohl sie den Weg zum Täter weisen könnte. Doch selbst dann ist mit möglichen Hindernissen zu rechnen.
Frau Gründel erklärt glaubhaft, am 11. Januar 1981 letztmalig ihre Wohnung in Halle-Neustadt betreten zu haben. Für die restliche Zeit habe sie die Wohnung ihrer achtzehnjährigen Tochter Karin überlassen. Sie bestätigt nicht nur den Besitz des braunen Koffers, den sie in ihrem Keller verstaut hatte, sondern gibt

auch zu, die Kreuzworträtsel ausgefüllt zu haben. Auch einen der Plastiksäcke erkennt sie als die Verpackung der Steppdecken wieder, die sie sich vor etlichen Jahren in Halle zugelegt hatte.

Die Umstände lassen also vermuten, daß ihre Wohnung der noch unbekannte Tatort gewesen ist. Und während Kriminaltechniker Wohnung und Hauskeller gewissenhaft nach Spuren absuchen, wird Karin Gründel vernommen. Sie hat ständigen Zugang zur Wohnung ihrer Mutter. Das reicht, um sie mit dem Mord in Verbindung zu bringen.

Die Vernehmung währt viele Stunden. Nolls Interesse richtet sich vor allem auf die Aussagen zur Tatzeit. Alle Angaben läßt er sofort überprüfen. Doch Karin Gründel liefert ein hieb- und stichfestes Alibi:

Nachdem ihre Mutter am 11. Januar nach Dierhagen zurückgefahren war, mußte auch sie Halle-Neustadt für mehrere Wochen verlassen. Wie ihre Mutter arbeitet sie als Serviererin, jedoch in einem Erholungsheim in Friedrichroda, mitten im Thüringer Wald. Dort ist sie seit dem 13. Januar ununterbrochen tätig. Auch an den freien Tagen hat sie sich in ihrer dortigen Nebenwohnung aufgehalten. Nur in großen zeitlichen Abständen hat sie die Wohnung ihrer Mutter aufgesucht, um nach dem Rechten zu sehen. Diese seltenen Fahrten haben ihren Grund: Ihr neunzehnjähriger Freund Mario Sage arbeitet im selben Heim als Hausmeister, gelegentlich auch als Kellner. Beide kennen sich aus Halle-Neustadt, wo sie nur wenige Häuserblöcke auseinander wohnten. Doch sie arbeiten zusammen, und die Freizeit gehört allein ihnen. Nur gelegentlich begleitet Mario sie nach Halle. Dann wohnen sie wie ein Ehepaar in der ansonsten verwaisten Wohnung von Karins Mutter. Natürlich hat er auch die Wohnungsschlüssel ...

Nolls bohrende Fragen dringen immer weiter in die Tiefe längst verschütteter Erinnerung vor. Ihr fällt plötzlich ein, daß Mario im Januar mit ihr zusammen in Halle war. Und als sie sich am 13. widerwillig auf die Rückreise nach Friedrichroda begeben mußte, war er noch für ein paar Tage geblieben.

Noll läßt ihre Schilderungen auf der Stelle telefonisch überprüfen. Er will ein lückenloses Alibi, will sicher sein, daß diese junge Frau ohne Schuld ist. Wie gut, daß der Heimleiter Karins Angaben bestätigen kann. Eine unsichere, lückenhafte Auskunft des Mannes am anderen Ende des Telefons hätte für

Karin Gründel fatale Folgen gehabt. Doch so bleibt sie außerhalb des Tatverdachts. Der richtet sich allerdings immer stärker auf Karins Freund. Und als sie Noll obendrein offenbart, daß Mario Sage zu absonderlichen sexuellen Impulsen neigt, sich ohne Scheu Mißhandlungen und Grausamkeiten vorzustellen vermag und dabei noch einen seltsamen Genuß verspürt, was sie ängstige, wird seine Befragung immer drängender. Als Noll erfährt, daß sich Mario gerade in Halle-Neustadt aufhalte, nutzt er die Gunst der Stunde. In den Abendstunden des 20. November wird der junge Mann festgenommen. Noll setzt ihn kurzerhand von dem gegen ihn gehegten Verdacht der vorsätzlichen Tötung des Schülers Lino Brandt und von der Einleitung eines Ermittlungsverfahrens in Kenntnis. Widerspruchslos nimmt Mario Sage den schweren Vorwurf hin.

Einen Augenblick lang sitzt er wortlos und blaß vor Nolls Schreibtisch. Der hat das Tonbandgerät noch gar nicht aufnahmebereit, da überkommt Mario Sage ein unwiderstehlicher Rededrang. Endlich kann er darüber sprechen, was ihn schon lange Monate belastet. Es sprudelt aus ihm heraus: Fetzen eines Geständnisses, zusammenhanglos, ungeordnet, aber glaubhaft. Es sind die Details eines Tötungsvorgangs, die allein der Täter kennen kann und die sich mit den Spuren und Erkenntnissen der Polizei decken. Noll muß ihn bremsen.

Er beruhigt ihn, läßt ihm einen Kaffee bringen, legt Papier und Kugelschreiber bereit:

„Schreiben Sie's auf. Sie haben Zeit! Der Haftrichter kann warten."

Mario Sage nimmt einen großen Schluck. Dann beginnt er zu schreiben, schwerfällig, doch konzentriert.

Was nun folgt, ist die Niederschrift der Geschichte eines entsetzlichen Mordes an einem kleinen Jungen, dessen Namen er nicht einmal kennt. Der bloße Zufall führte sie am Nachmittag des 15. Januar 1981 vor dem Kino „Treff" in Halle-Neustadt zusammen. Das zarte Kind gefiel Mario gleich. Je mehr er es anschaute, desto stärker verlangte es ihn, den kleinen Körper zu streicheln und zu küssen. Es gelang ihm, den Jungen vom Besuch der Filmveranstaltung abzuhalten und in die Wohnung seiner Freundin zu locken, unbemerkt von anderen. Dann hatte er ihn ganz für sich. Das Gefühl solcher uneingeschränkten Herrschaft steigerte nur noch seine sexuellen Begierden. Für die Ängste und Schmerzen seines Opfers fand er kein Ohr. Es war die Gelegenheit, seinen Trieben freien Lauf zu lassen. Er veranlaßte den Jungen, sich auszuziehen, und entledigte sich selbst seiner Hose. Er überwältigte das Kind, bis seine Lust befriedigt war. Dann setzte sich der Gedanke fest, der Junge könnte ihn verraten. Da gab es nur eine Lösung: Er mußte das Kind töten und die Leiche verschwinden lassen.

„Ich holte aus der Küche einen Hammer und schlug ihn auf den Hinterkopf, bis er ruhig war. Ich trug ihn gleich ins Bad und legte ihn in die Wanne. Da er aber noch nicht ganz tot war, stach ich ihn in die Herzgegend. Danach holte ich aus der Küche einen Plastebeutel, steckte ihn da hinein und packte ihn in einen braunen Koffer. Ich fuhr mit dem Koffer nach Leipzig und warf ihn unterwegs ab. Mario Sage."

Noll liest die Aufzeichnungen gewissenhaft. Kein Zweifel, er hat den Täter vor sich. Mitternacht ist längst vorbei, als Mario Sage von Bezirksstaatsanwalt Dr. Treuburg als Beschuldigter vernommen wird. Das Geständnis des jungen Mannes wird immer präziser. Er schildert, wie er die Leiche des Jungen in Höckerstellung in den Koffer preßte, seine Kleidung dazulegte und aus Angst, aus dem Koffer könne Blut tropfen, die Lücken mit alten Zeitungen ausstopfte. Gegen 18 Uhr sei er dann mit dem Koffer zum Hauptbahnhof gefahren und habe den nächsten Personenzug nach Leipzig genommen. Auf zwei Bahnhöfen habe der Zug unterwegs gehalten, ehe er vor Leipzig unbemerkt ein Fenster heruntergelassen und den Koffer hinauswerfen konnte. Von Leipzig aus sei er dann mit dem nächsten Zug nach Halle zurückgekehrt. Die Tatwerkzeuge ließ er in einem Müllbehälter vor dem Wohnblock verschwinden.

Die nächsten Wochen dienen den Ermittlern zur Vervollständigung der Beweismittel.

Selbst unwesentliche Widersprüche in Mario Sages Aussagen sucht Noll auszuräumen, zumindest aber zu erklären. Bei der Vielzahl der Zeugenvernehmungen, Gutachten und Aussagen des Beschuldigten über den Mord an einem unschuldigen kleinen Jungen, der menschliche Empfindungen in höchstem Maße aufwühlt, ist es durchaus verständlich, wenn sich nicht alle Einzelheiten decken. Schließlich hat die Zeit die Erinnerung verblassen lassen, konzentriert sich subjektives Empfinden auf unterschiedliche Fakten. So weiß Mario Sage nicht mehr genau, wie viele Male er auf sein Opfer eingestochen und welche Körperregionen er dabei getroffen hat. Zu groß war seine sexuelle Erregung in jenem Moment, zu gewaltig die Angst nach der Tat, entdeckt zu werden, so daß er die unangenehmsten Gedächtnisinhalte rasch verdrängt hat. So bleibt manche gutachterliche Aussage auf die Feststellung beschränkt, daß die wissenschaftlichen Befunde zumindest nicht im Widerspruch zu den allgemeinen Schilderungen des Tatablaufs stehen.

Komplizierter ist indes die Frage, inwieweit Mario Sages soziale und sexuelle Entwicklung das Tatgeschehen beeinflußt haben. Eine schlüssige Antwort auf diese Frage könnte Marios strafrechtliche Verantwortlichkeit mindern, nämlich dann, wenn eine schwerwiegend abnorme Entwicklung der Persönlichkeit von Krankheitswert nachgewiesen werden kann. Das zu ergründen, sind die forensischen Psychiater aufgerufen.

Mario Sage wird ausgiebig begutachtet. Das nachteilige Familienklima, in dem er heranwuchs, ebnete ihm den Weg in die verhängnisvolle Zurückgezogenheit, in der auch abnorme sexuelle Phantasien von ihm Besitz ergriffen, Phantasien, die von tödlicher Gewalt und demütigender Unterwerfung beherrscht waren. Sie füllten ihn gänzlich aus und deformierten sein gesamtes ethisches Empfinden. Seine Sexualität mutierte schließlich zu einem ihn völlig beherrschenden Triebdruck, der die bittere Realität des Mordes erklärt. Doch wäre Mario Sage intellektuell und psychisch durchaus imstande gewesen, sich mit seinem Sexualerleben kritisch auseinanderzusetzen und Bewältigungsstrategien zu entwickeln. Trotz heftigster Erregung verlor er nie den Überblick über die Situation, als er sich mit dem kleinen Lino Brandt allein in der Wohnung befand. Er verfügte über Mechanismen, die ihm eine ausreichende Außenkontrolle gestatteten.

Die zweifellos schwerwiegende Entwicklung hatte nie eine solche Intensität erreicht, hieß es, die die Entscheidungsfähigkeit während der Tat erheblich vermindert hätte. Gegen diese Schlußfolgerung richtete sich Marios spätere Berufung. Sie wurde jedoch als unbegründet zurückgewiesen.

Mario Sage wurde vom Bezirksgericht Halle wegen Mordes in Tateinheit mit sexuellem Mißbrauch zu einer lebenslangen Freiheitsstrafe verurteilt.

Dann wurde es schnell still um den Fall Lino Brandt. Nolls Einsatzgruppe war lediglich noch eine Zeit lang damit beschäftigt, die – wie es das Gesetz forderte – nicht tatrelevanten Unterlagen des Falls zu vernichten. Wieviel davon allerdings in

> **Tötungsverbrechen in Halle-Neustadt ist aufgeklärt**
>
> Halle (BD). Nach intensiven Ermittlungen der Kriminalpolizei in enger Zusammenarbeit mit der Bevölkerung wurde ein Mann aus Halle - Neustadt ermittelt, der am 18. Januar 1981 den siebenjährigen Schüler Lino Brandt tötete und in einem Koffer ablegte. Der Beschuldigte befindet sich in Untersuchungshaft. Er legte vor der Kriminalpolizei und dem Staatsanwalt des Bezirkes ein Geständnis ab. Die Deutsche Volkspolizei bedankt sich bei allen Bürgern, die durch ihre aktive Mithilfe die komplizierte Ermittlungstätigkeit unterstützten. Über die Gerichtsverhandlung wird berichtet.

Wortlaut der Aufklärungsmeldung in der Halleschen Tageszeitung „Freiheit" vom 21. November 1981.

den Datenspeichern der Staatssicherheit verschwand, ist ungewiß.

Oberleutnant Noll avancierte bald zum Chef der Kriminalpolizei in einem VPKA des Bezirkes Halle, während, so erzählte man hinter vorgehaltener Hand, Hauptmann Scherzer in ein kleines Provinznest strafversetzt wurde, weil er einen seiner Vorgesetzten im Affekt geohrfeigt haben soll.

Der Hilfssheriff vom Friedrichshain

(Aktenzeichen 111/73 VP-Inspektion Berlin-Friedrichshain)

Im Stadtbezirk Berlin-Friedrichshain verläuft, parallel zur Frankfurter Allee in Richtung Lichtenberg, die Scharnweberstraße, ein städtebaulich unrühmliches Erbe des vorigen Jahrhunderts mit erdrückenden Mietskasernen und düsteren Hinterhöfen. Von angloamerikanischen Bomben und sowjetischen Granaten im Krieg schwer beschädigt und während der Arbeiter- und Bauernmacht baulich aufs Gröbste vernachlässigt, erinnert dieser morbide Kietz an eine ruhmlose Vergangenheit.

An jeder Kreuzung eine Kneipe. Zigarettenrauch und Küchendunst dringen auf die Straße. Das Glas Bier kostet achtzig Pfennig, Bockwurst mit Kartoffelsalat erhält man für eine Mark

Die Scharnweberstraße im Stadtbezirk Berlin-Friedrichshain, Dezember 1972.

sechzig. Serviert wird ein abgegriffenes, amalgamfeindliches Alubesteck, das man sich mundgerecht zurechtbiegen muß.
Unverwüstliches Holperpflaster nötigt den Trabifahrer zum behutsamen Kutschieren. Anderenfalls wäre ein Schütteltrauma für Mensch und Technik die logische Folge. So erübrigt sich eine Geschwindigkeitsbegrenzung in dem dichtbesiedelten Wohngebiet. Kaum jemand wagt, schneller als dreißig zu fahren.
Dort also, in der Scharnweberstraße, genauer zwischen Colbe- und Kinzigstraße, hat der 21jährige Rainer Brunk sein Zuhause: Stube, Küche, Innenklo und noch dazu im Vorderhaus. Das alles für 28 Mark Miete, ganz für sich allein, ohne das ständige Einmischen der Mutter in sein Leben. Der Lohn als Maler und Anstreicher ist bescheiden. Manchmal bessert er ihn inoffiziell auf, wenn er am Wochenende privat malert und tapeziert. Seine tägliche Schachtel „Juwel" und ein paar Bier kann er sich allemal leisten.
Den Vater lernte er nie kennen. Er starb, als Rainer zwei Jahre alt war. Die Mutter erzog ihn allein und streng, ohne System, abhängig von ihrer Stimmung. Im Sturm heftiger Erregung brüllte sie herum. Er fand für ihre Attacken oft keine Erklärung, zog sich als Kind aber schon von ihr zurück. Vor anderen folgten seinen Undiszipliniertheiten ellenlange Litaneien moralischer Belehrung. In der Stille der Wohnstube jedoch mußte er erhebliche körperliche Züchtigungen hinnehmen.
Die Mutter arbeitet als Näherin in einer Wäschefabrik. Sie geht ihren eigenen Weg. Der Sohn sieht sie nur selten, hat großen inneren Abstand zu ihr. Früher war er unter ihrem Druck äußerlich ängstlich und fügsam, obwohl sein Trotz wuchs. Schon als Kind wollte er etwas sein, Autorität ausüben, wenigstens in der Klasse. Doch seine Leistungen blieben unter dem Durchschnitt. Auf diesem Wege ging es also nicht. So profilierte er sich bei den „Jungen Pionieren" und wurde bald ein wichtiger Funktionär in der Klasse. Seine zur Schau getragene politische Entschiedenheit verschaffte ihm alsbald den ersehnten Respekt. In der Klasse gab er sich als hundertprozentig, heimlich genoß er das verpönte Westfernsehen. Wenn er in Wut geriet, konnte er hemmungslos um sich schlagen. Jähzorn empfand er als Stärke. Zuhause jedoch verfiel er in lähmende Angsthaltung. Er liebkoste seine Kuscheltiere, doch zu echter menschlicher Bindung fehlte es ihm an emotionaler Stabilität.

Mit dem Erwachen sexueller Regungen begann er, exzessiv zu masturbieren, oft mehrmals am Tag. In seinen Phantasien spielten dabei ganz junge Mädchen eine zentrale Rolle. Bald nahm ihn seine Sexualität so in Anspruch, daß sie später neben gelegentlichen alkoholischen Ausschweifungen der einzige Freizeitinhalt blieb.

So ist es bis heute, obwohl er eine gleichaltrige Freundin besitzt. Niemand vermutet, daß er sich gelegentlich auf Spielplätzen herumtreibt, um Kinder sexuell zu mißbrauchen. Eingeschüchtert wahren sie das abscheuliche Geheimnis.

Mit seiner Volljährigkeit bewarb er sich bei der Volkspolizei als sogenannter Freiwilliger Helfer. Und weil er in der Pionierorganisation immer eine gute Figur gemacht hatte, gab es keine Bedenken. Er wurde einem Abschnitt des VP-Reviers Proskauer Straße zugeteilt.

Freiwillige Helfer der Volkspolizei und der Grenztruppen waren ehrenamtliche Hilfspolizisten mit hohem gesellschaftspolitischen Stellenwert. Nach dem Modell der sowjetischen Miliz strukturiert und von Abschnittsbevollmächtigten, kurz ABV, geführt, ausgestattet mit einem Ausweis, der ihnen eingeschränkte polizeiliche Vollmachten verlieh, äußerlich kenntlich durch eine rote Armbinde mit Polizeiemblem, nahmen sie Aufgaben des schutzpolizeilichen Streifendienstes, in Berlin vorwiegend in der sogenannten Tiefensicherung der Staatsgrenze zu Westberlin wahr, führten Verkehrsüberwachungen und -regelung und die technische Überprüfung von Kraftfahrzeugen durch, wurden in Fahndungsmaßnahmen einbezogen, durften die Hausbücher kontrollieren und Sprechstunden des ABV abhalten.

Der ABV hingegen war ein Offizier der mittleren Laufbahn, dessen polizeiliche Tätigkeit auf ein festgelegtes Territorium, den sogenannten Abschnitt, begrenzt war. Ihm oblagen alle Angelegenheiten der allgemeinen Ordnung und Sicherheit. Seine eingeschränkten strafprozessualen Kompetenzen gestatteten es ihm, Ordnungswidrigkeiten und kleine Straftaten selbständig zu bearbeiten. Er unterhielt enge Kontakte zu den Leitern der Betriebe, Geschäfte, Schulen, Organisationen und zu den ehrenamtlichen Funktionären der Wohngebiete (Sekretäre der Wohnparteiorganisationen, Vorsitzende der Wohnbezirksausschüsse der Nationalen Front). Er überprüfte die Hausbücher, wachte über vermeintlich kriminell Gefährdete und bereits Gestrauchelte, leitete die

Freiwilligen Helfer an, regelte ihre Einsätze und stand den Bürgern seines Abschnitts regelmäßig in öffentlichen Sprechstunden Rede und Antwort.

Eine solche Tätigkeit entsprach den Ambitionen Rainer Brunks. Am liebsten wäre er richtiger Polizist geworden, aber ihm fehlte die geforderte Mittlere Reife.
Mit 19 Jahren wurde er zur NVA einberufen. Unterordnung nahm er bereitwillig in Kauf. Er hielt sie für den einzigen Weg, um künftig selbst unterordnen zu können. Er erfüllte alle Normen der körperlichen Ertüchtigung, überwand mit Bravour die Hindernisse der gefürchteten Sturmbahn, war ein gestrenger Stubenältester und wurde bald Gruppenführer. Damit war er der kleine Kommandeur über neun Soldaten. Doch das kasernierte Leben zwang ihm zu große Belastungen auf. Es gab keinen abgeschiedenen, sicheren Ort, um allein zu sein und den heimlichen Phantasien freien Lauf zu lassen. Deshalb schlug er das Angebot einer Unteroffizierslaufbahn aus, die das unbeliebte kasernierte Dasein nur verlängert hätte.
Wenn er Ausgang hatte, folgte er dem absonderlichen Ehrgeiz, sämtliche Kneipen im Standortbereich kennenzulernen, auch die, deren Besuch für Militärangehörige untersagt war. In zwielichtigen Lokalen suchte er den Kontakt mit leichtlebigen, garnisonsbekannten Damen, die ihm seine ersten coitalen Erfahrungen verschafften. Dennoch trieb ihn die Gier nach sexueller Befriedigung auch manchmal auf Kinderspielplätze, um kleine Mädchen sexuell zu belästigen. Und niemand gebot seinem unheilvollen Treiben Einhalt.

Auch in der DDR ging ein Gespenst unter den Müttern um, das Gespenst des sexuellen Mißbrauchs ihrer Kinder. Es wurde genährt durch die weitgehende Tabuisierung des Problems, die mangelnde offizielle Aufklärung über Begehungsweisen und Prävention sowie die völlig unzureichenden Veröffentlichungen der Kriminalstatistik.
In den siebziger Jahren lag die durchschnittliche Belastungsziffer für Sexualdelikte in der DDR bei 19,4, wovon 11,8 auf den sexuellen Mißbrauch entfielen. In den Altbundesländern lag die Ziffer für den gleichen Zeitraum bereits bei 35,0, 24,0 entsprachen dabei dem sexuellen Mißbrauch. Obwohl die DDR damit wesentlich günstiger abschnitt, ließ die SED-Führung aus politisch-ideologi-

scher Verklemmung und falsch verstandener Wachsamkeit eine breite Aufklärungskampagne nicht zu. Das Problem wurde bestenfalls zum Gegenstand wissenschaftlicher Diskussionen.
Doch solcherart statistische Angaben sagen nichts über das tatsächliche Ausmaß der sexuellen Übergriffe aus. Nur ein Bruchteil gelangte zur Anzeige, nur ein Bruchteil dessen führte zur Anklage, nur ein Bruchteil wiederum endete mit einer Verurteilung. Polizei und Gericht befanden sich – wie auch heutzutage allenthalben in der Bundesrepublik festzustellen ist – in permanenter Beweisnot. Ein wichtiger Grund dafür liegt darin, daß in den weitaus meisten Fällen der Täter dem Opfer bekannt, wenn nicht sogar mit ihm verwandt ist, und auf der Opferseite die Verpflichtung zum Schweigen und auf der Seite des Täters der Eigennutz eine totale Sprachlosigkeit begründen, die mitunter das ganze Leben andauern kann.

Rainer Brunk konnte sich mit ziemlicher Sicherheit darauf verlassen, daß die mißbrauchten Kinder seinen Einschüchterungen folgen und schweigen. So hielt sich die Angst vor Entdeckung in Grenzen, zumal er tunlichst darauf bedacht war, sich dem Blick möglicher Zeugen zu entziehen.
Als seine Armeezeit im Sommer 1972 beendet war, meldete er sich alsbald wieder bei seinem ABV zum Helfereinsatz. Nun hatte er wieder einen höchst offiziellen Anlaß, in Parkanlagen, Hinterhöfen oder auf Spielplätzen umherzustreifen.
Manchmal jedoch verspürte er einen leichten Hauch schlechten Gewissens, Unrechtes zu tun. Doch auf absonderliche Weise rechtfertigte er sich damit, die Kinder im Grunde gern zu haben. Zwar grapsche er an ihnen herum, doch er liebkose sie ja auch und sei bemüht, ihnen keinen Schmerz zuzufügen. Außerdem wolle er sowieso damit aufhören, um künftig mit seiner Freundin Marion ohne Angst vor Entdeckung zusammenzuleben. Doch das Vorhaben, so drängend es sich in ihm auch ausbreitet, bleibt nur ein frommer Wunsch. Sein Wille ist gelähmt wie der eines Süchtigen, der sich verzweifelt aus der Umklammerung seines Übels zu befreien versucht. Die guten Vorsätze fallen schnell in sich zusammen. Um so mehr üben die kindlichen, jungen Körper und ihre zarte Haut eine überwältigende Anziehungskraft aus, der er letztlich nicht ausweichen kann.
Der leichte Gewissensbiß bleibt daher ohne nachhaltige Wirkung. Das Unterbewußtsein läßt ihn erst dann wieder für eini-

ge Zeit zur Ruhe kommen, wenn er auf seine Weise die Kinder besessen hat.
Seine Freundin Marion ahnt nicht im geringsten, von welchen heimlichen Leidenschaften er manchmal getrieben wird. Sie hält seine Zärtlichkeiten und sexuellen Wünsche für durchweg normal, ängstigt sich lediglich vor seinen unberechenbaren Jähzornsausbrüchen, die seine alkoholischen Exzesse meist begleiten.
So vergehen die Monate. Und während auf Anordnung der sozialistischen Obrigkeit weite Teile des Landes der Arbeiter und Bauern die Feierlichkeiten zum 50. Jahrestag der Gründung der ruhmreichen Sowjetunion mit neuen Initiativen im Wettbewerb und patriotischen Losungen vorbereiten, rackert der Maler Rainer Brunk tagsüber pinselschwingend und tapeteklebend für seinen Betrieb und an manchen Abenden noch dazu für sich selbst.

Es ist Mittwoch, der 20. Dezember 1972. In den frühen Abendstunden erscheint Rainer Brunk auf dem VP-Revier Proskauer Straße. Der für ihn zuständige ABV, ein gemütlich wirkender älterer Leutnant kurz vor der Altersberentung, empfängt ihn am Tresen der Wache.
„Nanu, wie kommt's denn, du bist doch für heute gar nicht eingeteilt?" fragt dieser überrascht.
„Samstag Vormittag muß ich für Weihnachten vorarbeiten, das Wochenende will ich freihalten. Deshalb komme ich lieber heute schon."
„Dann komm mal rein, Genosse Brunk, ein anderer Genosse ist bereits auf dem Abschnitt. Der müßte aber in einer halben Stunde zurück sein. Du kannst dann mit mir auf Streife gehen!"
Während der ABV irgendwelche Protokolle tippt, schaut Brunk, um die Zeit zu überbrücken, mit großem Interesse die aktuellen Fahndungsinformationen durch.
Auch ein Karton mit alten Tatortbildern aus der Sammlung des ABV ist das Ziel seiner Neugierde. Eine undefinierbare schaurig-wohlige Erregung ergreift ihn, wenn er Fotos von toten menschlichen Körpern ansieht. Sein unbewußtes Wohlbehagen beim Anblick dieser Bilder kaschiert er mit dienstlichem Eifer und kriminalistischem Interesse. Der ABV ist gern bereit, hier und da einen kurzen Kommentar zu den entsprechenden Fällen abzugeben.

Wenig später befinden sich die beiden Ordnungshüter in der Umgebung des Boxhagener Platzes auf Streifengang.
Es ist ein milder, trockener Dezemberabend, gar nicht stilvoll für die Zeit so kurz vor dem Weihnachtsfest. Die Temperaturen fallen nicht einmal nachts unter den Gefrierpunkt.
„Wieder ein Weihnachten ohne Schnee", klagt der ABV, während er eine „Gebührenpflichtige Verwarnung" – wie das „Knöllchen" zu DDR-Zeiten hieß – hinter den Scheibenwischer eines Falschparkers klemmt, „viel zu warm für diese Jahreszeit. Wenn das so weitergeht, treiben meine Rosen aus, und im März haben wir dann den schönsten Frost und alles ist hin!"
„Ich kann auf den Winter verzichten", entgegnet Brunk und denkt daran, daß die gegenwärtigen Wetterbedingungen immer noch Außenanstriche erlauben.
Der Vertreter der uniformierten Staatsmacht und sein ehrenamtlicher Helfer überqueren gemächlichen Wachtmeisterschritts den Wismarplatz. Dort überprüfen sie beide Telefonzellen, ob nicht böse Buben die Hörer abgerissen oder die Automatenkasse illegal entleert oder sogar staatsverleumderische Hetzlosungen an die Innenwände geschmiert haben.
Dann führt sie der Weg durch die Mainzer Straße, deren erdrückende Trostlosigkeit nur Armen, Alten, Aussteigern und mittellosen Kriminellen ein Zuhause bietet. Viele, vom langen Zahn der Zeit bis zur totalen Baufälligkeit abgenagte Wohnungen stehen schon seit Jahren leer. Noch ahnt niemand, daß siebzehn Jahre später gerade sie begehrte Objekte der Berliner Hausbesetzerszene und die Mainzer Straße insgesamt der erste große Kriegsschauplatz der heftigen Auseinandersetzungen zwischen der nunmehr ost-westlich vereinten Polizei und den ost-westlich vereinten Besetzern sein werden.
Am Ende dieser kurzen Straße, Ecke Frankfurter Allee, befindet sich das Etablissement „Mainzer Eck", eines der wenigen Tanzlokale in der attraktiv sein wollenden Hauptstadt der DDR, deren Polizeistunde bis ins Morgengrauen verlängert wurde. Es ist das Ziel der beiden Männer, zumindest das des ABV.
„Ich muß hier mal kurz rein", sagt er, „es geht schnell!"
Er klopft an die verschlossene Eingangstür. Ein bulliger Typ in adrettem Anzug läßt die Beiden ein: „Alles in Ordnung, Genossen, der Laden ist proppenvoll!"
Drinnen produziert ein Trio älterer Herren in roten Westen eine Art Wiener Schrammelmusik. Auf der kleinen Tanzfläche tum-

meln sich die Schmusepaare im Dämmerlicht, ausgelassen und weinselig. Auf jedem der Tische glitzern im Kerzenlicht der bunten Adventsgestecke die Sekt- und Weingläser.

„Bleib du hier!", fordert der ABV Rainer Brunk auf, „ich will nur mal sehen, ob einer unserer Pappenheimer drin sitzt."

Brunk versteht nicht, bleibt aber folgsam an der Windfangtür zurück, während sich der ABV durch das bunte Gewühl in das Lokalinnere zwängt. Der Stiernacken hat die Eingangstür wieder verschlossen und postiert sich autoritätsbewußt neben Brunk, dessen neidvoller Blick durch die Scheiben des Windfangs über die tanzende Menge streift.

Wenige Augenblicke später sieht er nicht nur den ABV zurückkommen, sondern entdeckt plötzlich inmitten der tanzenden Meute seine Freundin Marion, fröhlich albernd in den Armen eines Unbekannten. Die Wut fährt ihm in die Glieder. Und die Enttäuschung. Erst gestern beteuerte sie, in den nächsten Tagen keine Zeit für ihn zu haben. Und jetzt tanzt sie unbekümmert mit anderen.

„Dieses Luder!" flüstert er zornig und unbewußt.

Doch der ABV lenkt ihn ab: „Alles klar, wir können!" und schiebt Brunk sanft aus dem Lokal.

„Schönen Abend noch, Genossen!" heuchelt der Türbulle, ehe er den Eingang wieder verschließt.

Der ABV bemerkt Brunks plötzliche Schweigsamkeit sofort und vermutet, daß er ihm eine Erklärung schulde: „Ich habe dem Oberkellner nur eine Aufstellung der Achtundvierziger übergeben!"

Brunk sieht ihn fragend an.

„Kennst du wohl nicht?"

Brunk schüttelt den Kopf.

„Das sind unsere Kontrollpersonen", erklärt der ABV, „die beschäftigen uns noch eine Weile!" Er übergibt Brunk einen Zettel: „Hier, das sind sie!"

An einem hell erleuchteten Schaufenster überfliegt Brunk das Schriftstück mit den aufgelisteten Namen und Anschriften der unter besonderer Obhut der Polizei Stehenden. Dabei setzt der ABV seinen Kommentar fort: „Das ‚Mainzer Eck' ist tabu für diese Brüder, verstehst du! Deshalb waren wir jetzt dort. Die Kreuze an manchen Namen bedeuten, daß sie keinen Kontakt untereinander haben dürfen. Wenn du sie also mal zusammen siehst, machst du mir Meldung. Wer gegen die Auflagen verstößt, fährt wieder ein!" Jetzt versteht Brunk: Auflagenverstoß bedeutet Knast.

Nach § 48 StGB konnte das Gericht als Zusatzstrafe für eine vorsätzliche Straftat sogenannte staatliche Kontrollmaßnahmen durch die VP anordnen, die Anfang der siebziger Jahre mindestens zwei Jahre andauerten und sich über fünf Jahre erstrecken konnten (in den achtziger Jahren wurde die Mindestdauer auf ein Jahr herabgesetzt). Im Polizeijargon wurde der Betreffende kurz „48er" genannt.
Für ihn waren damit harte Auflagen verbunden: So war er zur regelmäßigen Meldung bei der VP verpflichtet. Er durfte den ihm zugewiesenen Wohn- oder Aufenthaltsort, aber auch seinen Arbeitsplatz ohne polizeiliche Genehmigung nicht verlassen bzw. wechseln. Ihm konnte untersagt werden, das Grenzgebiet zu betreten, bestimmte Gaststätten, Jahrmärkte oder andere polizeilich bedeutsame Orte zu besuchen oder Kontakt mit bestimmten Personen zu unterhalten. Jederzeit durfte die VP, ohne die ansonsten erforderliche prozeßrechtliche Anordnung, seine Aufenthalts- und Wohnräume durchsuchen. Der Willkür waren Tür und Tor geöffnet. Üblicherweise wurde der am Wohnort des Betreffenden zuständige ABV mit der „Betreuung der Kontrollperson" beauftragt.

Bis zur Beendigung des spätabendlichen Streifengangs ballen sich in Brunks Seele Eifersucht und Verärgerung über seine Freundin zu einem gefährlichen Zorn zusammen. Die Liste mit den Namen der Kontrollpersonen verwahrt er sicher in seiner Brieftasche.
Am nächsten Morgen geht Rainer Brunk ziemlich widerwillig seinem Broterwerb nach. Doch eine ausgedehnte Frühstückspause, zu der bereits reichlich Bier fließt, verkürzt das Tagwerk. Noch vor 12 Uhr mittags klebt er die letzte Tapetenbahn.
Auf dem Heimweg beschließt er, seinen Ärger in Alkohol zu ertränken, weil Marion ihm das Wochenende restlos versaut hat. Er kauft sich eine halbe Flasche „Goldbrand", ein Weinbrandverschnitt zweifelhafter Güte, und schüttet sie zu Hause in kurzer Zeit in sich hinein. Immer noch denkt er an Marion und ihr unverzeihliches Verhalten. Der plumpe Zufall, sie auf diese Weise erwischt zu haben, bestärkt seine Vermutung, daß sie ihn nicht das erste Mal getäuscht haben könnte. Der Groll gegen sie wächst.

Der Alkohol in seinem Körper zeigt schnelle Wirkung. Ein unwiderstehlicher Bewegungsdrang ergreift Macht über ihn. Unablässig schreitet er durch seine kleine Wohnung, und die Wut in ihm produziert entsetzliche Flüche.
Dann streift er seinen Anorak über und verläßt mit dem Gedanken „Nur raus hier, ich brauche frische Luft!" das Haus. Zügige Bewegung beschleunigt die Verbrennung des Alkohols im Körper. Draußen atmet er tief durch. Die kühle Dezemberluft tut ihm gut. Er zwingt sich mit forschem Schritt gegen die Macht des Körpers, ihn aus dem Gleichgewicht zu bringen.
So geht er, nur auf sich selbst konzentriert, einige Minuten. Die Enttäuschung über Marions Eskapade wühlt in seinem Inneren. Er gelangt schließlich zu einer simplen, nahezu haßerfüllten Schlußfolgerung: Die Frauen taugen nichts! Höchstens zum Bumsen! Und in dem Maße, wie sich die Aversionen gegen das erwachsene weibliche Geschlecht zusammenballen, überkommt ihn eine unbändige Lust nach sexueller Befriedigung mit einem Kind, einem Mädchen, nicht zu jung, nicht zu alt, am besten so um die zehn Jahre.
Und während ihn dieser Wunsch immer stärker in Anspruch nimmt und unmerklich die Motorik seines Körpers lenkt, wird aus dem einfachen Spaziergang die triebhafte Suche des Sexualtäters.
Nun streift sein Blick über die Menschen auf der Straße, ob sich unter ihnen ein geeignetes Kind befindet, tastet gleichzeitig vorsorglich die Fensterfronten ab, um auszuschließen, daß ihn neugierige Augen verfolgen. Nur ein einziger Gedanke lenkt ihn jetzt: die Befriedigung seiner Lust. Minutenlang hetzt ihn sein Verlangen durch die Straßen.
Da, plötzlich, in der Weichselstraße kommt ihm eine Schar Schulkinder entgegen, in kleinen Grüppchen, ferienfreudig ausgelassen, größere und kleinere, Jungen und Mädchen. Brunks Sinne sind nun hellwach. Jetzt kommt die Gelegenheit direkt auf ihn zu.
Lachend, sich neckend und schubsend ziehen die ersten Kinder vorüber, ohne ihn zu bemerken. Seine Nerven sind aufs äußerste gespannt. Er verlangsamt seinen Schritt. Drei größere Kinder kommen ihm entgegen. Er schätzt ihr Alter auf zehn bis zwölf Jahre. Emsig schleppen sie ihre viel zu schweren Schultaschen. Eines der Kinder gefällt ihm auf Anhieb. Es scheint ein Mädchen zu sein. Helle blonde Haare quellen unter seiner bunten Strick-

mütze hervor. Ein zartes Gesicht, aus dem zufriedene Kinderaugen lachen. Das ist sie!
Brunk läßt die Kinder an sich vorüberziehen. Noch hat er sein Ziel nicht erreicht, noch könnten Bedingungen eintreten, die sein Vorhaben schnöde vereiteln. Dann verfolgt er sie aus sicherer Distanz mit der festen Absicht, die nächste Gelegenheit sofort zu ergreifen.
Nur eine Straßenecke weiter verbündet sich der böse Zufall mit ihm: Am Traveplatz verabschieden sich zwei der Kinder von dem mit der bunten Strickmütze und lassen es allein weiter ziehen. Rainer Brunk nähert sich jetzt dem Kind, das arglos die Straßenseite wechselt. Hinter seinen Schläfen pocht die Erregung. Er vergewissert sich, daß die beiden anderen Kinder seinem Blick entschwunden sind. Nun packt die Bestie ihr Opfer. Scheinheilig tritt er heran: „Na, froh, daß Weihnachtsferien sind?"
Das Kind nickt wortlos. Es scheint überrascht zu sein, plötzlich angesprochen zu werden. Ein wenig argwöhnisch bemerkt es: „Ich darf nicht mit fremden Leuten sprechen!"
„Das soll man auch nicht", beruhigt Brunk das Kind im Weitergehen, „es gibt zu viele böse Menschen."
Dann setzt er fort: „Ich weiß das. Ich bin nämlich bei der Kriminalpolizei!"
Jetzt zeigt das Kind Neugierde und schaut Brunk mit großen, treuherzigen Augen an. Brunk zeigt dem Kind seinen Helferausweis und tippt mit dem Finger auf den untrüglichen Polizeistempel mit dem Stern: „Hier siehst du, da steht's!"
Das Kind liest den Text, faßt Vertrauen zu dem freundlichen Mann, der bei der Kriminalpolizei ist und fragt neugierig: „Fängst du Verbrecher?"
„Hm, natürlich", brüstet sich Brunk. Dann lenkt er ab: „Wie alt bist du denn?"
„Zwölf Jahre!"
„Bist du Thälmann-Pionier?" will Brunk wissen.
Das Kind öffnet den Reißverschluß seines Anoraks ein Stück und fingert das Ende des roten Halstuches hervor, das an der Vorderseite zu einem fast quadratischen kleinen Knoten akkurat zusammengebunden ist.
„Ich glaub's ja", bemerkt Brunk und setzt seine Fragen fort: „Wo wohnst du denn?"
„In der Jessner Straße", ist die gehorsame Antwort.

„Und ich bin aus der Scharnweber. Da sind wir ja fast Nachbarn!"
„Hast du eine Pistole?" fragt das Kind ohne Scheu.
„Na klar. Ich hab sie auf dem Revier. Willst du sie mal sehen? – Bestimmt zeige ich sie dir mal. Wir können uns ja verabreden!" Er legt wie zärtlich einen Arm um das Kind, das ihn gewähren läßt: „Du muß aber erst deine Eltern fragen, dann zeige ich dir das Revier!"
„Die erlauben das bestimmt!" ist sich das Kind sicher.
Rainer Brunk lenkt auf ein anderes Thema: „Ich hab einen Riesenberg Altpapier, ich meine alte Zeitungen und so zu Hause. Willst du sie haben? Das bringt bei SERO mindestens fünf Mark. Du mußt ja nicht nur für die Klassenkasse sammeln."
„Möchte ich schon. Dann kann ich Mutti was zu Weihnachten kaufen", antwortet das Kind zufrieden.
„Dann komm mal kurz mit hoch zu mir. Wir packen's ein und ich trage es dir nach Hause!"
Das Kind blickt Brunk unsicher an. Doch dieser räumt jedes aufkeimende Mißtrauen aus: „Dann können wir mit deinen Eltern gleich alles bereden, ich meine mit dem Revier und so!"
„Ich weiß nicht", zögert das Kind. Doch Brunk schiebt es sanft weiter: „Das dauert fünf Minuten. Ich komme auch gleich mit zu dir, Ehrenwort!"
Beruhigt folgt ihm das Kind ohne Widerstreben. An einem großen, alten Haus in der Scharnweber Straße macht Brunk Halt: „Hier ist es!"
Und bevor die Beiden hineingehen, versichert er sich, daß ihn niemand beobachtet hat. Und keiner der Nachbarn bemerkt, daß Brunk mit dem Kind in seiner Wohnung verschwindet.
„Setz dich solange in die Stube, ich muß erst 'nen Strick holen zum Zusammenbinden!" fordert er sein Opfer auf, das mit der Behutsamkeit eines scheuen Wildes das fremde Revier betritt: Eine einfach eingerichtete, saubere, durchaus Vertrauen erweckende Wohnstube. Von der Couch lächelt ihm ein Kuscheläffchen entgegen. Brunk kramt unterdessen auf dem Korridor in einem Schrank herum. Das Kind legt die Schultasche ab und nimmt die Mütze vom Kopf. Jetzt erst werden die schulterlangen blonden Haare vollständig sichtbar: Es trägt eine moderne Jungenfrisur. Rainer Brunk vermutet, daß es nicht, wie er anfänglich annahm, ein Mädchen, sondern vielmehr ein Junge sei.
Brunk kommt mit einem Strick in die Stube. Blitzschnell ist er

Wohnhaus des Freiwilligen VP-Helfers B. in der Scharnweberstraße.

bei dem Kind und drückt es unsanft in den Sessel: „Setz dich, hab ich gesagt!" Seine Stimme klingt scharf.
Das Kind will aufstehen, ist den Tränen nahe und sich plötzlich

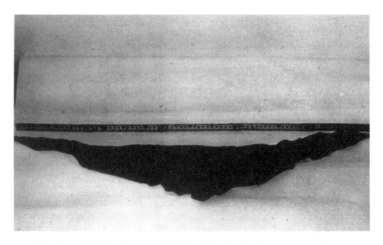

Das durch B. als Knebel verwendete Pionierhalstuch des Schülers H. W.

des drohenden Unheils bewußt. Es fleht: „Ich will nach Hause!"
Doch der Versuch scheitert. Brunk drückt es mit aller Kraft in
den Sessel. Dann kniet er sich auf die Schenkel des Kindes, fesselt dessen Hände. Wie versteinert läßt es dies über sich ergehen. Als Brunk die Fesselung fester zieht, schreit sein Opfer vor
Schmerz auf. Dieser Schrei vertreibt die Starre: Das Kind versucht verzweifelt, sich zu wehren, strampelt, bäumt sich wild
auf. Das bringt Brunk noch mehr in Rage. Der Widerstand des
Opfers bleibt nur eine kurze, hilflose Reaktion. Brunk bindet
ihm das Pionierhalstuch ab und stopft es ihm tief in den Rachen.
Jetzt ist er aufs höchste erregt. Er wirft das Kind zu Boden, legt
sich mit der ganzen Wucht seines Körpers darauf. Er öffnet wie
von Sinnen die Hose seines Opfers und ergreift mit einer Hand
das Genitale des Kindes. Nun ist er sich ganz sicher, daß dies
ein Junge ist. Mit der anderen Hand manipuliert er an sich selbst,
bis sich das feuchte Resultat in seine Hose ergießt. Nach kurzem Stöhnen ist er wieder ganz bei sich.
Er schaut in die entsetzten Augen des Jungen, die voller Todesangst sind. Noch auf ihm liegend, kommt ihm die eiskalte Überlegung, den Jungen umzubringen, da er ihn verraten könnte. Er
ergreift ein auf dem Sofatisch liegendes Handtuch, bedeckt damit den Kopf des Jungen, um sich dem angstgequälten Blick zu
entziehen und umfaßt mit ungezähmter Kraft den zarten Hals.
Dann krallen sich seine Hände zusammen. Das Handtuch verrutscht. Brunk erblickt das Gesicht des Todgeweihten, das blau

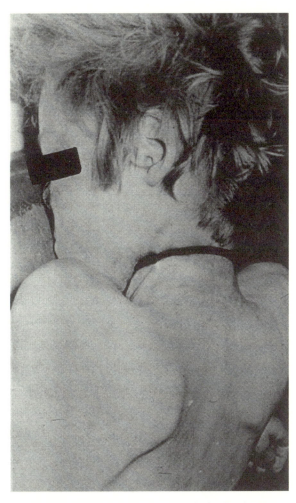
Die als Sicherheitsdrosselung um den Hals des bereits getöteten Schülers verknotete Schnur.

anläuft. Blut rinnt dem Jungen aus der Nase. Ihm scheint es, als würden die Augäpfel des Jungen ein Stück weit aus ihren Höhlen treten. Der Knebel im Rachen unterdrückt jeden vernehmbaren Laut. Nur ein erbärmliches Schniefen ist zu vernehmen. Einige Minuten noch zeigt der Körper des Jungen Lebenszeichen. Doch bald gehen die heftigen Bewegungen in ein immer schwächer werdendes Zucken über, bis auch das erlischt. Der Junge mit der bunten Strickmütze ist tot. Trotzdem, und um

B. hatte die in der Mülltonne versteckte Leiche des Schülers H. W. mit Textilien vollständig abgedeckt.

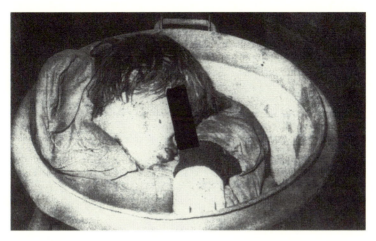
Das Opfer nach vollständiger Entfernung der abdeckenden Textilien.

ganz sicher zu gehen, verknotet Brunk zusätzlich eine Schnur fest um den Hals des Leichnams.

Nun ist es still geworden in der Wohnung des Freiwilligen Helfers Rainer Brunk. Er raucht eine Zigarette nach der anderen, um besser überlegen zu können, wie er sich weiter verhalten soll. Bald hat er die Lösung parat: Er schiebt den toten Körper in einen leeren Kartoffelsack, wartet die frühe Dunkelheit des vorweihnachtlichen Abends ab und schleppt den Sack unbemerkt einige Häuser weiter, um ihn, abgedeckt mit unbrauchbaren Textilien, in einer Mülltonne verschwinden zu lassen. Ohne weiteres Interesse am Inhalt der Schultasche versteckt er diese an einer anderen Stelle unter allerlei Gerümpel.

Mit Vollendung seines schauderhaften Werks ist auch seine seelische Gefaßtheit zurückgekehrt. Ruhig und beherrscht, ja sogar heiter, meldet er sich am gleichen Abend auf dem VP-Revier zum Helferdienst.

Noch in den späten Abendstunden erfährt er auf der Wache, daß eine besorgte Mutter aus der Gegend eine Vermißtenanzeige aufgegeben hat, weil ihr 12jähriger Sohn Heiko Wimmer nach Schulschluß nicht heimgekommen sei.

Am vermeintlichen Schicksal des Jungen heuchelt er reges Interesse. Deshalb erscheint er am Freitag, dem 22. Dezember, also am Tag nach der Tat, wiederum mehrmals auf dem Revier, um sich nach dem Stand der Ermittlungen zu erkundigen.

Mauerdurchbruch in einem Nebengrundstück, hinter dem B. den Schulranzen des Opfers versteckte.

Am 23. Dezember entdeckt eine Hausbewohnerin den grausigen Inhalt in einer Mülltonne ihres Wohnhauses. Die Kriminalisten der Berliner MUK leiten unverzüglich alle erforderlichen Maßnahmen ein. Zweifellos ist die Leiche mit dem vermißt gemeldeten Heiko Wimmer identisch. Die Fundortbedingungen und die Todesursache „Erwürgen" begründen den dringenden Verbrechensverdacht.

Bereits nach wenigen Stunden stoßen die Kriminalisten auf die

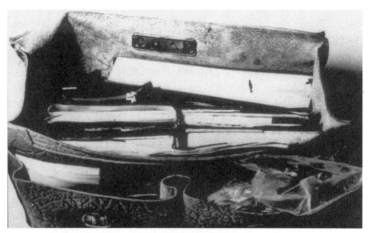

Der nach den Angaben des Täters gefundene Schulranzen mit vollständigem Inhalt.

beiden Schulkameraden, die sich am Traveplatz von ihm getrennt hatten. Sie hingegen hatten beobachtet, wie Heiko von einem Fremden angesprochen wurde, der ihn in ein Wohnhaus in der Scharnweberstraße führte. Diesen Unbekannten können sie so ausführlich beschreiben, daß Brunks Namhaftmachung nur einen Tag in Anspruch nimmt.

Am 24. Dezember 1972 wird Rainer Brunk verhaftet. Er bekennt sich sofort zu dem scheußlichen Verbrechen. An seiner Hose haften eingetrocknete Wischspuren vom Blut des Opfers. Er hatte sie beim Verpacken der Leiche unbemerkt aufgenommen.

Nach seinen Angaben wird wenig später auch die versteckte Schultasche des ermordeten Kindes gefunden.

Der Psychiater bescheinigt Rainer Brunk eine psychische Fehlentwicklung mit neurotischer Verwahrlosung in der Kindheit. Er sei ein charakterlicher Weichling mit Hang zum Lamentieren, aber mit einer normalen Intelligenz ausgestattet. Hinweise auf eine verminderte Zurechnungsfähigkeit findet er nicht. Brunks strafrechtliche Verantwortlichkeit ist nicht gemindert.

Der Strafsenat 2 a des Berliner Stadtgerichts schließt sich dem Antrag des Staatsanwalts an und verfügt lebenslänglichen Freiheitsentzug.

Geheimnis in grüner Tapete

(Aktenzeichen I B 81/66 Generalstaatsanwalt von Groß-Berlin, Tagebuchnummer der VP-Inspektion Berlin-Mitte K 2401/66)

In den frühen Morgenstunden des 28. Juni 1966 sitzen unweit der Ortschaft Schönwalde im Kreis Nauen zwei Petrijünger am Ufer des Havelkanals und warten geduldig auf den großen Fang. Doch auch nach stundenlangem Ausharren will ihnen das ersehnte Anglerglück nicht hold sein. So fassen die Männer den Entschluß, ihre Angeln einzuholen, um sie stromabwärts an einer vielleicht fischreicheren Stelle des Kanals erneut auszuwerfen. Doch dazu müssen sie sich mit einiger Mühe durch das Uferdickicht und die mannshohen Brennesseln quälen, bis sie eine kleine lichte Uferstelle erreichen. Dort machen die Angler eine ungewöhnliche Entdeckung: Etwa zwei Meter vom Ufer entfernt schwimmt, wie ein auf Beute lauernder Alligator, dicht unter der Wasseroberfläche ein schmutzig-dunkles, unförmiges Paket, das ihre Neugier weckt. Gespannt bugsieren sie den Fund an den Uferrand. Er entpuppt sich als ein anderthalb Meter großer metallener Waschzuber, weit über den Rand mit Textilien abgedeckt und mit verschiedenartigen, längs zwischen den Handgriffen verlaufenden Stricken fest verschnürt.
„Wenn der aus Zink ist, bringt er beim Altstoffhandel mindestens dreißig Mark ein", vermutet der eine Angler.
Doch die nähere Untersuchung des Fundes löst pures Entsetzen aus, denn bereits durch das Entfernen des ersten Teils der schmutzigen Textilien wird ein bleiches, monströs aufgedunsenes menschliches Antlitz freigelegt.
Flugs verlassen die beiden Petrijünger den Ort ihres makabren Fundes, laufen quer über die Felder am sogenannten Teufelsbruch entlang bis nach Schönwalde. Dort gelingt es ihnen erst nach einigen vergeblichen Versuchen, einen Anwohner zu finden, der nicht nur die Bereitschaft zeigt, ihre sonderbare Ge-

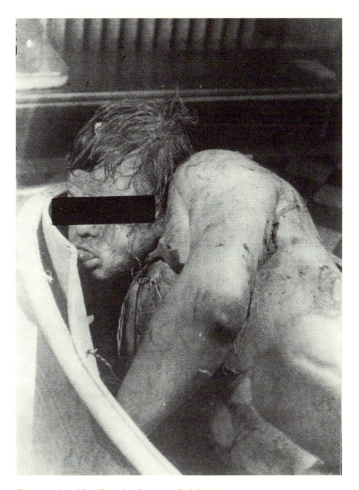

Der aus dem Havelkanal geborgene Leichnam.

schichte anzuhören, sondern der vor allem über das Privileg eines Telefonanschlusses verfügt, um die Volkspolizei verständigen zu können.

Leutnant der K Heinold von der MUK Potsdam beaufsichtigt eine reichliche Stunde später die Bergung des Waschzubers. Er prüft durch vorsichtiges Anheben der abdeckenden Textilien seinen Inhalt. Es ist schnell klar, in der Wanne befindet sich eine menschliche, in Fäulnis übergegangene Leiche. Bereits die oberflächliche Inspektion des Kopfes, der im Hinterhauptsbe-

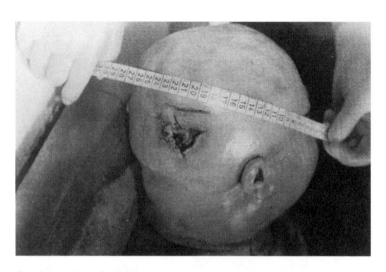

Deutlich sichtbare Schädelverletzung.

reich schwere mechanische Gewalteinwirkungen vermuten läßt, begründet neben der Tatsache der ungewöhnlichen, vor allem aber illegitimen Bestattungsart die Annahme eines Tötungsverbrechens.

Der tote Körper könnte der eines Erwachsenen sein. Er ist vermutlich in die Wanne regelrecht hineingezwängt worden, liegt darin zusammengekrümmt wie in einem viel zu engen Höckergrab.

Heinold kann auf Grund der fäulnisbedingten Veränderungen aber nicht ausmachen, ob es sich um einen männlichen oder weiblichen Körper handelt, obwohl der Leichnam unbekleidet zu sein scheint. Weitere Bemühungen um die Klärung dieser Frage unterläßt er. Es gilt, den Leichnam so schnell wie möglich in die sichere und kühle Atmosphäre eines Sektionssaales zu schaffen. Die warme Witterung zwingt zur Eile, denn mit erstaunlicher Rasanz schreitet der Fäulnisprozeß an der Leiche voran. Angelockt durch den widerlichen Verwesungsgeruch ist bereits eine Invasion von Insekten über das sich zersetzende Gewebe hergefallen.

Die spurenkundliche Untersuchung des Fundes aus dem Havelkanal führt nur zu spärlichen Ergebnissen. Die verzinkte Haushalts-Waschwanne mit Abflußstutzen trägt einen dreieckigen Stempelaufdruck „Güteklasse 1, 14/2961", der damit

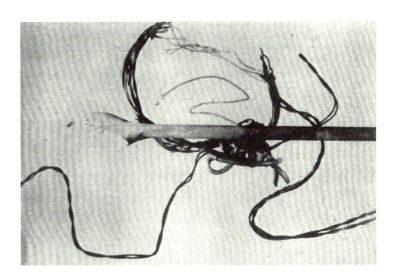
Drosselwerkzeug, das sich um den Hals des Erschlagenen befand.

ihre einheimische Herkunft offenbart. Der in der Wanne befindliche unbekleidete Leichnam ist mit einem zerschlissenen Postsack abgedeckt. Um ein Verrutschen der Abdeckung zu verhindern, wurden die beiden Handgriffe der Wanne in mehrfachen Lagen mit Stücken einer zusammengeknüpften Wäscheleine straff verbunden.

Bei dem Leichnam handelt es sich um den eines 74 kg schweren Mannes im Alter von 20 bis 30 Jahren mit mittelblonden Haaren und einer Körpergröße von 173 cm. Die am Hinterhaupt des Toten festgestellten schweren mechanischen Einwirkungen, vermutlich durch ein Hiebwerkzeug, sind zu Lebzeiten entstanden und haben letztlich den Tod herbeigeführt. Zusätzlich wurden – vermutlich im Sinne einer sogenannten Sicherheitsdrosselung – mehrere Touren einer aus verschiedenartigen Stücken zusammengesetzten Paketschnur straff um den Hals geführt und in Höhe des Kehlkopfs verknotet. Die Todeszeit wird auf mehrere Wochen geschätzt.

Als einziges besonderes Kennzeichen verfügt der Tote über die Narbe einer Jahre zurückliegenden Blinddarmoperation. Routinemäßig wird eine Blutgruppenbestimmung vorgenommen.

Die Kopfverletzungen und fortgeschrittenen Verwesungserscheinungen lassen eine Rekonstruktion der lebensechten Physiognomie des Toten durch eine sogenannte Leichentoilette nicht zu, einem ansonsten üblichen Verfahren, mittels kosmetischer und plastischer Veränderungen die Lebensähnlichkeit des Gesichts wiederherzustellen.

Leutnant Heinold ist verwundert, daß die in den Havelkanal versenkte Leiche des Mannes mit dem beachtlichen Gewicht von 74 kg nach einiger Zeit wieder aufgetaucht sein muß. Doch dafür gibt es keine kriminalistische Regel, zu vielfältig sind die auf eine Wasserleiche einwirkenden Bedingungen. Einerseits kann es vorkommen, daß unbeschwerte Leichen niemals wieder auftauchen, andererseits wurden Fälle bekannt, wonach selbst erhebliche Gewichte nicht in der Lage waren, die fäulnisgeblähten Körper am Auftauchen zu hindern.
Auch nach der Obduktion verfügt Heinold nur über ein geringfügiges Ausgangsmaterial für seine Ermittlungen. Die Ergreifung des unbekannten Täters setzt zunächst die Identifizierung des Toten voraus. Doch die Überprüfung der Vermißtenanzeigen im Bezirk verläuft ergebnislos.
Nun wird es unumgänglich, an die Öffentlichkeit zu treten. Bereits am Freitag, dem 1. Juli 1966, erscheint deshalb in der Potsdamer Bezirkszeitung „Märkische Volksstimme" eine Pressenotiz über den unbekannten Toten, in der die Bevölkerung zur Mitarbeit aufgerufen wird. Zeitgleich appelliert die „Berliner Zeitung" an ihre Leser, bei der Identifizierung des unbekannten Toten mitzuhelfen und veröffentlicht ein Foto der verzinkten Waschwanne.
Während die Reaktionen auf die Presseinformation in Potsdam bei Leutnant Heinold zu keinem brauchbaren Hinweis führt, sieht die Lage in Berlin günstiger aus. Bei der Kriminalpolizei der VP-Inspektion Mitte in der Keibelstraße erscheint am Tage der Veröffentlichung ein offensichtlich geistig behinderter junger Mann und stammelt, heftig gestikulierend, undeutliche Sätze. Aber die wenigen, ungeordneten Wortfetzen, die der ihn befragende Kriminalist entschlüsselt, scheinen sich auf die Abbildung der Waschwanne in der „Berliner Zeitung" zu beziehen. Deshalb wird er ernst genommen und ausführlich exploriert. Im Ergebnis der mühevollen Vernehmung scheint ein erster wichtiger Hinweis zur Herkunft der Wanne vorzuliegen, dessen Überprüfung keinen Aufwand erfordert.
Reduziert man das Kauderwelsch des Mannes auf seinen sachlichen Kern, dann muß er in der Brunnenstraße 154 im Stadt-

Verzinkte Waschwanne, in der der Leichnam verstaut war.

bezirk Mitte wohnen. Hinter dieser Hausnummer verbirgt sich eine Mietskaserne mit einem alten Kintopp im Vorderhaus, Quer- und Seitengebäude und düsterem Hof. Die Hausbewohner verfügen im Dachgeschoß über eine Waschküche, zu deren Inventar auch eine Zinkwanne gehöre, die dort gewöhnlich auf einem T-förmigen Holzbock stehe. Da sie eine verblüffende Ähnlichkeit mit dem Bild in der Zeitung besitze, habe der junge Mann gleich nachgesehen und festgestellt, daß nur noch der Holzbock da sei. Die Wanne ist seit geraumer Zeit verschwunden und niemand könne sagen, wo sie geblieben ist.
Unverzüglich überprüfen Kriminalisten der VP-Inspektion Mitte diesen Hinweis. Dabei stellt sich heraus, daß anhand des Zeitungsbildes auch andere Mieter das hausgemeinschaftliche Utensil aus der Waschküche wiedererkennen. Die Identifizierung der Wanne scheint den Weg zu weiteren wichtigen Spuren zu weisen, denn der Tote oder der Täter müssen irgendwie mit diesem Wohnhaus in Beziehung stehen.
Deshalb werden alle Mieter sorgfältig auf einer Liste erfaßt. Dabei fällt ein merkwürdiger Umstand auf: Die 26jährige Mieterin Sybille Bolke, Verkäuferin in einer Filiale der HO „Fleisch- und Wurstwaren", hatte am 23.06.1966 auf dem nur einen Steinwurf von ihrem Wohnhaus entfernten VP-Revier 14 eine Vermißtenanzeige erstattet. Danach habe sie ihr Ehemann, der gleichaltrige Lutz Bolke, nach Monate andauernden, in sei-

ner Trunksucht begründeten, ehelichen Auseinandersetzungen verlassen. Seit dem 19. Juni 1966 sei er nicht mehr nach Hause zurückgekehrt. Sie hege den Verdacht, daß er sein bereits länger geplantes Vorhaben, das sozialistische Vaterland auf illegalem Wege zu verlassen, nunmehr realisiert hat. Eigentlich warte sie nur noch auf eine Nachricht von ihm, wohlbehalten im Westen angekommen zu sein.

Es mag verwundern, daß im Rahmen der Berichte über eine kleine Auswahl gewöhnlicher Morde aus der DDR wiederholt auf Fälle zurückgegriffen wird, in denen versucht wurde, zur Tatverschleierung einen – um es strafrechtlich korrekt zu formulieren – „ungesetzlichen Grenzübertritt" nach § 213 StGB vorzutäuschen. Es gehörte zum allgemeinen Erfahrungsschatz der Bürger, zu wissen, daß die Sicheitsorgane auf dieses „Delikt" sehr empfindlich reagierten. Das hatte auch Einfluß auf die Veränderung der Verschleierungstechniken bei Tötungsdelikten. So konnte das Verschwinden eines erwachsenen Menschen viel überzeugender begründet werden, als durch andere Kaschierungen. Für nahezu die Hälfte der verschleierten Tötungsdelikte dieser Zeit traf in der DDR diese Begehungsweise zu.

Hätte man vor einigen Tagen nicht die Leiche eines Unbekannten aus dem Havelkanal geborgen, wäre die Wahrscheinlichkeit, den Angaben dieser Vermißtenanzeige Glauben zu schenken, um ein Vielfaches größer gewesen. So aber übergibt die VP-Inspektion Mitte ihre Ermittlungsergebnisse am gleichen Tage der MUK im VP-Präsidium am Alexanderplatz.
Verantwortlich für die Weiterbearbeitung des Falles in der MUK ist Leutnant Dietmar Lorenz, ein schlanker, wendiger junger Mann von 32 Jahren mit umstrittenem Image. Einerseits provoziert er seine proletarischen Vorgesetzten mit den vermeintlichen Eitelkeiten eines Bourgeois, trägt gern weiße Hemden mit auffälligen Krawatten, schnittige Anzüge mit farblich abgestimmten Kavalierstüchlein, führt häufig einen Stockschirm mit sich und vermeidet, so gut es geht, das Tragen des Parteiabzeichens. Andererseits sichern ihm seine analytischen und psychologischen Fähigkeiten und die exzellente Kenntnis der spurenkundlichen Fachliteratur in der kriminalistischen Untersuchungstätigkeit eine ungeteilte Autorität.
Die Angaben der Frau Bolke zur Personenbeschreibung ihres

Das Haus Brunnenstraße 154, in dem das Ehepaar B. wohnte.

Ehemanns überzeugen Leutnant Lorenz, daß der unbekannte Tote aus dem Havelkanal mit dem Vermißten identisch ist.
Lorenz hält von Beginn an Frau Bolke für den Mörder ihres Gatten. Er erweitert den Tatverdacht sofort, als bekannt wird, daß ihr Geliebter Günter Linke, ein Freund des Vermißten, nicht nur als Kraftfahrer beim Magistrat von Groß-Berlin mit einem schnittigen Wartburg 312 hohe Tiere kutschiert, sondern seit geraumer Zeit auch bei ihr wohnt.
Seine grauen Zellen arbeiten unaufhörlich, Indizien für seinen Verdacht zu finden. Fragen werfen sich auf: Wie war es ihr möglich, die Leiche mehr als 80 km entfernt, Westberlin umfahrend, bis zum Havelkanal zu transportieren? Hat sie mit ihrem Liebhaber die Tat gemeinsam durchgeführt? Wurde das Dienstfahrzeug zum Transport des Toten benutzt? Könnte der Tatort mit der Wohnung in der Brunnenstraße identisch sein?
Doch Lorenz weiß, daß alles Denken so nicht weiterhilft. Jetzt muß gehandelt werden. Er veranlaßt die vorläufige Festnahme der beiden Verdächtigen. Doch ihre erste Vernehmung bringt ihn nicht weiter. Alle psychologischen Überredungskünste nützen nichts. Weder Frau Bolke noch ihr Freund Linke äußern sich zu den schwerwiegenden Vorwürfen. Verstockt schweigen sie auf jede Frage. Selbst die Tatsache, daß die Leiche von Lutz Bolke mit einer Waschwanne aus ihrem Hause transportiert wurde, läßt sie äußerlich unberührt. Beide reagieren, wie of-

fenbar vorher abgesprochen, lediglich mit einer einzigen, sich immer wiederholenden Antwort: „Ich sage gar nichts dazu, das müssen Sie mir erst beweisen!"
Lorenz läßt die sinnlose Vernehmung bald abbrechen. Er kommt zu dem Schluß, eine Aussagebereitschaft der Beschuldigten nur durch das Vorhalten beweiskräftiger Fakten erreichen zu können. Mit dem Kriminaltechniker der MUK, Leutnant Trautmann, der mit ähnlichen kleinen Eitelkeiten behaftet und ebenso alt wie Lorenz ist, fährt er zur Wohnung der Frau Bolke in der Brunnenstraße 154, die seit ihrer Festnahme polizeilich versiegelt ist. Eine intensive Vorahnung, dort auf den eigentlichen Tatort und entsprechende Spuren zu stoßen, veranlaßt ihn zu diesem Schritt.
Die Brunnenstraße widerspiegelt auf eigene Weise das deutsche Schicksal. Ursprünglich führte sie vom Rosenthaler Platz bis zum S-Bahnhof Gesundbrunnen. Seit dem 13. August 1961 teilt sie die Mauer in nahezu zwei gleichlange Straßenzüge. Jetzt endet sie im Grenzgebiet mit der Hausnummer 50. Rückwärtig zum Rosenthaler Platz beginnt sie nun mit der Hausnummer 138. Jeder Straßenzug ist das Symbol des Endes einer jeweilig anderen Welt. Längst quietscht dort keine Straßenbahn mehr in den ausgefahrenen Schienen, die ebenso langsam verrotten wie die Wohnhäuser. Nur die Buslinie 78, die am Arkonaplatz endet, verbindet die triste Gegend mit dem Stadtkern. So bleibt es bis zum Untergang der DDR.
Die Männer betreten eine bescheiden eingerichtete, ziemlich heruntergewohnte, renovierungsbedürftige kleine Wohnung, lassen ihren geschulten, kritischen Blick umherschweifen, ohne den Korridor zu verlassen und die Räume zu betreten. Trautmann hat bereits die Kamera in den Händen und macht einige Übersichtsaufnahmen, während Lorenz erste Notizen für den Tatortbefundsbericht fertigt.
Offensichtliche Spuren, die auf ein Tötungsdelikt hindeuten könnten, werden nicht entdeckt: kein eingetrocknetes Blut, keine mechanischen Beschädigungen an den Möbeln, die vielleicht auf einen Kampf hinweisen könnten, keine möglichen Tatwerkzeuge.
Dann beginnt die Suche nach latenten Spuren. Mit Lupe, Schräglichtleuchten, Fehenhaarpinseln und den entsprechenden Einstäubepulvern bewaffnet, nehmen sich die Kriminalisten zunächst die Küche vor. Möbel, Türen, Fußboden, herumste-

Blick in die Wohnstube des Ehepaars B.

hendes Geschirr, Schüsseln und Eimer, aber auch das Ölpaneel werden sorgfältig untersucht. Diverse Fingerabdruckspuren werden entdeckt und vorsichtig auf Folien abgezogen. Mit einer Quarzlampe sucht Trautmann schließlich nach biologischen Spuren und verwendet dazu verschiedene Reagenzien, deren positive Reaktion eine weitere Untersuchung im Labor begründet.
Nach etwa zwei Stunden ist die Untersuchung der Küche abgeschlossen. Nun wenden sich die Männer der kleinen Wohnstube zu. Es riecht hier nach frischer Ölfarbe. Gardinen hängen vor den beiden Fenstern, dazwischen steht auf einer kleinen Kommode ein Fernseher. Ansonsten gehört zum Inventar dieser Stube eine Liege, ein Schrank und ein Blumentischchen. Die Tapete an den Wänden, hellgrün, mit Strichmuster, wirkt keineswegs mehr neu, doch die sauberen, dunkelbraunen Fußbodendielen glänzen auffallend. Vermutlich sind sie in letzter Zeit frisch gestrichen worden. Dieser merkwürdige Umstand macht die beiden Kriminalisten stutzig. Aber noch eine weitere Besonderheit fällt ihnen auf: Verschiedene Stellen der hellgrünen, etwas ausgeblichenen Tapete sind mit den farbfrischen Stücken gleicher Sorte überklebt worden.
Die Spurensuche in der Wohnstube endet erst in den Nachtstunden. Das Resultat ist verblüffend: Hinter den Scheuerleisten, in den Dielenritzen, unter dem frischen Fußbodenanstrich und hinter den aufgeklebten frischen Tapetenflicken werden un-

zählige eingetrocknete Blutstropfen gesichert. Schließlich kann aus den Blutspritzern hinter der hellgrünen Tapete sogar ein charakteristisches Muster bestimmt werden, wie es entsteht, wenn ein Tatwerkzeug wiederholt auf eine blutende Wunde trifft. Für die Rekonstruktion des Tathergangs ist das von großer Bedeutung. Lorenz kann aus dieser Spurenlage schließen, daß Lutz Bolke in der Wohnstube erschlagen worden ist. Wenn nun auch der Blutgruppenvergleich zwischen den Spuren aus der Wohnstube und dem Blut des getöteten Lutz Bolke positiv ausfällt, ist der Tatort hinreichend bewiesen.

Blut ist neben dem Fingerabdruck die wohl wichtigste Spur in der Kriminalistik, insbesondere bei der Untersuchung von Delikten gegen Leib und Leben. Der Schriftsteller Andersen Nexö formulierte scharfsinnig in seinen „Erinnerungen" die Rolle des Bluts: „... Blut ist doch was ganz Merkwürdiges. Man mag es ungern fließen sehen, und dabei ist es schuld an allen Dummheiten auf der Welt."
Auch Goethe läßt bereits wissen, daß Blut ein „besonderer Saft" ist. Weniger literarisch ausgedrückt ist es das flüssige Gewebe aller höher entwickelten Spezies. Neben seiner Funktion als Transportorgan besitzt es nicht nur wichtige Eigenschaften des Schutzes vor Krankheitserregern und deren Produkten. Aus der Blutzusammensetzung lassen sich auch sichere Schlüsse auf physiologische und pathologische Veränderungen des Körpers ziehen. Die Blutuntersuchung zählt heute mit zu den effektiven Diagnoseverfahren in der Medizin. Die Blutbestandteile (Serum, Blutzellen) sind – neben anderen biologischen Spuren – von überragender kriminalistischer Bedeutung, weil sie eine Vielfalt individueller und Gruppenmerkmale besitzen, die eine sichere Identifikation gewährleisten. Die Erkenntnisse über das Blut, vor allem die Entdeckung der Blut- und Serumgruppen und der verschiedenen Nachweisverfahren, haben die Kriminalistik des 20. Jahrhunderts regelrecht revolutioniert.
Bekanntlich herrschen bei vorsätzlichen Tötungen die mechanischen Einwirkungen auf den Körper des Opfers vor. Sie haben zwingend die Verursachung von Blutspuren zur Folge. Aus ihnen lassen sich, neben dem Nachweis des Geschlechts, der Blutgruppenformel und des sogenannten genetischen Fingerabdrucks, häufig auch Rückschlüsse auf den Tathergang, die benutzten Werkzeuge und andere wichtige Umstände, wie die Anwesenheit

einer bestimmten Person, alkoholische oder medikamentöse Beeinflussung der Beteiligten, ziehen. Ihre Untersuchung obliegt den Spezialisten in den Polizeilabors oder den Instituten für Rechtsmedizin.

Ein unbestrittener Vorzug der modernen Kriminalistik besteht vor allem darin, daß bereits eine höchst geringe Substanzmenge (mitunter nur eine einzige Körperzelle) ausreicht, um zu beweiserheblichen Aussagen zu gelangen. Vorproben und Nachweisverfahren reagieren mitunter so empfindlich, daß der Laie seine Ehrfurcht kaum zurückzuhalten vermag. So stelle man sich vor, daß in ein Gefäß, gefüllt mit etwa acht Eimern Wasser, ein Blutstropfen gelangt. Das entspricht einer Verdünnung in homöopathischen Größenordnungen. Bereits eine simple Vorprobe, deren Aufgabe lediglich darin besteht, zu klären, ob der Verdacht von Blutvorkommen aufrecht erhalten werden kann, zeigt bereits eine positive Reaktion.

Man kann sich daher leicht vor Augen halten, welcher Mühe es bedarf, um eine Blutspur so zu beseitigen, daß ein Nachweis unmöglich wird.

Viele Täter unterschätzen diese Tatsache und beschränken sich auf eine nur oberflächliche Beseitigung. Dem Kriminalisten obliegt bei der Tatortuntersuchung eines Tötungsdelikts die Aufgabe, das Vorhandensein von Blutspuren in seine Überlegungen auch dann einzuschließen, wenn sie augenscheinlich nicht erkennbar sind.

Als Leutnant Lorenz am nächsten Tag ein Gutachten in den Händen hält, das die Identität der Blutgruppe des ermordeten Lutz Bolke mit den Spuren aus der Wohnstube bestätigt, ist er mit dem Ermittlungsergebnis sichtlich zufrieden. Nun kann er die Überprüfung des Fahrtenbuchs des beschuldigten Kraftfahrers Günter Linke vornehmen. Immerhin müßte daraus für die fragliche Zeit eine Differenz von etwa 160 km nachzuweisen sein. Doch die Eintragungen sind lückenlos, und sämtliche Fahrten wurden durch seinen Chef unterschriftlich bestätigt. Es bedarf einer zeugenschaftlichen Vernehmung des Vorgesetzten von Günter Linke, um herauszufinden, wie unkritisch und leger die Fahrtenbestätigung erfolgte. Seine Aussage, alles unterschrieben zu haben, was ihm vorgelegt wurde, erlaubt den Schluß, daß Linke die 160-Kilometer-Differenz ohne Schwierigkeiten mit anderen Fahrten „verrechnen" konnte.

Lorenz plant die Vernehmung der beiden Beschuldigten mit der

ihm eigenen Gewissenhaftigkeit. Zunächst läßt er Sybille Bolke vorführen. Eine Zeit lang sitzt dieses schwächlich wirkende Persönchen mit dem dunklen, schulterlangen Haar teilnahmslos auf einem Stuhl in gehöriger Distanz zum Schreibtisch von Lorenz. Dieser konzentriert sich nur auf Fragen zu ihrer Kindheit, ihrem Aufenthalt im Kinderheim, zum ständigen Streit mit dem Stiefvater und zur Lehrzeit als Fleischverkäuferin. Bereitwillig, zunächst leise, fast flüsternd, dann immer emotionsgeladener, spricht sie über ihre schwere Kindheit und die Situation in der total zerrütteten Ehe mit Lutz Bolke. Sie schildert Episoden aus dem unerträglichen Zusammenleben mit ihrem Gatten, der das mühsam verdiente Geld vertrank, sie grundlos prügelte und oftmals zum Geschlechtsverkehr zwang.
„Meine Ehe war ein großer Scheißhaufen. Sechs Kinder hat er mir gemacht. Aber mal im Haushalt helfen, nein, das war wohl nichts, nicht einen Finger hat der Herr gerührt. Ich hatte immer große Angst, erneut schwanger zu werden. Deshalb habe ich ihn freiwillig nicht mehr an mich herangelassen. Im Suff hat er mich geschlagen, dann hat er sich genommen, was er wollte! ... Ich habe ihn gehaßt!"
„Wo sind denn Ihre Kinder gegenwärtig? Wir haben in Ihrer Wohnung doch nur zwei Kinderbetten vorgefunden", fragt Lorenz.
„Die zwei ältesten leben bei mir, sie sind jetzt bei meiner Mutter in Spindlersfeld, das jüngste ist nach der Geburt gestorben, die anderen leben im Heim." Sie blickt Lorenz an, dann, als müßte sie sich vor ihm rechtfertigen, ergänzt sie: „Es war eben alles zu viel für mich."
Lorenz will immer mehr wissen, dringt immer tiefer in Details des Ehelebens vor. Unmerklich lenkt er gleichzeitig das Gespräch auf die Tat und ihre Umstände. Die Fragen formuliert er vorsichtig und freundlich, ohne den Hauch eines Vorwurfs. Immer noch rechnet er damit, daß Frau Bolke wieder in die alte Verstocktheit zurückfällt und weitere Aussagen verweigert. Doch sie will reden.
Den Plan, Lutz Bolke zu liquidieren, habe sie sich mit ihrem Freund Günter Linke schon vor einigen Wochen ausgedacht, vor allem, wie er nach der Tötung beseitigt werden könnte. Linke wollte ihn erschlagen und dann weggschaffen, sie sollte ihm dabei helfen. Am Montag, dem 13. Juni 1966, waren alle drei zum Baden an den Müggelsee gefahren. Da sollte es ei-

gentlich schon passieren. Linke hatte heimlich einen Hammer mitgeführt. Doch als er ihn hervorholte, um ihn dem vor ihm laufenden Bolke von hinten auf den Kopf zu schmettern, drehte sich dieser plötzlich zu ihm um. Es gelang Linke, den Hammer unbemerkt in das Uferschilf fallen zu lassen. Bolke war arglos geblieben, doch der Versuch war gescheitert.

Am Samstag, dem 18. Juni 1966, war es dann soweit. In den

Isoliertes Tapetenstück, das zur Abdeckung der Blutspritzer auf die alte Tapete geklebt wurde.

späten Nachmittagsstunden bereitete sich Bolke, der bei der Bahnpost am Ostbahnhof Pakete sortierte, auf die Nachtschicht vor. Sybille Bolke hatte Essen zubereitet und Günter Linke dazu eingeladen. Einträchtig nahmen die drei das Mahl zu sich. Dann legte sich Lutz Bolke auf die Liege in der Wohnstube, um vor der Nachtschicht noch etwas auszuruhen. Er schlief auch bald ein. Unterdessen verließ Linke die Wohnung, um den in einer Seitenstraße abgestellten Wartburg direkt vor dem Wohnhaus zu parken. Dann kam er mit einem am Vormittag gekauften Beil zurück. Um Fingerabdrücke zu vermeiden, zog Sybille Bolke einen dicken Strumpf über das Tatwerkzeug. Dann ging alles sehr schnell. Linke war leise an den schlafenden Bolke herangetreten und schlug das Beil mit kräftigen Hieben mehrmals auf den Schädel seines Opfers, das sich mit einem durchdringenden Stöhnen kurz aufbäumte und von der Liege auf die Dielen fiel. Dort blieb es regungslos liegen.

Sybille Bolke eilte die Treppen hoch zur Waschküche und bug-

Im Kofferraum dieses PKW Wartburg wurde das Opfer in der Waschwanne transportiert.

sierte die Wanne in ihre Wohnung, in die der nackte Leichnam unsanft verfrachtet wurde. Die Wanne wurde bis zur Unauffälligkeit abgedeckt und verschnürt. Sybille Bolke und Günter Linke schleppten sie im Schutze der hereinbrechenden Nacht unbemerkt zum Auto und verstauten sie im Kofferraum. Danach säuberten sie den Fußboden der Wohnstube von den Blutspuren. Noch in der Nacht versenkten sie die Wanne von einer Brücke zwischen den Ortschaften Falkensee und Schönwalde im Havelkanal.

Die nächsten beiden Tage nutzte das mörderische Paar, die Wohnung gründlich zu reinigen, den Dielen in der Wohnstube einen neuen Anstrich zu geben, die blutbefleckte hellgrüne Tapete zu überkleben und die Bekleidung, Ausweise, Schlüsseltasche sowie die Geldbörse des toten Lutz Bolke zu verbrennen.

Am 20. Juni schrieb Sybille Bolke einen Brief an Verwandte in Westberlin. Sie äußerte darin die Bitte, man möge ihr eine Karte zurückschreiben, aus der hervorgeht, Bolke sei unbeschadet in Westdeutschland angekommen.

Am 23. Juni zeigte sie das Vermißtsein ihres Gatten bei der VP an.

Leutnant Lorenz schließt die erste große Vernehmung von Frau Bolke ab. Doch bis zum Abschluß des Ermittlungsverfahrens werden ihr noch weitere folgen.

Auch der Beschuldigte Günter Linke ist aussagebereiter als

Der Havelkanal bei Schönwalde, in den die Leiche versenkt wurde.

Lorenz es erwartet hatte. Die Konfrontation mit dem Geständnis der Geliebten, mit der Spurenlage am Tatort und mit der Aussage seines Chefs, ihm die heimliche Fahrt zum Havelkanal problemlos zur Bestätigung untergeschoben zu haben, stimmen Linke einigermaßen gesprächig. Geduldig, Fakt für Fakt entlockt ihm Lorenz in den folgenden Vernehmungen die ganze Wahrheit über den Mord an Lutz Bolke.
Der Strafsenat 2 a des „Stadtgerichts von Groß-Berlin" verurteilt Günter Linke wegen gemeinschaftlich begangenen Mordes zu lebenslangem Freiheitsentzug, während Sybille Bolke für 15 Jahre hinter Gitter muß.

(Aktenzeichen B I 5/69 Bezirksstaatsanwalt Schwerin)

Drei Jahre später, Ende April 1969, wird der inzwischen zum Oberleutnant anvancierte Dietmar Lorenz eine Zeit lang zur Schweriner MUK abkommandiert, um die dortigen Kriminalisten, die sich seit langem mit einem höchst dubiosen Fall beschäftigten, zu unterstützen. Das kriminalistische Engagement in dieser Sache fand aber nur Mißfallen bei der Staatsanwaltschaft. Sie hätte ihrerseits den Fall längst auf sich beruhen lassen. Und das hatte seine guten Gründe:
Denn bereits am 7. Februar 1964 teilte die 41jährige Leiterin

der Konsum-Verkaufsstelle in Lübbendorf, Martha Latz, der VP in der Kreisstadt Hagenow mit, daß ihr 45jähriger Ehemann Paul Latz, LPG-Vorsitzender in Lübbendorf, seit dem 20. Januar nicht mehr nach Hause zurückgekehrt sei. Ihr war bekannt, daß er gelegentlich außereheliche Abenteuer suchte. Das wußten aber auch seine biederen Genossen. Sie waren darüber verärgert und fanden es unverzeihlich, daß er als SED-Mitglied gegen die sozialistische Moral verstieß. Ohne Pardon eröffneten sie ein Parteiverfahren gegen ihn. Um den Konsequenzen zu entgehen, ist er nun vermutlich republikflüchtig geworden, zumal eine seiner Geliebten seit einiger Zeit ebenfalls in Westdeutschland leben soll.

Die Vertreter der Sicherheitsorgane, die sich beruflich mit den Abtrünnigen des Arbeiter- und Bauernstaates zu beschäftigen hatten, stürzten sich voller Kampfgeist an die vorderste Front des Falls. Wegen des Verdachts des illegalen Grenzübertritts wurde ein Ermittlungsverfahren gegen Paul Latz eingeleitet. Man fand auch bald heraus, daß der Genosse Paul Latz tatsächlich anderen gegenüber geäußert hatte, die Republik illegal zu verlassen, sowie sich eine Gelegenheit dazu bieten sollte. Überdies wurde in Erfahrung gebracht, daß er von seiner Geliebten angeblich eine Ablösesumme von 4 700 Mark erhalten haben soll, damit er sich leichter aus den ehelichen Fesseln befreien konnte.

Natürlich wurde die Wohnung peinlich genau durchsucht, um Hinweise auf die Art und Weise der Republikflucht und den jetzigen Aufenthaltsort zu erlangen. Doch diese Maßnahme förderte nichts Relevantes zutage. Auch die folgenden Ermittlungen führten ins Leere, so daß das Verfahren nach einiger Zeit eingestellt wurde.

Doch in Lübbendorf kursierte das hartnäckige Gerücht, Paul Latz sei von seiner Gattin ermordet worden. Dazu trug vor allem die einstige Geliebte bei, die in Wirklichkeit niemals den Boden des sozialistischen Vaterlandes verlassen hatte und die immer noch ganz in der Nähe wohnte. Ihr Verdacht fußte auf der logischen Schlußfolgerung, daß Paul Latz – sollte er seinerzeit wirklich in den Westen abgehauen sein – ihr wenigstens mal geschrieben hätte, da immer eine ungetrübte Beziehung zwischen beiden bestand.

Auch dem Bruder von Frau Latz, der freundschaftlich mit dem Verschwundenen verbunden war, kam die ganze Angelegenheit

höchst merkwürdig vor, und er schloß sich den Verdächtigungen an.
Endlich, im April 1969, übernahm die MUK Schwerin den Fall und beantragte wegen des Verdachts der vorsätzlichen Tötung die Einleitung eines Ermittlungsverfahrens und Haftbefehl gegen Frau Latz.
Doch der Staatsanwalt wies dieses Anliegen schroff zurück, weil er den Verdacht gegen Frau Latz für eine unbegründete, unhaltbare Hypothese hielt und bereits die Vorermittlungen in dieser Hinsicht nicht den geringsten Hinweis erbracht hätten.
Darüber waren die Kriminalisten der MUK Schwerin sauer, weil sie wußten, daß verschleierte Tötungsdelikte mitunter ein derart vages Erscheinungsbild besitzen.
Das war der Grund für die miese Stimmung zwischen MUK und Staatsanwalt, aber für Oberleutnant Dietmar Lorenz der Anlaß zur Mitarbeit an diesem vertrackten Fall.

Lorenz weiß, daß bei der derzeitigen Sachlage die Begründung des Verdachts, Frau Latz habe ihren Gatten ermordet, nicht so ohne weiteres möglich ist. Es fehlt in der Tat an Beweisen. Die einzige Möglichkeit, an sie zu gelangen, sieht er in der Anwendung einer List.
Er weiß, daß diese allerdings den Handlungsspielraum der Strafprozeßordnung nicht verlassen darf.
Zunächst spricht er mit dem Bruder von Frau Latz, um die Gründe auszuleuchten, warum dieser gegen seine Schwester einen solch schwerwiegenden Verdacht hegt.
Freimütig, wenn auch nur mit Lorenz' ausdrücklicher Zusicherung, die Angaben vertraulich zu behandeln, gibt der Bruder ein umfassendes Psychogramm über sie, ihren Gatten und die Ehe ab.
Als Lorenz schließlich erfährt, der Bruder habe auch die Schlüsselgewalt über das Haus seiner Schwester, er könne dort ein- und ausgehen, macht er ihn zum Mitwisser seines taktischen Plans. Der Bruder erklärt sich bereit, im Rahmen seiner Möglichkeiten an der Verwirklichung dieses Vorhabens mitzuwirken.
Zunächst läßt sich Oberleutnant Lorenz eine detaillierte Skizze über die Wohn- und Kellerräume im Haus des Ehepaars Latz, den Schuppen und den Stall anfertigen. Dann bittet er ihn zu rekonstruieren, welche Möbel vor fünf Jahren vorhanden wa-

ren und wo sich ihr Standort befand. Das Resultat dieser mühseligen Gedankenarbeit ist ein relativ klares Bild über die Situation im verdächtigen Anwesen zur Zeit des Verschwindens von Paul Latz. Lorenz weiß nun auch, daß seitdem die Wohnräume mindestens einmal renoviert wurden.
Martha Latz wird einige Tage später, für den 14. Mai 1969, 16.00 Uhr, zu einer „abschließenden Zeugenvernehmung im Zusammenhang mit der Vermißtensache Paul Latz" in das VPKA Hagenow vorgeladen. Dazu muß sie mit dem Linienbus von Lübbendorf bis in die Kreisstadt fahren. Und zur angegebenen Zeit sitzt sie artig und arglos in einem Dienstraum der Kriminalpolizei und wird durch einen Sachbearbeiter der MUK vernommen.
Lorenz' Mannschaft und ihr Bruder sind unterdessen auf dem Latzschen Grundstück in Aktion. Sie verändern die Stellung des Inventars der Wohnräume, bestrebt, den ungefähren Zustand von vor fünf Jahren wieder herzustellen. Dann rücken jede Menge Polizeifahrzeuge an, sie füllen nahezu den ganzen Hof aus. Halogenleuchten werden aufgestellt und werfen bald ihr grelles Licht in jeden Winkel. Sicherungskräfte beziehen ihre Posten. Kriminaltechniker beginnen, in den Wohnräumen nach Spuren zu suchen.
Erst mit einsetzender Dunkelheit wird die Aktion beendet. Die Resultate sind überwältigend: Im Schlafzimmer der Eheleute werden unzählige eingetrocknete, kleine Blutspuren entdeckt, die zweifelsfrei Paul Latz zugeordnet werden können. Trotz Renovierung verbergen sie sich hinter der grünen Tapete der ehelichen Schlafstube, den Scheuerleisten, tief im Gewebe des Bettvorlegers, zwischen den Dielenritzen, ja selbst unter dem Baldachin der Deckenleuchte. Lorenz triumphiert, jetzt den Tatort zu kennen.
In einem der Schuppen werden an einer unauffällig abgestellten, verrosteten Eisenstange zwar nur geringfügige Blutspuren gefunden, doch entsprechen sie ebenfalls dem Blut des Vermißten. Lorenz ist sich sicher, damit das Tatwerkzeug gefunden zu haben.
Zwei Leichensuchhunde werden auf dem Grundstück in die Spur geschickt. Sie durchstöbern den Garten, die Schuppen, die Keller- und Speicherräume. Der Estrich im Schweinestall wird aufgestemmt. Doch der ersehnte Erfolg stellt sich nicht ein. In einer Ecke des Hühnerstalls verweisen die Hunde sicher auf

ein bestimmtes Areal des festen Bodens. Gewissenhaft wird diese Stelle freigelegt. Schotter, Bauschutt und Erdreich werden ausgehoben. Bereits in einer Tiefe von einem reichlichen halben Meter werden im Sand die Konturen eines skelettierten menschlichen Brustkorbes sichtbar. Mit der Präzision einer archäologischen Ausgrabung wird das ganze Skelett freigelegt. Ständig blitzt der Fotoapparat eines Kriminaltechnikers. Oberleutnant Lorenz ist restlos zufrieden.
Mit den ersten Fundortfotos bewaffnet begibt er sich flugs zum VPKA. Er übernimmt die weitere Vernehmung von Frau Latz. Doch sie beharrt weiter auf der Behauptung, ihr Mann sei in den Westen geflüchtet. Dann breitet Lorenz die Fotos vor ihr aus. Bleich, wortlos und am ganzen Körper zitternd schaut sie einen kurzen Moment auf die Überreste ihres Gatten, den sie in der Nacht zum 20. Januar 1964, nach einer langen, heftigen Auseinandersetzung im ehelichen Bett, mit einer Eisenstange erschlagen hatte.
„Was wollen Sie von mir?" preßt sie gequält heraus und läßt sich widerstandslos festnehmen. Doch trotz der überzeugenden Spuren leugnet sie hartnäckig ihre Täterschaft. Erst nach zehn Tagen bricht ihr Widerstand und sie bekennt sich zu der Tötung. Totschlag im Affekt erkannte später das Bezirksgericht Schwerin und verurteilte Martha Latz zu fünf Jahren Freiheitsentzug.

Oberleutnant Dietmar Lorenz kehrt eine Woche später siegreich nach Berlin zurück. Seine Vorgesetzten schütteln ihm die Hand, klopfen ihm auf die Schulter, überreichen ihm eine Geldprämie und sagen: „Weiter so, Genosse Lorenz!"
Nur der Parteisekretär spricht länger mit ihm. Er hat dienstliche Order, Lorenz davon zu überzeugen, seine kriminalistischen Fähigkeiten von nun an in der Hauptabteilung Untersuchung des Ministeriums für Staatssicherheit unter Beweis zu stellen, natürlich auf einer lukrativen Planstelle. Als Lorenz Vorbehalte äußern will, fällt ihm der Parteifunktionär ins Wort: „Genosse Lorenz, das ist ein Parteiauftrag!"
Lorenz absolviert ein Fernstudium an der Humboldt-Universität und erwirbt ein kriminalistisches Diplom. Er wird regelmäßig befördert und ist bis zum Untergang des MfS auf dem Gebiet der Morduntersuchung tätig. Wegen eines chronischen Herzleidens erwerbsunfähig, erhält er heute eine monatliche Rente von 805 DM.

Das Ekel von Rahnsdorf

(Aktenzeichen 131–196–71 Staatsanwalt von Groß-Berlin)

Es ist Mittwoch, der 24. März 1971, gegen 19.00 Uhr – ein trüber, naßkalter Abend, kein Wetter für depressive Gemüter. Tagsüber hatte es stundenlang geregnet. Dadurch war der letzte Schnee gänzlich weggetaut. Nun keimt die Hoffnung auf einen nahen Frühling.
Die S-Bahn aus der Friedrichstraße rollt unaufhaltsam durch die diesige Großstadt in Richtung Erkner. An jeder Station kündigt ihr unverwechselbarer, zischender Atem das Schließen der Türen zur Weiterfahrt an. Aus den Bahnhofslautsprechern mahnen undeutliche, metallene Stimmen zum Zurückbleiben. Die meisten Fahrgäste in den Waggons sind mit sich selbst beschäftigt. Die einen blättern in der Abendzeitung, andere dösen vor sich hin oder starren gedankenvoll durch die beschlagenen Scheiben nach draußen in die eilig hereinbrechende Dunkelheit. Kaum jemand spricht.
Eine junge Frau, etwa 30, eingehüllt in einen Mantel mit auffällig braun-weißem Fischgrätenmuster, sitzt einem, am Bahnhof Ostkreuz zugestiegenen, älteren Mann gegenüber, der sie aus den Augenwinkeln interessiert beobachtet. Sie hat ihre kleine braune Aktentasche auf die Oberschenkel gelegt und benutzt sie als Unterlage für ein Buch, in das sie sich bereits seit ihrem Einstieg am Bahnhof Friedrichstraße vertieft hat.
Die ganze Zeit versucht ihr Gegenüber herauszufinden, was für ein Buch sie so interessiert liest. Nur mühsam erkennt er lediglich irgendwelche Zahlenreihen und geheimnisvolle Zeichen. Doch er kann sie nicht deuten. Hinter Friedrichshagen, dort wo die Bahn ungewöhnlich lange ohne anzuhalten den riesigen Stadtpark durchquert, kann er seine Neugier nicht mehr zurückhalten: „Tschuldigung, ich bin nur neugierig, was Sie da lesen!"
Die junge Frau hat sein Interesse längst bemerkt. Überlegen

lächelnd zeigt sie ihm den Buchdeckel: „Lineare Operatoren in normierten Räumen". Doch der Sinn dieses Titels bleibt dem Mann verschlossen. Fragend schaut er die Frau an. Offensichtlich bemerkt sie seine Hilflosigkeit: „Es ist nur Mathematik! – Aber sie kann auch spannend sein wie ein Krimi."
„Ach so", reagiert der Alte enttäuscht, schiebt aber eine Frage nach: „Sie studieren wohl so was?"
„Ja, so ungefähr", antwortet sie kurz.
Die Bahn erreicht kurz nach 19.45 Uhr die Station Rahnsdorf. Die junge Frau im Fischgrätenmantel hat ihr Fahrziel erreicht, steht auf und lächelt ihrem Gegenüber noch einmal zu.
„Na, dann viel Erfolg beim Studium!" verabschiedet sich der Alte. Dankend erwidert sie seinen aufrichtig erscheinenden Wunsch mit einem freundlichen Kopfnicken.
Nur wenige Menschen verlassen die Bahn und eilen die große, breite Treppe hinunter dem Ausgang des Bahnhofs zu. Gegenüber wartet die Straßenbahn nach Woltersdorf bereits auf ihre Fahrgäste. Doch die junge Frau schlägt die südliche Richtung in den Hegemeisterweg ein. Dieser führt schnurgerade durch den Wald und endet nach einem reichlichen Kilometer direkt am Ortsrand von Rahnsdorf, dem idyllischen Flecken am Ufer des Müggelsees. Von dort ist es nur noch ein Steinwurf weit bis zu ihrem Haus in der Blossiner Straße.
Der Hegemeisterweg ist ein beliebter Spazierpfad für die Sonntagsausflügler und eine bevorzugte Abkürzung für die in Rahnsdorf Ansässigen. Vor einigen Jahren wurde der Weg asphaltiert und macht nun auch bei schlechtem Wetter seine Benutzung möglich. Die Laternen entlang des Waldweges bilden nur blasse, enge Lichtkegel. Zwischen ihnen werfen die schlanken Kiefern gespenstische Schatten, die sich übergangslos mit der Dunkelheit der hereinbrechenden Nacht verbinden.
Sicher und zügig schreitet die Frau im Fischgrätenmantel auf dem vertrauten Weg. Das Klicken ihrer Schuhabsätze auf dem Asphalt verrät das Gleichmaß ihrer Schritte.
Welchen Gedanken sie auf ihrem Heimweg nachhängt, wird für immer unbekannt bleiben. Knappe hundert Meter weiter begegnet sie einem Mann, der wenige Augenblicke später ihrem Leben ein jähes Ende setzen wird.

Als Oberleutnant Vielitz, ein 34jähriger, mittelgroßer Krauskopf, am Morgen des 25. März von der Lagebesprechung beim

Leiter der Berliner Kriminalpolizei in die Diensträume der MUK zurückkehrt, sind seine sieben Mitstreiter bereits erwartungsvoll um den großen, mit allerlei kulinarischen Produkten aus der Kantine gedeckten Tagungstisch versammelt. Ein ungewöhnliches Duftgemisch aus Kaffee, frisch geräucherten Wiener Würstchen, belegten Brötchen und Zigarettenrauch durchzieht den Raum.
Vielitz blickt genüßlich über den Tisch, setzt sich zu den anderen und eröffnet die Zusammenkunft mit der Feststellung: „Das sieht ja gut aus!"
Dabei lächelt er Uta Kaiser, die einzige Frau in der Runde, an, die sich nicht nur um die Schreibarbeiten in der MUK kümmert, sondern auch für diesen gedeckten Tisch verantwortlich fühlt. Mit seiner Aufforderung „Na dann, Genossen, laßt's euch schmecken!" beginnt das bescheidene morgendliche Gelage.
Oberleutnant Wischnewski, der Kriminaltechniker und Älteste in der MUK, ein penibler, exzellenter Spurensucher, fragt kauend vom anderen Tischende her seinen jungen Chef: „Henne, berichte doch mal, was die hohen Herrschaften gesagt haben!"
Henner Vielitz, dem seit der Jugendzeit der Spitzname „Henne" anhaftet, verkündet mit ironisch erhobener Stimme: „Genosse Oberst Kröber und die Parteileitung danken allen an der Aufklärung des Brennpunktes „Messerstecher" beteiligten Genossen für ihre hohe Einsatzbereitschaft und vorbildliche Pflichterfüllung!"
„Aah-men!" wirft Wischnewski sarkastisch ein.
Ein anderer mischt mit: „Heute dürfen wir mal die Größten sein!"
Vielitz zieht das Gespräch wieder an sich: „Prämien gibt's später!"
„Na, wenn das so ist ...!" Alfred Meinicke, der ewige Stellvertreter des MUK-Leiters, ein rothaariger, untersetzter Typ, älter als Vielitz, präsentiert unter dem Beifall der anderen mit großer Geste eine Flasche Weinbrand und fordert, um wegen des strikten Alkoholverbots während der Dienstzeit möglichen Petzen den Zutritt zu verwehren: „Uta, schließ mal die Tür ab!" Dann fragt er in die Runde: „Wer will einen Kurzen?"
Keiner ist abgeneigt und deshalb mahnt Oberleutnant Vielitz: „Aber wirklich nur einen! Ihr wißt ja, es gilt: Hämmern und sicheln, nicht schlemmern und picheln!"
Eine verhaltene Ausgelassenheit erfaßt die Kriminalisten, wohl

wissend, daß ein einfaches Telefonat sie jederzeit in die harte Realität des MUK-Alltags zurückholen kann. Jetzt aber gilt es erst einmal, mit dem traditionellen Frühstück die hinter ihnen liegenden letzten Monate anstrengender Ermittlungstätigkeit würdig abzuschließen.

Mehrere Jahre trieb ein unbekannter Täter im Stadt- und Waldgebiet von Rahnsdorf sein Unwesen. In unregelmäßigen Abständen – mal mehrmals in einem Monat, mal nach wochenlangen Pausen – und zu unterschiedlichen Uhrzeiten überfiel er im Schutze der Dunkelheit Frauen, die ohne Begleitung waren. Mit äußerster Brutalität brachte er sie in seine Gewalt, bedrohte sie mit einem Messer, fügte ihnen mitunter gefährliche Stichwunden zu und zwang sie zum gewaltsamen Geschlechtsverkehr. Manchmal wurden die Frauen derart übel zugerichtet, daß sie im Köpenicker Krankenhaus wochenlang stationär behandelt werden mußten.
Ständig verbreiteten sich neue Nachrichten von weiteren Überfällen. Eine Anzeige nach der anderen ging bei der VP-Inspektion Köpenick ein. Doch die Angaben zur Person des Täters waren widersprüchlich, so daß es ziemlich lange dauerte, einen Serientäter zu vermuten.
Die Angst vor dem schrecklichen Phantom breitete sich immer weiter aus. Schließlich mußten Polizeiführung und SED-Bezirksleitung mit beruhigenden Presseinformationen reagieren. Doch sie kamen bereits zu spät. Die Entstehung bizarrer Gerüchte war nicht mehr aufzuhalten. Bald wurde unter den Bürgern gemunkelt, der Messerstecher von Rahnsdorf habe schon mehr als 90 Frauen überfallen. Die tollkühnsten Versionen über den Täter machten die Runde. Man sparte auch nicht mit harscher Kritik an der Arbeit der VP, die den Täter hätte längst hinter Schloß und Riegel bringen sollen.
Bald wagte sich in der Dämmerung kaum eine Frau ohne schützende Begleitung aus dem Haus. Immer mehr wurde der Fall des unbekannten Messerstechers zum Politikum: Raumpflegerinnen, Zeitungszustellerinnen, Krankenschwestern und andere Schichtarbeiterinnen weigerten sich hartnäckig, ihre Wohnhäuser zu verlassen, weil sie befürchteten, auf dem Wege von oder zur Arbeit von dem Unhold überfallen zu werden. Sie bombardierten die großen und kleinen Obrigkeiten flächendeckend mit Eingaben und forderten polizeilichen Schutz. Doch VP-

Streifen konnten nur vereinzelt präsent sein. Es war praktisch nicht durchführbar, einen ganzen Stadtbezirk so zu schützen, daß weitere Überfälle gänzlich ausgeschlossen werden konnten.
Nach der Analyse aller angezeigten Vergewaltigungen des letztes Jahres kristallisierte sich in etwa 15 Fällen eine offensichtliche Gleichheit in der Begehungsweise und in der Personenbeschreibung des Täters heraus. Diese wurden zu einem sogenannten Brennpunkt zusammengefaßt. Nach den Weisungen der Kriminalpolizei konnte nun eine spezielle Weiterbearbeitung durch eine Einsatzgruppe des Berliner VP-Präsidiums erfolgen. Die Aufklärung des Brennpunktes „Messerstecher" wurde in die Verantwortung der MUK gegeben.
Doch ein weiteres Jahr mußte erst vergehen, ehe Oberleutnant Vielitz und seine Mitstreiter den Täter – der eigentlich ein kleiner, unauffälliger, schüchterner 21jähriger junger Mann aus Lichtenberg war – endlich fassen konnten. Das Verfahren kam dann allerdings schnell zum Abschluß. Inzwischen ist die Übergabe an den Staatsanwalt zur Anklageerhebung erfolgt.
Noch weiß niemand, daß wenige Monate später der „Messerstecher von Rahnsdorf" rechtskräftig verurteilt sein wird und die nächsten zehn Jahre seines Lebens hinter Gittern verbringen muß.
Jetzt aber wird mit einem deftigen Frühstück der Schlußpunkt unter diesen Fall gesetzt.
Eine knappe Stunde ist vergangen, als im Nebenzimmer das Telefon schrillt. Uta Kaiser verläßt den Frühstückstisch und hebt den Hörer ab: „Ja, bitte?" Irgend etwas Wichtiges muß am anderen Ende der Leitung gesagt worden sein, denn sie nimmt den Hörer vom Ohr, hält ihn aus der Distanz Vielitz entgegen und spricht laut mit ernster Miene: „Genosse Oberleutnant, für Sie!"
Diese Förmlichkeit scheint das unerwartete Ende der Frühstückszeremonie anzukündigen. Die Heiterkeit am Tisch wird durch eine gespannte Ruhe abgelöst. Vielitz geht ans Telefon. Uta Kaiser flüstert ihm zu: „Der OdH!"
Vielitz konzentriert sich auf das Gespräch mit dem Mann aus der Einsatzzentrale, ohne etwas zu erwidern. Nur ein gelegentliches „Hm!" soll darauf hinweisen, daß er begreift, worum es geht. Er fingert einen kleinen Zettel vom Schreibtisch und notiert etwas, während er mit der hochgezogenen Schulter den Hörer gegen das Ohr drückt.

Er kehrt schließlich mit der Mitteilung zu den anderen zurück: „Leute, es ist zum Verrücktwerden! Schon wieder Rahnsdorf, schon wieder ein Messerstecher – nur jetzt ist die Frau tot!"
Ungläubig starren ihn die Mitarbeiter an. Vielitz setzt fort: „Leichenfund im Wald von Rahnsdorf. Angeblich Sexualtötung. Tod durch Stiche in den Rücken. Alfred und Wische, ihr kommt mit. Wir machen den Tatort. Die anderen bleiben in Bereitschaft!"
Wischnewski packt eilig seine beiden KT-Koffer, geht zur Tür, wendet sich Meinicke und Vielitz zu und sagt: „Na, was ist, worauf warten wir noch?!"
Kurz nach 11 Uhr sind sie am Ort des Ereignisses. Das Wetter ist freundlich und trocken. Die Fundstelle liegt etwa 30 Meter vom Hegemeisterweg entfernt mitten im Wald. Dort liegt rücklings und lang ausgestreckt eine tote, etwa 30 Jahre alte Frau im Fischgrätenmantel, der ihren entblößten Leib nur unvollständig bedeckt. Ein über die Brüste hochgeschobener Pullover und der zerstörte Büstenhalter sind blutdurchtränkt.
Oberarzt Dr. Drechsler aus dem Gerichtsmedizinischen Institut in der Hannoverschen Straße untersucht die Tote. Eine Vielzahl

Am S-Bahnhof Berlin-Rahnsdorf beginnt der Hegemeisterweg, auf dem der Täter die Frau verfolgte.

von tiefen Stichen in den Rücken, die vermutlich durch ein Messer verursacht wurden, haben den Tod herbeigeführt. Sie begründen auch das Verschulden eines anderen. Als Todeszeit

Lage des Opfers zur Zeit des zufälligen Fundes.

kommen die Abendstunden des gestrigen Tages in Frage. Ansonsten ergeben die Untersuchungen keinen brauchbaren Hinweis auf die Identität der Frau – kein Inhalt in den Manteltaschen, kein Ring, keine Armbanduhr. Irgendwo in der Gegend werden ihre beiden Schuhe gefunden. Auch sie tragen keine Merkmale, über die eine schnelle Identifizierung möglich wäre. An einer anderen Stelle liegt ein zerbrochener Taschenschirm. Sein Zustand läßt den Schluß zu, daß er mit dem Tatgeschehen irgendwie in Verbindung stehen kann. Die Spuren vom Hagemeisterweg bis zur Fundstelle erweisen sich als Schleifspuren. Der Täter hat vermutlich den leblosen Körper dorthin gezogen. Eine groß angelegte Durchsuchung des gesamten Waldes zwischen dem S-Bahnhof und der Ortschaft Rahnsdorf führt wenigstens zum Auffinden einiger frischer Papierschnipsel. Wischnewski, der ein unvollständiges Mosaik aus ihnen zusammensetzt, findet heraus, daß es sich dabei um zwei Blanko-Leihscheine der Staatsbibliothek handelt. Doch das alles reicht nicht für eine Personenfeststellung. Deshalb erhält der Leichnam den Status „Unbekannte Tote".
Aus dieser Zuordnung ergeben sich wichtige Konsequenzen für die gerichtliche Sektion und die kriminalistischen Ermittlungen. So gilt es, neben der Klärung der Todesart, der Todesursache,

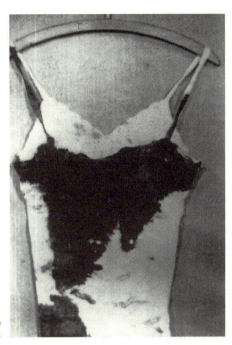

Der blutdurchtränkte
Unterrock der Frau G.

der Todeszeit, der Bestimmung des Tatwerkzeuges und der Begehungsweise alle für eine Identifizierung notwendigen Spezialuntersuchungen durchzuführen. Dr. Drechsler muß den Zahnstatus der Frau, ihre exakten Körpermaße, das Lebensalter und die Blutgruppeneigenschaften ergründen. Gleichzeitig müssen neben den Ermittlungen zum Täter die polizeilichen Maßnahmen der Identifizierung realisiert werden. Dazu gehören vor allem die erkennungsdienstliche Behandlung der Toten, die Abnahme ihrer Fingerabdrücke, das Anlegen der sogenannten Kleiderkarte – die markante Stoffproben jener Kleidungsstücke enthält, die bei der Ermordeten gefunden wurden –, aber auch die Eröffnung eines Vermißtenvorgangs, auf dessen Grundlage eine polizeilich interne Vergleichsarbeit ermöglicht wird.
Das alles sind Aufgaben, die mehrere Arbeitstage in Anspruch nehmen werden.

Erst mit einbrechender Dämmerung beendet Oberleutnant Wischnewski die Tatortuntersuchung. Obwohl er reichlich trassologische und biologische Spuren gesichert hat, sind diese für eine Identifizierung nicht geeignet, dienen allenfalls der Klärung

des Tatablaufs. Vielitz und Meinicke befragen den Auffindungszeugen, einen Rentner, der beim Holzsammeln im Wald die Leiche zufällig entdeckt hat. Seine Wahrnehmungen werden gewissenhaft protokolliert.
Am Donnerstag, dem 25. März, leitet Oberleutnant Vielitz wegen Verdachts des Mordes ein Ermittlungsverfahren gegen „Unbekannt" ein. Er veranlaßt, alle Vermißtenanzeigen der letzten beiden Tage in Berlin und im Gebiet von Frankfurt/Oder, dem an die Hauptstadt grenzenden Verwaltungsbezirk, zu überprüfen. Nach wenigen Stunden weiß er, nirgends ist das Verschwinden einer Frau dieses Alters gemeldet worden.
Auch der 26. März vergeht, ohne daß eine zutreffende Vermißtenanzeige erstattet wird.
Das stimmt Oberleutnant Vielitz nachdenklich. Denn die tote Frau machte einen gepflegten, kultivierten Eindruck, war offensichtlich keine Herumtreiberin. Sie kann doch nicht in einem luftleeren Raum gelebt haben, muß doch eine Familie, einen Freund oder Ehemann besitzen. Außerdem fehlt sie seit gestern auf ihrer Arbeitsstelle. Und irgend etwas muß sie mit der Staatsbibliothek zu tun haben. Doch dort gibt es unzählige Leser. Zumindest dürfte sie eine besondere Beziehung zu Büchern haben.
Vielleicht sollte man zur Beschleunigung der Identifizierung in Berlin und Frankfurt/Oder eine Information in der Presse veröffentlichen. Doch das Vorhaben scheitert bereits beim Dezernatsleiter mit dem Argument: noch viel zu früh, erst mal alle eigenen Möglichkeiten ausschöpfen. Eins bleibt: Die Frau ist brutal ermordet worden, der Täter ist unbekannt.
Am späten Nachmittag ruft ihn der Oberarzt an, das Sektionsergebnis und alle für die Identifizierung erforderlichen Daten liegen komplett vor, der Sexualmord ist bewiesen, es sei auch eine Spermaspur gesichert worden, deren Untersuchung aber erst am nächsten Montag abgeschlossen sein wird.
„Das ist wenigstens etwas", denkt Vielitz, „ausreichende Vergleichsmöglichkeiten liegen also vor." Nur die Frage, womit verglichen werden soll, läßt sich noch nicht beantworten.
Es ist der Abend des 27. März, kurz vor 21 Uhr. Vielitz entspannt sich gerade vor dem häuslichen Fernseher, als ihn ein dringender Anruf des Kriminaldienstes der VP-Inspektion Köpenick erreicht. Dort war gegen 20.30 Uhr der 39jährige Mathematiker Dr. Wolfgang Görschfeld aus Rahnsdorf erschie-

nen, um das Verschwinden seiner 30jährigen Ehefrau Gabriele, die ebenfalls promovierte Mathematikerin sei, anzuzeigen. Diese habe am Morgen des 24. März, bekleidet mit einem Mantel mit braun-weißem Fischgrätenmuster, das Haus verlassen. Sie wollte zu ihrer Arbeitsstelle, der Sektion Mathematik an der Humboldt-Universität, wo sie als wissenschaftliche Assistentin tätig sei. Am Abend des gleichen Tages habe er sie zu Hause zurück erwartet. Doch seit dieser Zeit fehle jede Spur von ihr.

Es dauert nur eine knappe Stunde, bis Vielitz und Meinicke zur Stelle sind. Denn dieser Mann, der das Verschwinden der eigenen Frau erst nach Tagen meldet, weckt ihr kriminalistisches Interesse.

Dr. Görschdorf ist ein schlanker, ernster Mann mit kurzgeschnittenem Vollbart und randloser Brille. Eigentlich sympathisch, wenn auch wie ein typischer Oberlehrer, denkt Vielitz, der die weitere Befragung führt, während Meinicke das Geschehen nur beobachtet. Schon nach kurzer Zeit können sich die Männer sicher sein, daß die Tote Gabriele Görschdorf ist. Der Ehemann beschreibt seine Frau, aber auch den Mantel, die Schuhe, den Pullover, die Unterwäsche und die Schuhe mit großer Genauigkeit. Dann fügt er hinzu: „Sie hat auch ihre kleine braune Aktentasche bei sich gehabt, aber was sie genau darin hatte, entzieht sich meiner Kenntnis. Vermutlich ihre Vorbereitungen für ein Seminar, das sie mittwochs abhält oder andere Unterlagen von der Uni."

Meinicke sucht von den mitgebrachten Unterlagen eine Mappe mit Tatortfotos heraus, wählt davon ein Bild aus, auf dem die Schuhe der Frau Görschdorf zu sehen sind, und zeigt es dem Ehemann: „Die Aktentasche haben wir noch nicht gefunden, aber sind das die Pumps Ihrer Frau?"

Dr. Görschdorf erbleicht: „Um Himmels willen, woher haben Sie die Aufnahme? Nun sagen Sie mir schon, was passiert ist!"

„Wir müssen Ihnen leider die traurige Mitteilung machen, daß Ihre Frau verstorben ist", informiert ihn Vielitz ernst.

„Hatte sie einen Unfall?" fragt Görschdorf erregt.

„Nein, das nicht! Es ist eine schlimme Tatsache für Sie, aber wir sind von der Mordkommission", erklärt Vielitz.

„Mein Gott, das ist ja furchtbar!" stöhnt Görschdorf voller Verzweiflung und sackt für einen Moment kläglich in sich zusammen.

„Beruhigen Sie sich, sie hat nicht lange gelitten", versucht Meinicke, ihn zu trösten, „wir werden den Mörder finden!"
„Wo ist sie denn gefunden worden?", fragt Görschdorf schluchzend.
„Am Hagenmeisterweg. Mitten im Wald. Am Donnerstag morgen ist sie entdeckt worden. Aber seit Mittwoch abend ist sie schon tot. Wir hätten ..." Görschdorf fällt Vielitz ins Wort: „Das ist ja ganz in unserer Nähe. Sie muß von der Uni gekommen sein. – Und ich war zu Hause. Was für ein Unglück!" schluchzt Görschdorf abermals. Einen kurzen Augenblick später fragt er ganz sachlich: „Wie ist sie denn gestorben? Erstochen?"
Die Kriminalisten stutzen: „Wie kommen Sie denn darauf?"
„Der Messerstecher! Vielleicht war es der Messerstecher! Es gibt so schlimme Gerüchte! Gestern Nachmittag haben die Leute in Rahnsdorf erzählt, daß es ein neues Opfer des Messerstechers gibt! Ich hätte nie daran gedacht, daß es Gabi sein könnte", erklärt Görschdorf.
„Da können wir Sie beruhigen, der Messerstecher ist hinter Schloß und Riegel. Ihre Frau wurde durch einen anderen umgebracht", entgegnet ihm Meinicke und setzt fort: „Fühlen Sie sich in der Lage, Ihre Frau im Leichenschauhaus zu identifizieren? Trauen Sie sich das zu? Wir wollen ganz sicher sein!"
Görschdorf nickt schweigend.
„Wir machen das morgen früh. Es ist zwar Sonntag, aber bringen wir es hinter uns", meint Vielitz und lenkt die Unterhaltung wieder auf kriminalistisch wichtige Fragen: „Schildern Sie uns doch bitte den Tagesablauf Ihrer Frau vom Dienstag und vom Mittwoch, bitte möglichst genau."
Görschdorf überlegt: „Dienstag, Dienstag, warten Sie mal ...", und nach einer kurzen Pause, „Dienstag waren wir beide den ganzen Tag über in der Uni. Ich hatte Konsultation mit Studenten des dritten Studienjahres, meine Frau saß in der Bibliothek. Wir haben uns mittags in der Mensa getroffen. Nachmittags war ich zu einer Besprechung. Meine Frau hatte sich, glaube ich, mit einer Diplomandin verabredet. Kurz nach 17 Uhr haben wir uns in der Sektion getroffen und sind mit dem Trabi nach Hause gefahren."
„Gut! Und wie verlief der Mittwoch?"
„Kurz vor acht hat Gabi das Haus verlassen und fuhr zur Uni. Sie hatte ein Seminar im ersten Studienjahr. Was sie dann gemacht hat, weiß ich nicht. Ich habe den ganzen Tag, aber auch

den Rest der Woche zu Hause gearbeitet, war auch nicht in der Uni!"

„Hat es Sie nicht gewundert, daß Ihre Frau nicht nach Hause gekommen ist?" fragt Meinicke dazwischen.

„Doch, schon. Aber ich dachte zuerst, sie kommt später!"

„Und am Donnerstag und Freitag? Es ist doch sehr ungewöhnlich, daß Sie Ihre Frau da immer noch nicht vermißten", argwöhnt Vielitz.

„Da dachte ich, Gabi schläft bei ihren Eltern. Ich war zu stolz, bei ihnen anzurufen und nachzufragen", Görschdorf schluckt verlegen und nach einigem Zögern bemerkt er, „unsere Ehe war manchmal nicht so einfach, wissen Sie. Aber fachlich war unser Verhältnis einmalig!"

„Hatten Sie denn Streit mit ihr?"

„Nein, nein, ich dachte, sie wollte mich in Ruhe lassen, damit ich ein paar Tage zusammenhängend zu Hause arbeiten kann. Ihre Eltern wohnen in der Mollstraße, von dort ist sie in zwanzig Minuten in der Uni!"

„So ganz ohne jegliche Information einfach von zu Hause wegbleiben, war das normal für sie?" fragt Vielitz erstaunt.

„Ja, so war das manchmal zwischen uns", erklärt Görschdorf. Vielitz beendet die Befragung und teilt Dr. Görschdorf mit, am nächsten Morgen von einem Polizeifahrzeug abgeholt zu werden, um die Leiche zu identifizieren. Er bittet ihn auch um ein Foto seiner Frau. Meinicke fertigt noch ein Protokoll über die Aussagen an, und Görschdorf wird erst entlassen, nachdem er das Schriftstück unterschrieben hat.

Als die beiden Kriminalisten kurz nach Mitternacht nach Hause fahren, fragt Meinicke seinen Chef: „Was hast du denn für einen Eindruck von dem Herrn Doktor?"

„Tja, mein Lieber, irgendwie gefallen mir seine Begründungen nicht. Es wäre zu schön, wenn das unser Mann wäre", bemerkt Vielitz nachdenklich und setzt fort: „Paß auf, ich will eine lückenlose Überprüfung des Tagesablaufs vom Dienstag und Mittwoch, die Eltern müssen befragt werden, in der Uni müssen Kollegen etwas sagen und so weiter, und so weiter. Dann will ich den Herrn Doktor vernehmen. Und Wische soll noch mal eine weiträumige Suchaktion starten, vielleicht mit Fährtenhunden, die Aktentasche muß doch zu finden sein ..."

„... falls der Herr Doktor sie nicht zu Hause hat", bemerkt Meinicke bissig.

„Vergiß aber nicht, wie wir die Leiche gefunden haben. Meinst du, der hat sie umgebracht und eine perfekte Sexualtötung vorgetäuscht, sogar mit einer Spermaspur? Nee, nee, das war ein Fremdtäter." Er gibt dann aber auch seinen Verdacht irgendwie zu: „Tja, es wäre zu schön, um wahr zu sein!"

Nach kurzer Nacht sind die Männer am Sonntag morgen wieder bei der Sache. Vielitz hat Dr. Görschdorf in das Institut für Gerichtliche Medizin begleitet. Das Procedere dauert nur wenige Minuten. Dann steht es endgültig fest, die Tote ist Dr. Gabriele Görschdorf. Anschließend will Vielitz den Ehemann wieder nach Hause fahren, doch der lehnt dankend ab, will jetzt allein sein. Die psychische Belastung der letzten Tage ist ihm anzusehen. Vielitz verabschiedet sich von ihm, bestellt ihn aber für Montag vormittag ins Präsidium zur Vernehmung.
Meinicke hat trotz der gesetzlich zugesicherten Sonntagsruhe alle Kriminalisten der MUK zu einem Rapport zusammengetrommelt und übergibt die Ermittlungsaufträge, die bis Montag Mittag erledigt sein müssen. Wischnewski organisiert indes für Dienstag die Suchaktion, die das Territorium zwischen dem S-Bahnhof Rahnsdorf und den Ortschaften Schöneiche und Friedrichshagen umfassen soll.
Am Montag, dem 29. März 1971, erscheint Dr. Görschdorf etwas früher als vereinbart im VP-Präsidum am Alexanderplatz. Er hat es zu Hause nicht mehr ausgehalten, will die furchtbare Sache endlich hinter sich bringen. Vielitz führt die Vernehmung durch. Uta Kaiser protokolliert. Nebenbei läuft eine Tonbandaufzeichnung, zu der Dr. Görschdorf bereit ist.
„Kommen wir noch einmal auf den Ablauf des letzten Dienstag zurück", leitet Vielitz die Vernehmung ein. „Sie sagten mir am Samstag Abend, Sie seien nach 17 Uhr zusammen mit ihrer Frau mit dem Trabi nach Hause gefahren!"
„Ja, stimmt", reagiert Görschdorf.
„Und am Mittwoch früh hat ihre Frau kurz vor acht Uhr das Haus verlassen?"
Görschdorf zögert einen Moment, sagt dann aber: „Hm, so war es!"
Vielitz holt tief Luft und kräuselt die Stirn, zeigt mit dem Finger auf ein Protokoll in der vor ihm liegenden Akte: „Das verstehe ich aber nicht. Uns liegen nämlich Erkenntnisse vor, daß Ihre Frau vom Dienstag zum Mittwoch bei ihren Eltern in der Moll-

straße übernachtet hat. Hier ist die Zeugenaussage Ihrer Schwiegereltern! Können Sie mir das erklären?"
Dr. Görschdorf ist offensichtlich betroffen. Hilflos starrt er auf den Fußboden und zögert mit einer plausiblen Antwort. Vielitz empfindet für einen Augenblick die Überlegenheit des Siegers, der seinem Gegner einen schweren Schlag verpaßt hat und droht: „Noch vernehmen wir Sie als Zeugen. Aber das kann sich schnell ändern! Also, überlegen Sie sich genau, was Sie sagen!"
Doch Görschdorf schweigt, sein Blick irrt hilflos im Raum herum.
Vielitz holt zum nächsten Schlag aus: „Wissen Sie, welche Blutgruppe Sie besitzen?"
Görschdorf nickt, greift in die Gesäßtasche, holt seine Brieftasche hervor und übergibt Vielitz eine kleine Karte: „Mein Ausweis für Blutspender! Da steht alles drin!"
Gierig sucht Vielitz die Eintragung der Blutgruppe, schreibt die Formel auf einen Zettel und legt ihn beiseite: „Gut! Aber nun zurück zu meiner Frage!"
Görschdorf sieht ihn mit großen Augen an. Sein Gesicht offenbart puren Fatalismus. Er wendet einen scheuen Blick auf Uta Kaiser, um dann Vielitz wieder anzuschauen: „Es stimmt, Sie haben recht, das ist ein Widerspruch. Ich hätte Ihnen gleich die Wahrheit sagen sollen. Es war mir zu peinlich, darüber zu reden, verstehen Sie! Das hängt mit unserer Ehe zusammen. Ich werde Ihnen jetzt die Zusammenhänge erklären ..."
Vielitz lehnt sich erwartungsvoll zurück und läßt ihn sprechen. Und Görschdorf berichtet über eine ungewöhnliche Abmachung zweier Eheleute, die sich auf dem Gebiet der höheren Mathematik zwar glänzend verstehen, deren Sexualleben aber ein einziges Chaos ist. Eigentlich gab es in der Ehe mit Gabriele keinen Sex. Görschdorf schätzt ein, daß er so gut wie keine sexuellen Regungen verspüre.
Im Gegensatz zu ihm, sei seine Frau aber mit normalen Sexualwünschen ausgestattet. Deshalb habe er ihr angeboten, daß sie, falls sie gelegentlich der fleischlichen Lust frönen wolle, dies außerehelich machen könne. Nun habe er angenommen, daß am Dienstag eine solche Situation bestünde, denn er sei allein nach Hause gefahren und seine Frau habe sich bereits vor der Uni von ihm verabschiedet. Daß sie bei ihren Eltern übernachtet hat, habe er erst jetzt erfahren.
Die absonderlichen Argumente des Dr. Görschdorf verblüffen

Vielitz. Er schüttelt nachdenklich den Kopf und stellt fest: „Was es nicht so alles gibt!"
Die Verdachtsgründe sind durch die Erklärungen Görschdorfs noch nicht völlig ausgeräumt. Nach kurzem Nachdenken darüber gibt er zu verstehen, daß dessen Aussagen genau überprüft werden: „Sie sind beileibe noch nicht aus dem Schneider, Herr Doktor Görschdorf!"
Doch dann tritt eine Wende ein: Meinicke ist erschienen und legt Vielitz einen weiteren Stapel mit Ermittlungsprotokollen auf den Schreibtisch. Vielitz blättert sie durch und findet das Gutachten über die Blutgruppenanalyse aus der Spermaspur. Er vergleicht sie mit der Notiz über Görschdorfs Blutgruppe. Dann wird er nachdenklich, sagt schließlich zu Görschdorf: „Danken Sie Ihrem Schöpfer! Der Verdacht gegen Sie bestätigt sich nicht. Sie haben eine andere Blutgruppe. Aber, um ganz sicher zu gehen, werden wir sie noch mal durch die Gerichtsmedizin feststellen lassen!"
Görschdorf nickt, doch wird ihm die Bedeutung dieses entlastenden Umstands erst klar, nachdem er das Protokoll der Vernehmung durchgelesen hat. Erleichtert kann er wenige Minuten später das ungastliche Haus verlassen.
Vielitz läßt Meinicke kommen: „Unseren Doktor können wir vergessen! Irgendwie müssen wir von vorn anfangen: Personenbewegung am Mittwoch Abend, Zeugen, die Frau Görschdorf gesehen haben, der ganze übliche Kleinkram. Die bereits eingeleiteten Maßnahmen werden aber zu Ende geführt, spätestens bis zum Mittwoch!"
Meinicke macht aus seinem Bedauern, daß der Verdacht gegen Görschdorf offensichtlich unbegründet ist, keinen Hehl, weil er weiß, welche Sisyphusarbeit ihn nun erwartet.
In den nächsten Stunden erarbeiten die beiden Männer den Untersuchungsplan für die nächste Zeit. Und bevor Vielitz den Plan zur Bestätigung dem Dezernatsleiter bringt, sagt er abschließend zu Meinicke: „Jetzt wird der Alte ja wohl nichts mehr gegen eine Presseinformation haben. Sonst kommen wir nie an die Leute, die Frau Görschdorf noch gesehen haben. Ein Bild von ihr haben wir ja!"

Die für Dienstag angesetzte Suche nimmt den ganzen Tag in Anspruch. Bereitschaftspolizisten und Fährtenhunde durchkämmen die großen Naherholungsgebiete in dem Dreieck Friedrichshagen, Schöneiche und Rahnsdorf. In den späten Nachmittagsstunden werden die Suchkräfte fündig: weitab von einer Straße nach Schöneiche liegt, wie dorthin geschleudert, eine kleine braune Aktentasche, deren Inhalt – Seminarunterlagen, Schreibutensilien, Kosmetika, Ausweispapiere und ein Buch mit dem Titel „Lineare Operatoren in normierten Räumen" – noch komplett vorhanden ist. Und in der Wochenend-

Pressemitteilung in der „Berliner Zeitung" vom 3. April 1971 über den zufälligen Fund der getöteten Frau G.

ausgabe der „Berliner Zeitung" vom 3. April 1971 erscheint eine kurze Information der Volkspolizei unter der Überschrift „Verbrechen an 30jähriger Frau". Die Bevölkerung wird zur Mitarbeit aufgerufen. Viele Hinweise gehen bei der MUK ein.
Wie ein Lauffeuer breiten sich auch neue Gerüchte über den Messerstecher von Rahnsdorf aus.
Gleich nach der Presseveröffentlichung meldet sich der Rentner Gawlik aus Erkner bei der MUK. Er ist einer der wichtigsten Zeugen in dieser Ermittlungsphase, da er am Mittwoch, dem 24. März, gegen 19.20 Uhr, vom S-Bahnhof Ostkreuz in Richtung Erkner fahrend, mit dem Mordopfer zusammengewesen sei. Er beschreibt nicht nur die Bekleidung der Frau, macht genaue Angaben über den zeitlichen Ablauf der Fahrt, sondern vermittelt auch die Kenntnis über ein wichtiges Detail, das in der Veröffentlichung nicht genannt wird: „Die Dame hat ein Buch über Mathematik gelesen. Der Titel war mir völlig unverständlich, reines Fachchinesisch!"
Nun läßt sich, zusammen mit den Aussagen anderer Zeugen, der Bewegungsablauf von Frau Görschdorf und die Zeit des Überfalls nahezu lückenlos rekonstruieren. Und als schließlich ein Zeuge aussagt, er habe zur fraglichen Zeit einen schwarzhaarigen Mann, Mitte bis Ende 20, bekleidet mit Bluejeans – zu der Zeit noch eine textile Rarität in der DDR –, hinter der jungen Frau im Fischgrätenmantel herlaufen sehen, erreicht die Fahndung ihren Höhepunkt.
Wieder gehen viele Hinweise bei der MUK ein. Unzählige zeitaufwendige Nachforschungen sind die Folge. Doch jede aufkeimende Hoffnung, den schwarzhaarigen Mann mit den Jeans endlich gefaßt zu haben, zerschlagen sich bei näherer Überprüfung. So vergehen die nächsten Wochen.
Vielitz löst sich langsam von dem Gedanken, der „Jeansmann" sei der Schlüssel zur Lösung des Falls. Nun läßt er in Berlin und im Bezirk Frankfurt/Oder einen Straftatenvergleich durchführen, erfaßt alle männlichen Jugendlichen und Erwachsenen, die wegen sexueller Übergriffe oder Gewalttätigkeiten angefallen sind. Und er schließt in den Vergleich auch Personen ein, die sich in der Vergangenheit Frauen in bedrohlicher Weise genähert hatten, ohne dafür gerichtlich verurteilt worden zu sein.
Mehr als 800 Personen sind zu überprüfen – eine zeitraubende, Geduld erfordernde kriminalistische Routinetätigkeit.

Alle Einzeldaten werden mühsam nach der seinerzeit üblichen, für Massenüberprüfungen durchaus effektiven, Kerblochmethode aufbereitet.

Nach einem bestimmten Schlüssel wurden auf den Randstreifen spezieller Karteikarten die Daten der zu überprüfenden Person eingelocht, so daß ein bestimmtes Kerblochmuster entstand. Nach gleichem Schlüssel konnten die tatrelevanten Daten selektiert werden. Dazu schob man in die Kerblöcher der in einer speziellen Vorrichtung fixierten Karteistapel lange Nadeln. Die Karteien der unverdächtigen Personen blieben an den Nadeln hängen, die der verdächtigen fielen aus der Vorrichtung heraus.

Während in den siebziger Jahren in den USA bereits der Durchbruch enorm platzsparender Computer der dritten Generation gelang, arbeitete man in der DDR mit riesigen EDV-Anlagen (z. B. mit dem „Robotron 300", dessen Zentraleinheit nebst Ein- und Ausgabegeräten sowie externen Speichern zwei große Räume füllte).

Die Datenverarbeitung im Bürobereich mittels der einfachen Lochkartenmethode blieb lange Zeit das Mittel der Wahl. Erst zehn Jahre später fanden die heute üblichen Personalcomputer ihre Verbreitung.

Um die erforderlichen Informationen zu erhalten, wird jede registrierte Person nach ihrem Alibi zur Tatzeit befragt und ihre Blutgruppe ermittelt. Den Befragungen und Zeugenvernehmungen folgt eine aufwendige Vergleichsarbeit und Überprüfung der Angaben. Doch es ist Eile geboten, denn die Erinnerung der Befragten, wo sie sich am Abend des 24. März aufhielten und wer das bezeugen könnte, verblaßt von Tag zu Tag mehr. Hunderte von Überprüfungen werden ohne Erfolg vorgenommen. Noch aber sind nicht alle Männer überprüft und es gilt, geduldig weiter zu ermitteln.

Am 20. Mai 1971 verändert sich die Situation abrupt: Der 18jährige Jugendliche Bert-Julius Geiger, ein hochaufgeschossener, scheuer, geistig etwas zurückgebliebener junger Mann, der in einer kleinen Ortschaft zwischen Erkner und Fürstenwalde wohnt und in einer Köpenicker Druckerei als Gehilfe arbeitet, wird befragt. Er war in den Jahren von 1966 bis 1968 in etwa dreißig Fällen wegen sexuell motivierten Diebstahls von Damenunterwäsche und in zehn Fällen wegen Exhibitionismus

polizeilich aufgefallen. In dieser Zeit war er auch einmal einer Frau unbemerkt gefolgt, hatte sie an einer einsamen Stelle mit einem Messer bedroht und sie aufgefordert, sich auszuziehen. Doch zu seiner Verblüffung kam die Frau dem Verlangen nicht nach. Vor Schreck ließ er von ihr ab. Glücklicherweise blieb es bei der Drohung. Er kam vor Gericht. Wegen seiner geistigen Retardierung wurde er allerdings strafrechtlich nicht zur Verantwortung gezogen. So landete sein Fall wenigstens in den Datenspeichern des kriminalpolizeilichen Straftatenvergleichs.
Bert-Julius trägt zwar keine schwarzen Haare und stimmt auch sonst in keiner Weise mit der Beschreibung des verdächtigen Mannes überein, trotzdem fragen ihn die Kriminalisten, ob er Jeans besitze. Er verneint. Dann geschieht etwas völlig Unerwartetes: Man will von ihm wissen, wann er das letzte Mal im Wald von Rahnsdorf gewesen sei. Natürlich hätte er unbeschadet lügen können. Die Polizisten wären zu dieser Zeit nicht in der Lage gewesen, ihm das Gegenteil nachzuweisen. Doch er lächelt verlegen und sagt spontan, ohne sichtbare Regung: „Ach, da im Wald ... det mit die Frau ... ick hab sie totjemacht!" Zunächst hält man ihn für einen psychopathischen Aufschneider. Solcherart Selbstbezichtigung ist in der Praxis der Morduntersuchung nicht ungewöhnlich. Als er aber hinzufügt: „Mit det Messer hab ick in den Rücken gestochen, durch den Mantel durch ... dann hab ick ihr in den Wald jezogen ... an den Armen ... und dann an ihr rumgemacht", offenbart er das Wissen des wahren Täters. Er nennt Fakten, die bislang ein sorgsam behütetes polizeiliches Geheimnis waren. Wer sie kennt, muß entweder in der Morduntersuchung tätig oder selbst der Täter sein. Bert-Julius Geiger wird auf der Stelle festgenommen.

Wenig später bereitet Oberleutnant Vielitz die Tonaufzeichnungstechnik im schallgedämpften Vernehmungszimmer der MUK vor. Inzwischen unterzieht der Kriminaltechniker Wischnewski den Verdächtigen der üblichen erkennungsdienstlichen Prozedur: Fingerabdrücke abnehmen, ein dreiteiliges Täterlichtbild anfertigen, die sogenannten Signalemente gewissenhaft erfassen, Haar- und Fingernagelproben sichern, unzählige Protokolle und Karteikarten ausfüllen.
Bert-Julius Geiger wird vorgeführt. Vielitz läßt ihn vor dem Schreibtisch Platz nehmen und betrachtet ihn einige Augenblicke schweigend. Er läßt die schlaksige, unscheinbare Gestalt

mit dem Kindergesicht auf sich wirken. Ein weiterer Mann erscheint im Raum. Mit einer Handbewegung deutet er Vielitz an, sich nicht von ihm stören zu lassen und setzt sich etwas abseits, um dem Geschehen beiwohnen zu können.
Unsicher schaut Geiger um sich. Vielitz erklärt: „Das ist der Herr Staatsanwalt. Er möchte nur zuhören. Vielleicht wird er Ihnen später einige Fragen stellen."
Verlegen rutscht Bert-Julius Geiger auf der Sitzfläche seines Stuhls umher. Sein Gesicht verrät höchste Anspannung.
Vielitz beginnt die lange Vernehmung, die erst viele Stunden später beendet sein wird: „Schildern Sie uns mal im Zusammenhang, was da am 24. März passiert ist. Fangen Sie am besten damit an, als Sie früh aufgestanden sind. Später wollen wir dann die Details klären!"
Geiger spielt zunächst verlegen mit seinen Fingern und scheint zu überlegen. Als würde plötzlich ein innerer Ruck durch seinen Körper gehen, richtet er sich auf, schaut Vielitz geradewegs in die Augen, kratzt sich ungehemmt mit beiden Händen die Kopfhaut und spricht mit trockenem Mund: „Na, ja! Ick hab ja da nich jeschlafen, hatte bis um sechs Nachtschicht. Nach acht war ick erst zu Hause. Denn hab ick gepennt, bis kurz nach drei, jejessen und so. Ick wollte nach Köpenick ins Kino. Ick bin mit de Straßenbahn von Rüdersdorf nach Schöneiche jefahren, zu meinem Versteck, wissen Sie, wo det Trafohäuschen an der Bushaltestelle is. Da hab ick det Messer jeholt und bin los, aber nicht ins Kino. Bin rumgeloofen. Dann an der S-Bahn in Rahnsdorf hab ick die Frau jesehen. Hat mir jefallen. Da bin ick hinterher. Keen Mensch in der Nähe. Dachte ick, jetzt jehste ran an ihr. Dann bin ick hin. Komm in den Wald, hab ick jesacht, zieh dir aus! Doch sie is weiterjejangen, hat mich wegjeschubst. Da hab ick Rot jesehn und hab jestochen, in'n Rücken, gleich durch'n Mantel!"
Geiger sieht Vielitz an, als wolle er ergründen, wie dieser auf seine Schilderung reagiert. Doch Vielitz zeigt keine Emotion, sagt nur: „Und weiter ...?"
„Sie is zusammenjesackt. Da hab ick ihr jenommen und in'n Wald rinjezogen, hinjelegt und dann ausjepellt und mit ihr rumjemacht. Aber nich richtig, nur mit die Hände. Dann hab ick mir eenen runterjeholt. Dann nischt wie weg, zur Nachtschicht!" Geiger macht eine Pause.
Vielitz und der Staatsanwalt blicken sich vielsagend an.

Diese gefühlskalte, nüchterne Schilderung erschüttert sie doch.
„Daß das eine Straftat ist, wissen Sie doch wohl?" fragt der Staatsanwalt unbeholfen.
Geiger nickt, streicht einmal heftig mit dem Zeigefinger über seinen Kehlkopf und sagt: „Klar doch! Rübe runter, ick weeß!"
Vielitz macht ihm verständlich, daß gegen ihn ein Ermittlungsverfahren wegen Mordes eingeleitet wird und belehrt ihn offiziell über seine Rechte: „Sie werden nach § 61 der Strafprozeßordnung bis spätestens zum Abschluß des Verfahrens über alle Beweismittel unterrichtet. Sie können alles vorbringen, was die erhobene Beschuldigung ausräumt oder die strafrechtliche Verantwortlichkeit mindern kann. Sie können sich selbst verteidigen und sich in jeder Lage des Verfahrens eines Verteidigers bedienen. Sie können Beweisanträge und andere Anträge zur Durchführung des Verfahrens stellen und Rechtsmittel einlegen. Haben Sie das verstanden?"
Bert-Julius Geiger schaut ihn an und nickt: „Ja, hab ick!"
„Wenn Sie's nicht verstanden haben sollten, dann erkläre ich es Ihnen nochmal. Sie müssen es nämlich unterschreiben!"
„Nee, nee, is nich nötig, hab verstanden", wehrt Geiger ab, eine Spur von Entrüstung in seiner Miene.
Im Verlaufe der weiteren kriminalpolizeilichen Ermittlungen und Überprüfungen bestätigen sich die Einlassungen des beschuldigten jungen Mannes, der, ohne es zu wissen, das Wiederaufleben der Angst vor dem unheimlichen Rahnsdorfer Messerstecher verursacht hat. Bis zum Abschluß der Ermittlungen bleibt er stets kooperativ und von freundlicher Grundstimmung.
Mehrere Wochen dauert die Begutachtung durch einen forensischen Psychiater der Charité. Dann steht es fest: Bert-Julius Geiger ist nur vermindert zurechnungsfähig. Er ist eine schwerwiegend abnorme Persönlichkeit, die vor allem in der geistigen Entwicklung erheblich zurückgeblieben ist. Dieser Defekt beeinträchtigt ihn in bestimmten Lebenssituationen beträchtlich. Einerseits führt er zu bedrückender Hemmung und Selbstwertbeeinträchtigung, andererseits zu Jähzorn und ungebremsten affektiven Entladungen, die erhebliche Aggressionen zur Folge haben können. Seine Kindheit verbrachte er bei den Großeltern, ohne emotionalen Bezug. Die Schule verließ er bereits mit der 6. Klasse. Er wurde Druckgehilfe, war fleißig und gewissenhaft. Doch er blieb extrem schüchtern, in seinem Selbstbewußtsein

schwer lädiert, unfähig zu normaler Konfliktbewältigung und sozialer Kommunikation. So blieb er ein absonderlicher Einzelgänger.
Einen Tag nach dem Mord stahl er aus einem Grundstück Damenunterwäsche, zog sich in die Stille des Waldes zurück und masturbierte, in der Phantasie das schreckliche Geschehen des Vorabends genußvoll nacherlebend.
Der Strafsenat 2 a des Ost-Berliner Stadtgerichts bejahte die Schuldfähigkeit Geigers für den Mord, obwohl die Voraussetzungen für eine verminderte Zurechnungsfähigkeit vorgelegen haben und verurteilte ihn zu lebenslangem Freiheitsentzug.

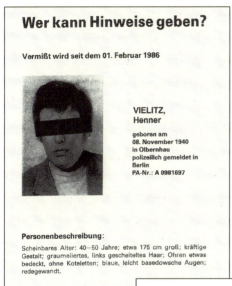

Internes Fahndungsblatt der VP zur Suche nach dem vermißten Hauptmann V., das wenige Tage vor seinem Auffinden herausgegeben wurde.

Wenn man den Auskünften glauben darf, ist Bert-Julius Geiger seit einiger Zeit wieder auf freiem Fuß. Im psychiatrischen Haftkrankenhaus im sächsischen Waldheim wurde er erfolgreich therapiert. Heute führt er ein unauffälliges Leben im Hause seiner Eltern.
Oberleutnant Vielitz machte in der Kriminalpolizei Karriere. Doch im Februar 1986 erlitt er eine schwere endogene Depression. Er verkroch sich wie ein Tier unter dem Unrat einer Berliner Großgärtnerei und beendete durch einen gezielten Kopfschuß aus der Dienstwaffe sein Leben. Tagelang blieb er vermißt, bis man zufällig seine Leiche fand.
Oberleutnant Meinicke, bis zur Wende in der Morduntersuchung tätig, wurde 1990 im Alter von 56 Jahren von seinem Dienstherrn mit sanfter Gewalt in den Vorruhestand gedrängt, während der Kriminaltechniker Wischnewski, trotz seines Alters von 57 Jahren, im Dienstgrad zurückgestuft, in der vereinten Polizei Berlins „weitere Verwendung" fand.
Der Ehemann der Ermordeten, Dr. Görschdorf, verstarb 1979 an den Folgen einer schweren Herzattacke.

Verlorene Mütter

(Aktenzeichen B I 11/68 Bezirksstaatsanwalt Karl-Marx-Stadt)

Ulla Söllner war immer schon ein störrisches Mädchen. Ihr Starrsinn brachte Vater und Mutter öfter an die Grenzen ihrer erzieherischen Einflußmöglichkeiten. Die Eltern, regsame, fleißige Landwirte, genießen in ihrem Ort am Rande der sächsischen Kreisstadt Hohenstein-Erntthal einen guten Ruf. Sie sind darauf bedacht, daß ihre Tochter eine ordentliche Entwicklung nimmt. In nahezu regelmäßigen Zeitabständen wiederholen sich die Themen der Auseinandersetzung mit ihr. Meist geht es um die Unordnung in Ullas Zimmer oder um ihren mangelhaften Beitrag gegenüber den Erfordernissen, die der bäuerliche Haushalt der Eltern mit sich bringt. Die Erfüllung von Pflichten empfindet sie eher als Last. Mit ausgeklügelten Begründungen versucht sie, sich ihnen möglichst zu entziehen. Am liebsten verbringt sie ihre Freizeit mit den Jungen des Dorfes. In deren Gegenwart fühlt sie sich wohl und imponiert durch ein gespieltes emanzipiertes Auftreten. Mit 15 Jahren raucht sie schon täglich fast eine Schachtel Zigaretten, sehr zum Mißfallen ihrer Eltern. Manchmal trinkt sie auch Alkohol und bemerkt nicht, daß die hämische Dorfjugend sie dazu animiert. Schon die ersten sexuellen Regungen lebt sie mit verschiedenen Jungen aus. Sie ist bald kaum mehr in der Lage, ihre Triebe zu beherrschen. So sehr sie sich einen festen Freund wünscht, ihre kurzen Beziehungen brechen bald wieder auseinander. Ihr entgeht, daß sie als begehrtes Pettingobjekt, das man leicht herumkriegen würde, von den Jungen heimlich weitergereicht wird. Damit ist der soziale Mißerfolg frühzeitig vorbestimmt und bildet mit der schleichenden Verwahrlosung ihrer Sexualität eine unheilvolle Allianz.
Lustlos hangelt sie sich über die Schulzeit. Ihre Leistungen bleiben unter dem Durchschnitt. Es ist ein großes Glück, dessen sie

sich nie so recht bewußt wird, nach Abschluß der Schule dennoch eine Lehrstelle als Industriekauffrau in der nahen Großbäckerei in Kuhschnappel zu erhalten.
Mitten in der Erntezeit des September 1967, Ulla ist nach dem Besuch einer Jugendveranstaltung erst in den frühen Morgenstunden heimgekehrt, gibt es während des Abendessens in der Wohnküche eine erneute Auseinandersetzung mit den Eltern.
„Noch bist du nicht volljährig, steckst deine Füße unter unseren Tisch. Deshalb hast du nach Hause zu kommen, wann wir es bestimmen!" schnarrt sie der Vater an.
Ulla sitzt ohne Appetit bei Tisch, knabbert verlegen an ihren Fingernägeln. Sie faßt sich und kontert schnippig: „Nächstes Jahr bin ich achtzehn. Dann ziehe ich sowieso aus!"
„Du kannst nicht einfach nur das machen, wozu du Lust hast. Es gibt auch Pflichten. Und Fleiß gehört auch zum Leben, sonst wird nichts aus dir. Nur Jungen und Tanzen im Kopf, das bringt doch nichts!" knurrt der Vater streng.
Die Mutter mischt sich zaghaft in das Gespräch: „Der Papa meint es doch nur gut mit dir. Stromere nicht so viel herum und erledige deine Aufgaben. Schließ deine Lehre ordentlich ab. Später kannst du machen, was du für richtig hältst!"
„Seid ihr jetzt fertig?" unterbricht Ulla die Belehrung schroff, schiebt den Teller zur Seite und steht auf. Hilflos blicken sich die Eltern an und schweigen. Beim Verlassen der Küche sagt Ulla noch: „Ich gehe in mein Zimmer. Mir ist nicht gut!"
Wenig später räumt die Mutter den Tisch ab und stellt fest: „Ein schwieriges Mädel. Was haben wir bloß falsch gemacht? Wenn das so weitergeht, läßt sie sich eines Tages noch ein Kind machen. Ich weiß auch nicht mehr weiter!"
„Wäre sie ein Junge, würde ich ihr kräftig den Arsch versohlen. Das hat mir auch nicht geschadet. Mein Alter war da auch nicht zimperlich", schließt der Vater das Gespräch ab.
Ulla hatte sich in ihr Zimmer zurückgezogen und hängt ihren Gedanken nach, während aus dem Radio die „Schlager der Woche", eine regelmäßige Sendung des RIAS von und mit Lord Knut, dröhnen. Sie macht sich ernsthafte Sorgen, daß ihre Regelblutung bereits den zweiten Monat überfällig ist, ohne zu wissen, welche Gedanken sich die Mutter in dieser Richtung bereits macht.
Und wenn sie schwanger ist? Heißes Blut schießt ihr in den Kopf. Nein, das darf nicht sein! Ich will kein Kind. Niemals!

Doch im Verlaufe des Abends verblassen ihre Befürchtungen wieder. Sie glaubt vielmehr, sich zu irren und redet sich mit suggestiver Eindringlichkeit ein, daß nicht sein kann, was nicht sein darf. Letztlich geht jeder aufkeimende Gedanke an eine mögliche Schwangerschaft in den festen Entschluß zu einer Abtreibung über. Sie beruhigt ihre aufgewühlte Seele mit dem naiven Optimismus, daß sich schon irgendeine Lösung finden wird.

Einen knappen Monat später feiert Ulla mit ihrem neuen Freund, dem 19jährigen Konrad Bauerfeind, der in Lohndorf, einem Nachbarort, als Traktorist arbeitet, Verlobung und stellt ihn ihren Eltern vor. Verdutzt nehmen sie die Mitteilung zur Kenntnis. Doch der junge Mann macht einen guten Eindruck auf sie. Deshalb glauben sie, daß diese Beziehung sich positiv auf die weitere Entwicklung ihrer Tochter auswirken wird. Daß Ulla bereits ein keimendes Leben in sich trägt, denn ihre Regelblutung ist auch in diesem Monat ausgeblieben, darüber wahrt das Mädchen strenges Stillschweigen. Konrad darf es nicht erfahren. Er würde sie sonst auf der Stelle verlassen. Nein, sie will ihn nicht verlieren. Ihre Zuneigung zu ihm ist durchaus ehrlich. Immer noch sucht sie nach einem Ausweg, das drohende Unheil abzuwenden. Zusätzlich belastet sie der Gedanke, nicht genau zu wissen, wer von den früheren Freunden der Vater ist.
Der Monat Oktober vergeht wie im Flug. Ihre Gefühle pendeln zwischen Glückseligkeit, wenn sie mit Konrad zusammen ist, und immer größer werdender Angst, ihr Körper könne bald der Verräter des fatalen Geheimnisses sein.
Wenn sie allein in ihrem Zimmer ist und die Eltern schlafen, trinkt sie heißen Rotwein, bis ihr flau im Kopf wird, springt etliche Male von einer alten Truhe, staucht bei jedem Sprung ihren Körper auf die harten Holzdielen und schnürt ihren Leib mit elastischen Binden. Diese Prozeduren dienen nur dem einen Ziel: die ersehnte Blutung zu provozieren, die sie von der unheimlichen Last befreien könnte.
Doch das alles sind Versuche mit untauglichen Mitteln.
Vor dem Einschlafen grübelt sie lange Zeit über eine Lösung nach.
Anfang November, so rechnet sie, ist bereits der vierte Schwangerschaftsmonat erreicht. Der reguläre Geburtstermin müßte also in der zweiten Aprilhälfte, spätestens in den ersten Maita-

gen des nächsten Jahres liegen. Auf keinen Fall will sie das Kind haben. Deshalb will sie es heimlich gebären und töten. Sie weiß, daß dies zwar ein Verbrechen ist, vertraut aber ihrem Geschick, sich nicht zu verraten. Da die Zunahme des Leibesumfangs künftig nicht zu verbergen sein würde, schließt sie diese Tatsache in ihre Überlegungen ein.

Wenige Tage später teilt Ulla mit gespielter Freude einer Klassenkameradin mit, daß sie im zweiten Monat schwanger sei und vermutlich Ende Juni nächsten Jahres entbinden werde. Logischer Weise hält die Freundin Konrad Bierfreund für den künftigen Vater, was Ulla beabsichtigt. Der Plan scheint aufzugehen, ihre Erklärungen wirken glaubhaft. Am gleichen Abend teilt sie das angeblich freudige Ereignis ihren erstaunten Eltern mit. Sie wirkt dabei gelöst und freundlich. Auch Konrad Bierfreund nimmt die Mitteilung ziemlich gelassen auf. Zwar hält sich seine Freude in Grenzen, doch findet er sich schnell mit der neuen Situation zurecht. Er hat nicht den geringsten Zweifel, daß er der Vater des werdenden Kindes ist.

Ulla Söllner hat mit dieser Täuschung die erste große Hürde auf dem Weg zur Lösung ihres Problems erfolgreich überwunden. Nun konzentriert sie sich lediglich darauf, daß die Geburt unbemerkt erfolgen und das Kind irgendwie getötet werden muß. Dann kann sie vorgeben, sie habe im siebten Monat eine Fehlgeburt gehabt. Niemand wird dann die Wahrheit erfahren.
Rührend und voller Sorge kümmert sich Konrad Bierfreund um seine junge Braut. Zukunftspläne werden geschmiedet. Vater Söllner schlägt vor, das Dachgeschoß auszubauen, um der neuen Familie ein eigenes Zuhause zu sichern. Auch die Mutter sichert zu, sich um das Gedeihen des künftigen Enkels zu kümmern, damit Ulla sorgenfrei die Lehrzeit übersteht. Äußerlich angepaßt läßt Ulla der Entwicklung freien Lauf. In der Tiefe ihrer Seele aber breitet sich die Weigerung, das in ihrem Leib entstehende Leben anzunehmen, immer weiter aus. Haß und Abscheu sind die eigentlichen Triebkräfte, die ihre Gedankenwelt steuern: Das Kind muß weg!

Im Dezember 1967 – Ullas Leibesumfang hat inzwischen merklich zugenommen – fragen die Eltern nach, ob sie sich, wie es ihre gesetzliche Pflicht ist, der Obhut der Schwangerenfürsorge, zumindest aber eines Arztes anvertraut habe. Sie verneint und befreit sich aus der Peinlichkeit mit der Lüge, es umgehend nachzuholen. Die Eltern vertrauen ihr.

Doch weitere Monate vergehen. Nach wie vor verdrängt Ulla das unvermeidliche Geschehen in ihrem Leib. Ihr Plan, das neue Leben nicht zuzulassen, steht unerschütterlich fest. Jede Bewegung des Kindes erinnert sie an ihren schrecklichen Entschluß. Am Vormittag des 6. April 1968 kündigt sich der Höhepunkt des Verhängnisses an: Mitten im Unterricht in der Berufsschule bemerkt Ulla einen kurz anschwellenden Krampf in ihrem Leib, der zwar nur kurz andauert, sich aber nach einiger Zeit wiederholt. Es sind die ersten untrüglichen Anzeichen der nahen Geburt. Ulla verläßt mit der Begründung, einen Arzt aufsuchen zu müssen, vorzeitig den Unterricht. Doch sie eilt nach Hause, wohl wissend, daß sie dort ungestört ist. Ihre Eltern waren zufällig am frühen Morgen zum Einkauf nach Karl-Marx-Stadt gefahren und beabsichtigten, erst am Abend heimzukehren.

Nach und nach wiederholen sich die Leibeskrämpfe in immer kürzeren Zeitabständen. Sie nehmen an Stärke zu. Ulla Söllner vermutet richtig, daß dies die Wehen sind und ist sich nun der bevorstehenden Geburt gewiß. In ihrer Seele bricht das Chaos aus. Verzweifelt läuft sie im Hause umher. Sie kann sich nicht entscheiden, wo die Geburt stattfinden soll. Am liebsten würde sie sich ins Bett legen und dort die Geburt abwarten. Eine unbeschreibliche Furcht, sich dem Anblick des Kindes dann stellen zu müssen, breitet sich in ihr aus. Nein! Nein, das will sie nicht! Dieses Kind darf nicht leben! Und sie verdrängt jeden Gedanken, der ihren Tötungswillen schwächen könnte.

Kurze Zeit später treten die Wehen bereits in Abständen von Minuten auf. Die Schmerzen sind heftig und der Druck im Unterleib nimmt zu. Inzwischen hat Ulla, wie sie glaubt, den geeigneten Ort gefunden, um die Geburt und die Tötung zu vollenden. Sie schleppt sich mühsam über den Hof zum alten Abort, einem Plumpsklo aus vergangenen Jahren, hinter dem sich die große Jauchegrube befindet. Den ätzenden Geruch aus Chlorkalk und Ammoniak nimmt sie kaum wahr. Mit entblößtem Unterkörper setzt sie sich auf die kreisrunde Öffnung. Bald fühlt sie den gewaltigen Druck, mit dem das neue Leben sich seinen Weg nach draußen bahnt, obwohl sie sich dagegen zu wehren versucht. Ihr Widerstand wird immer schwächer, bis sie, ohne es zu wollen, wie automatisch durch aktives Pressen den Geburtsvorgang unterstützt. Bald fühlt sie den Kopf ihres

Kindes, dann dessen Schultern. Mühelos gleitet der restliche Körper aus dem ihren. Mit beiden Händen hält sie die Nabelschnur fest und durchtrennt sie mit den Fingernägeln. Ohne den befreienden Schrei, der das selbständige Atmen einleitet, stürzt das Neugeborene in die Tiefe. Es liegt noch eine Zeitlang auf der Oberfläche der Jauche, ehe es langsam und lautlos versinkt. Erst später, im Rahmen der polizeilichen Ermittlungen, erfährt sie, daß sie ein Mädchen geboren hatte.
Kraftlos verharrt sie, bis erneute Wehen den Ausstoß der Plazenta ankündigen. Als auch dies vorüber ist, fühlt sie sich matt und müde. Erst nach einer Weile kann sie den Abort verlassen. Mit großer Mühe überquert sie den Hof, geht ins Haus und erklimmt die steile Treppe, die zu ihrem Zimmer führt. Mit letzter Kraft sinkt sie in ihr Bett und verfällt in einen tiefen Schlaf.

In den frühen Morgenstunden des 7. April 1968 wird Ulla Söllner durch heftige Schmerzen im Unterleib aus dem Schlaf gerissen. Ihr ist hundeelend. Starke Blutungen haben die Bettwäsche verschmutzt. Ulla richtet sich langsam auf, kämpft gegen das nahende Schwindelgefühl, das ihr die Sinne zu rauben scheint. Vorsichtig wankt sie zur Tür, das Blut rinnt unaufhörlich an ihren Beinen herunter. Sie öffnet die Tür ihres Zimmers, hört, wie die Mutter in der Küche hantiert. Mit letzter Kraft ruft sie verzweifelt: „Mama! Schnell, hilf mir!"
Entsetzt eilt die Mutter die Treppe hinauf. Vor ihr steht das Jammerbild ihrer Tochter.
„Um Himmels Willen, was ist passiert?"
„Gestern Abend – ich, ich hatte eine Fehlgeburt", stammelt Ulla schwach.
„Kind, du hast ja so viel Blut verloren!"
Eilig wechselt die Mutter die Wäsche, reinigt Ullas Körper vom Blut. Dann bugsiert sie ihre Tochter zurück ins Bett: „Bleib liegen, ich fahre zur Gemeindeschwester. Du brauchst Hilfe!"
Die Gemeindeschwester reagiert schnell. Ein herbeigerufener Arzt weist Ulla ohne Zögern ins Krankenhaus nach Hohenstein-Ernstthal ein, nachdem sie ihm zu erklären versuchte, auf der Toilette von einer plötzlichen Fehlgeburt überrascht worden zu sein.
Sie muß die Prozedur einer Ausschabung erdulden. Die Reste der Plazenta können nur auf diese Weise entfernt und die Blutung muß gestillt werden. Eine halbe Stunde später findet sie in

einem frisch hergerichteten Krankenhausbett auf der gynäkologischen Station Ruhe, wenn auch nur kurz.
Dann setzt sich ein älterer, väterlich wirkender, freundlicher Arzt zu ihr ans Bett und spricht ruhig auf sie ein: „Soweit ist jetzt alles wieder in Ordnung. Sie müssen noch unter ärztlicher Betreuung bleiben, aber morgen können Sie hier raus. Da gibt es aber ein anderes Problem. Seien Sie mal ganz ehrlich, mein Kind. Das war niemals ein Abort, ich meine, eine Fehlgeburt!"
„Wie wollen Sie das wissen?" fragt Ulla zaghaft.
„Es gibt ausreichende medizinische Beweise dafür, daß Sie das Kind regulär ausgetragen haben. Also, machen Sie's nicht noch schlimmer, als es ohnehin schon ist."
Ulla besitzt keine Widerstandsenergie mehr, ihre Kräfte sind restlos aufgezehrt. Jetzt hat sie sich in ihr Schicksal gefügt. Sie weint leise in die Kissen, doch sie erzählt nach kurzem Zögern dem Arzt die ganze, wahre Geschichte.
Geduldig hört der Doktor zu, ohne sie zu unterbrechen. Als sie ihre Schilderung beendet hat, streichelt er väterlich ihre Hand, spricht aber mit sehr ernster Stimme: „Ein großes Problem haben Sie sich da aufgehalst. Und das Schlimme ist, es wird noch größer. Aber bleiben Sie tapfer wie eben bei der Wahrheit. Die Grenzen meiner Schweigepflicht sind jetzt überschritten. So leid mir es tut, ich muß den Vorfall der VP melden."
Diese Mitteilung ist ihm so peinlich, daß er Ulla kurz darauf verläßt.
Nach § 225 StGB und einer Anordnung des Ministers für Gesundheitswesen der DDR (Gesetzblatt Teil 2, Nr. 54, Seite 54, vom 30.05.1957) obliegt dem Arzt die Pflicht zur unverzüglichen Anzeige, weil der Verdacht eines Verbrechens gegen das Leben besteht. Unterließe er sie, würde er sich selbst strafbar machen. Mit einem zwiespältigen Gefühl von Pflichtbewußtsein und Bedauern führt er ein längeres Telefonat mit einem Kriminalisten des VP-Kreisamtes. Und am gleichen Tage erfolgt die erste polizeiliche Befragung Ullas. Sie ist gefaßt und bemüht, sich nicht in weiteren Lügen zu verstricken.

Am Morgen des 8. April rücken Polizisten aus Hohenstein-Ernstthal und ein Fahrzeug der kommunalen Fäkalienabfuhr bei Söllners an. Ein langer, dicker Schlauch wird vom Abwasserfahrzeug abgerollt. Sein Anfang taucht in die Jauchegrube hinter dem Abort. Dann wird die Pumpe in Betrieb genommen.

> Gesetzessammlung DVP
>
> Grundwerk
>
> **M 2/1/1** 1 Blatt — Blatt 1
>
> ### Anordnung über die Meldepflicht bei Verdacht auf strafbare Handlungen gegen Leben oder Gesundheit
>
> vom 30. Mai 1967
>
> (GBl. II Nr. 54 S. 360)
>
> Im Interesse des Schutzes von Leben und Gesundheit der Bürger wird im Einvernehmen mit den Leitern der zuständigen zentralen staatlichen Organe folgendes angeordnet:
>
> § 1
>
> (1) Personen, die in einem auf eine strafbare Handlung gegen das Leben hindeutenden Zustand ärztliche Hilfe in Anspruch nehmen, sind durch den betreffenden Arzt unverzüglich zu melden. Die Verpflichtung zur Meldung besteht auch dann, wenn der Verdacht einer strafbaren Handlung gegen die Gesundheit (u. a. bei Verdacht auf Mißhandlung bzw. Verletzung der Fürsorgepflicht) begründet ist, soweit es sich um Kinder oder hilflose Personen handelt.
>
> (2) Diese Meldepflicht betrifft alle Ärzte.
>
> § 2
>
> Die Meldung ist an die zuständige Dienststelle der Deutschen Volkspolizei bzw. an den Kreisstaatsanwalt und an den für das Gesundheitswesen verantwortlichen Leiter im Kreis (Kreisarzt, Ärztlicher Direktor der Vereinigten Gesundheitseinrichtungen) zu richten.
>
> § 3
>
> Diese Anordnung tritt am 1. Juli 1967 in Kraft.
>
> Berlin, den 30. Mai 1967
>
> Der Minister für Gesundheitswesen

Wortlaut der die Meldepflicht bei Verdacht auf strafbare Handlung gegen Leben und Gesundheit regelnden Anordnung.

Während sie langsam, aber unaufhaltsam den stinkenden Brei aus der Grube schlürft, um die Leiche des Säuglings freizulegen, werden aus dem Zimmer Ullas Blutspuren gesichert.
Die Befunde der nachfolgenden Autopsie beweisen, daß der Tod nicht, wie zunächst angenommen, durch Ersticken an den Fäkalien, sondern durch Unterkühlung verursacht wurde.
Wenige Wochen später sind die polizeilichen Ermittlungen abgeschlossen, und der Staatsanwalt erhebt Anklage. In der Hauptverhandlung sieht das Gericht es als hinreichend erwiesen an, daß Ulla Söllner ihr Kind unmittelbar nach der Geburt vorsätzlich getötet hat, indem sie es nach dem beabsichtigten Fallenlassen in die Jauchegrube kaltblütig seinem Schicksal überließ.

Sie wurde wegen Totschlags nach § 113 Abs. 1 Ziffer 2 StGB mit einem dreijährigen Freiheitsentzug bestraft.
Unmittelbar nachdem der Vorfall bekannt wurde, wandte sich Ullas Verlobter brüskiert von ihr ab. Nur die Eltern hielten zu ihr, obwohl sie das Geschehene zutiefst verurteilten und niemals begriffen, wieso ihre Tochter das eigene Kind umbringen konnte.

(Aktenzeichen 2 BS 28/71 Bezirksstaatsanwalt Erfurt)

Am Mittwoch, dem 14. Juli 1971, finden Deponiearbeiter auf einer Müllkippe unweit von Arnstadt, der verträumten kleinen Kreisstadt zwischen den Vorbergen des Thüringer Waldes, einen toten Säugling, zusammengeschnürt in einem bunten Badelaken. Sie schlußfolgern, daß dieses schreckliche Päckchen mit dem Müll eines der letzten Fahrzeuge der Arnstädter Müllabfuhr auf die Deponie gelangt war. Die Verschnürung hatte sich soweit gelöst, daß der tote Körper teilweise aus der Verpackung herausragt. Es sind bereits erste Anzeichen von Verwesung zu erkennen. Die eingetrockneten Nabelschnurreste sind sicheres Zeichen für eine zeitlich nur kurz zurückliegende Geburt.
Der Leichnam wird zur Autopsie in das Jenaer Institut für gerichtliche Medizin und Kriminalistik gebracht. Unterdessen rekonstruiert der Deponiemeister die Routen der fraglichen Fahrzeuge, die das tote Neugeborene transportiert haben könnten. Seine Schlußfolgerung, der kleine Leichnam sei mit dem Haushaltsmüll aus dem Norden von Arnstadt auf die Kippe geraten, ist ein erster wichtiger Ansatz für die polizeilichen Ermittlungen.
Auch die Sektion führt zu bedeutsamen Ergebnissen: Es ist die Leiche eines 49 Zentimeter großen, reifen Neugeborenen weiblichen Geschlechts, 3 100 Gramm schwer. Obwohl die Verwesung, durch die sommerlichen Temperaturen beschleunigt, in vollem Gange ist, läßt sich die Todeszeit recht gut schätzen. Sie dürfte nur wenige Tage zurück liegen. Außerdem finden sich Zeichen der Erstickung, die auf einen Tod durch gewaltsamen Verschluß der Atemöffnungen schließen lassen. Die mikroskopische Untersuchung der Nabelschnur ergibt Hinweise auf ein Durchtrennen durch bloßes Zerreißen. Die Reste des Mekoni-

Das am 14. Juli 1981 auf der Müllkippe bei Arnstadt aufgefundene tote Neugeborene.

ums – dem während der Entwicklung in der Gebärmutter gebildeten Stuhl des Kindes, dessen Entleerung aus dem Körper üblicher Weise unmittelbar nach der Geburt erfolgt, lassen den Schluß zu, daß Geburts- und Todeszeit sehr nahe beieinander liegen.
Auch die Untersuchung des Mittelohrs, des Lungengewebes und des Magen-Darm-Traktes, deren Befunde wichtige Aufschlüsse darüber geben, ob das Kind lebend geboren wurde, bestätigen die Vermutung, daß es zumindest für eine kurze Zeit selbständig geatmet hat. Deshalb kann eine Totgeburt sicher ausgeschlossen werden. Alle diese Umstände begründen den dringenden Verdacht einer Kindestötung. Ein Ermittlungsverfahren gegen „Unbekannt" wird eingeleitet.
Die nächsten Tage der Kriminalisten sind mit Ermittlungen im Kreiskrankenhaus, bei den Schwangerenberatungsstellen und Frauenärzten ausgefüllt. Dabei geht es vorrangig darum, welche Frauen in den letzten Tagen wegen einer vermeintlichen Fehl- oder Totgeburt ärztlich behandelt werden mußten. Zu den kriminalistischen Spitzfindigkeiten gehört es aber auch, zu erkunden, welche Schwangere sich vermutlich nicht, wie allenthalben üblich, auf die bevorstehende Geburt vorbereitet haben könnte.
Doch, selbst wenn derartige Umstände im Umfeld einer Verdächtigen bekannt sind und auch der Kriminalpolizei mitgeteilt werden, hängt der Erfolg der weiteren Ermittlungen von einer exakten, objektiven Beweisführung ab. Falls eine Schwangere

nämlich ihren Zustand gänzlich zu verheimlichen versteht und deshalb in der Beratungsstelle nicht erfaßt ist, laufen solche Recherchen bereits von vornherein ins Leere.
Deshalb veröffentlicht die Tagespresse in Arnstadt bereits in der Wochenendausgabe vom 17. Juli 1971 eine kurze Notiz der VP über den Fund des Neugeborenen auf der Mülldeponie und appelliert an die Bereitschaft der Bevölkerung, der Polizei verdächtige Wahrnehmungen mitzuteilen.
Daraufhin gehen in den nächsten Tagen vielzählige Hinweise bei der MUK ein, die einer Prüfung bedürfen. Erfahrungsgemäß ist dies mit schwierigen und mitunter auch langwierigen Ermittlungen verbunden, weil derartige Hinweise meist auf Gerüchten beruhen, die hinter vorgehaltener Hand in der Bevölkerung kursieren. Die Fragen zu beantworten, worin ihr objektiver Gehalt besteht und wo ihre Quellen zu finden sind, erfordert besondere Ausdauer und Exaktheit.
Die Kriminalisten haben gelernt, daß ein solch mühseliges Vorgehen bei Kindestötungen erforderlich ist. Sie können zu diesem Zeitpunkt nicht wissen, daß der „Kommissar Zufall" – ein höchst unzuverlässiger und seltener Geselle der Untersuchungspraxis – wenige Tage später überraschend in die Ermittlungen eingreifen wird.

Am Nachmittag des 23. Juli 1971 betritt die 30jährige Programmierassistentin Birgit Werner die Praxisräume des Arnstadter Frauenarztes Dr. Glowatzki. Unschlüssig und gehemmt bleibt die kleine, kräftige, dennoch zerbrechlich wirkende Gestalt an der Eingangstür stehen, bis die Sprechstundenhilfe sie anspricht: „Na, Frau Werner, nicht so zaghaft, nur herein! Was fehlt Ihnen denn?"
„Ich muß unbedingt zum Doktor, heute noch", flüstert diese, „ich habe akute Unterleibsschmerzen."
Die Dame im weißen Kittel nickt und überlegt kurz, macht wortlos eine fordernde Handbewegung. Birgit Werner deutet diese Geste richtig und übergibt ihren SV-Ausweis.
„Es dauert aber ein Weilchen, nehmen Sie inzwischen Platz", beruhigt sie die Schwester und weist auf das Wartezimmer. Dann beendet sie den Dialog: „Ich suche erst Ihre Patientenkartei heraus!"
Zaghaft betritt Birgit Werner das Wartezimmer. Dort sitzen bereits einige Patientinnen. Sie hat das Gefühl, daß neugierige

Augen sie zu mustern versuchen. Um sich ihnen zu entziehen, nimmt sie direkt am Fenster Platz und starrt mit leerem Blick in die Ferne. Sie wirkt wie geistesabwesend. Doch sie konzentriert ihre Gedanken auf einen vor zwei Tagen gefaßten, folgenschweren Entschluß, sich Dr. Glowatzki mit einem schwerwiegenden Problem anzuvertrauen. Sie kämpft aber auch gegen die inneren Kräfte, aus Bequemlichkeit und Feigheit den Konsequenzen am liebsten ausweichen zu wollen. Die Leibschmerzen und die ungestümen Blutungen der letzten Tage erscheinen ihr eher als Nebensächlichkeit.

Dieser Arzt, der ihr Vater sein könnte und dessen Tüchtigkeit und behutsamer Umgang mit den Patientinnen sie schon immer beeindruckte, ist der einzige Mensch in diesen Tagen, der ihr ganzes Vertrauen genießt. Er betreut sie schon seit der Zeit, als sie mit ihren Söhnen, dem inzwischen fünfjährigen Sven und dem dreijährigen Matthias schwanger war. Nur er soll sie untersuchen, nur ihm kann sie erklären, wie sich die Ereignisse des letzten Jahres so unheilvoll entwickelt haben und wie die Verzweiflung ihr die Sinne nahm.

Birgit Werner weiß sehr wohl, daß am Ende dieses Arztbesuches ihr Leben eine weitere jähe Wendung erfahren wird. Doch sie will endlich einen Schlußstrich ziehen unter die dramatischen Vorgänge, die sich ihr einst so sanft und lustvoll näherten, ehe sie sich derart in ihnen verstrickte, daß sie keinen Ausweg mehr zu finden glaubte.

Vor einer knappen Woche, als sie die Notiz in der Zeitung über den Fund eines Neugeborenen auf der Müllkippe in Schrecken versetzte, empfand sie das erste Mal die Unmöglichkeit, das Geschehen für immer zu verheimlichen. Und ihr Gewissen trieb sie zu dem Entschluß, sich das Leben zu nehmen. Denn das tote Neugeborene auf der Müllkippe ist ihr Kind. Jetzt, wo sie den Gedanken an den eigenen Tod wieder verdrängt hat und die Schmerzen in ihrem Leib die Erinnerung an alles wachhalten, was ihre Seele belastet, will sie sich dem Schicksal stellen. Nur so, glaubt sie, bleibt ihr ein wenig Hoffnung auf eine neue, lebenswerte Zukunft.

Auf der Suche nach Gründen für ihr schmähliches Versagen ziehen ihre Gedanken bis in die unbeschwerte Kindheit zurück. Nachträglich empfindet sie das ständige, häufig übertriebene Umsorgt- und Behütetsein, mit dem die Mutter vermeintliche Belastungen, Sorgen und Schwierigkeiten von ihr fernhielt, als

eine Last. Sie lernte es nicht, Entscheidungen selbständig zu treffen und eigene Verantwortung zu übernehmen. So blieb es über die gesamte Schulzeit hinweg bis zum Abitur.
Ihre guten Noten waren weniger das Ergebnis beharrlichen, zielstrebigen Lernens, sondern mehr natürlicher Intelligenz und Auffassungsgabe geschuldet, die ihr auch einen erfolgreichen Studienabschluß als Ingenieurökonom sicherten. Allerdings in praktischen Fragen des täglichen Lebens blieb sie vielfach eine Versagerin.
In der Studienzeit lernte sie Knut kennen, der ein Studienjahr über ihr war. Sein praktischer Sinn und die Organisiertheit, mit der er sein Leben gestaltete, beeindruckten sie sehr. Schon beim Kennenlernen verliebte sie sich so heftig, daß sie sich ihm auf ewig verfallen fühlte. Nun ist sie schon sechs Jahre mit ihm verheiratet. Beide sind stolze Eltern zweier prächtiger kleiner Söhne. Auch finanziell geht es der Familie verhältnismäßig gut. Und selbst, wenn die Kasse wirklich mal etwas knapp wird, ist ihre Mutter sofort zur Stelle und hilft.
Knut ist auch zu Hause ein perfekter Ökonom. Er verwaltet das Geld, plant den Haushalt, die Freizeit der Kinder, den Urlaub und die Erziehung. Birgit hat sich ihm total untergeordnet. Ihre Untertanenrolle nimmt sie gar nicht wahr, fühlt sich als die ausführende Kraft dessen, was er bestimmt. Und wenn sie ganz ehrlich zu sich selbst ist, muß sie bekennen, daß ihr eine effektive Organisation des Haushalts gar nicht liegt. Sie würde versagen, wenn Knut nicht wäre. Solcherart Verantwortung zu tragen, vermochte sie noch nie. Mit den Aufgaben als Programmierassistentin fühlt sie sich bereits ausgelastet. Sie empfindet sich als zurückhaltend und still. Ihr nahezu sklavisches Gebaren, sich bei Knut anzulehnen, und die Sucht nach ständiger Harmonie unterstützt die Zuteilung der Rollen zwischen den Eheleuten und führte mit der Zeit zu einer freundlich-stillen Diktatur des Gatten.

Das große Dilemma im Leben der Birgit Werner begann im Frühjahr des Jahres 1970. Knut hatte sich überraschend für eine Offizierslaufbahn bei der NVA entschlossen. Das Ressort für Militärfinanzen stellte eine erfolgreiche Karriere in Aussicht. Doch dafür mußte er für länger als ein Jahr zur Ausbildung nach Strausberg, in die Nähe von Berlin. Das hieß, die meiste Zeit fernab von der Familie in Arnstadt zu sein. Birgit fand das ent-

setzlich. Und in den ersten Tagen des Alleinseins verfiel sie in eine tiefe Schwermut. Beruf, Haushalt und Kinder wuchsen ihr schnell über den Kopf. Unordnung und Desorganisation breiteten sich aus. Ihr Selbstbewußtsein begann zu zerbröckeln. Dann entschied die Mutter kurzerhand, für die Zeit der Abwesenheit von Knut die Kinder in ihrem eigenen Hause aufzunehmen. Birgit empfand das zunächst als eine gewaltige Entlastung. Nun hatte sie auch mal Zeit für sich. Doch nach und nach übermannte sie die Langeweile und versetzte sie in Gleichgültigkeit und Isolation. Das eigentliche Familienleben reduzierte sich auf weniger als eine Wochenendehe, denn Knut erhielt nur zweimal im Monat einen kurzen Urlaub, von dem die Hin- und Rückfahrt bereits mehr als einen halben Tag verschlangen. Aber auch dann war alles anders als früher. Die Mutter führte Regie über die Gestaltung dieser Wochenenden. Doch Knut war meist erschöpft, wollte seine Ruhe. Er schlief viel. Mit den Gedanken blieb er meist in Strausberg. Pausenlos schilderte er Episoden aus dem kasernierten Leben und zeigte nur geringes Interesse an dem, was Birgit betraf. Manchmal war sie sogar froh, wenn die Turbulenzen solcher Wochenenden wieder vorüber waren.
Träge flossen die Monate des Alleinseins dahin. Immer öfter kehrte sie nach Arbeitsschluß nicht allzu schnell in die Stille ihres Heims zurück und suchte mit der Zeit nach Rechtfertigungen dafür. Anfangs streifte sie ziellos in der Stadt umher. Später fuhr sie häufig nach Erfurt und tauchte im großstädtischen Treiben unter. Sie verbrachte viele Stunden in muffigen Kinos oder ergab sich dem aufregendenden Fluidum der Tanzcafés.
Im September 1970 lernte sie dabei einen Mann kennen, dessen erotisches Charisma sie augenblicklich in seinen Bann zog. Wie hypnotisiert glitt sie in eine Liaison, die ihr später soviel Unglück bescherte. Sicher, es blieb eine kurzzeitige Liebschaft, von der niemand erfuhr, doch sie war von solcher Intensität, daß prompt einen Monat später ihre Regelblutung ausblieb. Mit allen inneren Widerständen wehrte sie sich gegen den Gedanken, erneut schwanger zu sein. Ihr war klar, Knut nicht täuschen und ihn dafür verantwortlich machen zu können. Er würde sofort nachrechnen und sie der Lüge überführen. Auf keinen Fall wollte sie ihre Ehe aufs Spiel setzen, Knut verlieren und sich den Schmähungen der Familie aussetzen. Aber noch

bestand Hoffnung, daß die Monatsblutung sich vielleicht nur verzögerte.
Doch auch die nächsten Wochen vergingen ohne die erlösenden Tage. Sie klammerte sich hilflos an die Hoffnung auf einen Zufall, sich etwa durch einen Abort oder eine Totgeburt des Problems entledigen zu können. Aber ihre Gleichgültigkeit lähmte jede Aktivität, die einen Fruchtabgang hätte provozieren können.
Je mehr die Zeit verstrich, um so stärker ballten sich ihre inneren Kräfte zusammen, das werdende Kind keinesfalls anzunehmen. Ständig richteten sich ihre Gedanken auf die Ablehnung des entstehenden Lebens in ihrem Leib. Wut, Haß und diffuse Vorstellungen nach Zerstörung breiteten sich aus. Ihre Einbildungskraft hatte schließlich eine derartige Wirkung, daß der Umfang ihres Bauches nur geringfügig zunahm. Knut und die Mutter bemerkten dies zwar, doch ein stichhaltiges Argument hatte sie sofort parat: Der dicke Leib sei lediglich die Folge einer allgemeinen Gewichtszunahme, der sie mit Appetitzüglern und Schlankheitskuren begegnen wolle. Der relativ unauffällige Zustand ihres Körpers unterstützte ihren Entschluß, sich weder bei einer Schwangerenberatungsstelle noch bei einem Arzt vorzustellen. „Warum schlafende Hunde wecken? Mein Bauch gehört mir. Auch das, was drin ist!"
Selbst später, als der geschulte Blick manche Arbeitskollegin zu der Frage veranlaßte, ob sie wohl ein Kind erwarte, blieb sie bei ihrem alten Argument. Erstaunlicher Weise sagten selbst die in der Folgezeit durch die Kriminalpolizei befragten Zeugen übereinstimmend aus, bei Birgit Werner keine auffällige Schwangerschaft wahrgenommen zu haben.
In der Nacht zum 13. Juli 1971 stellten sich plötzlich heftige Wehen ein. Die Schmerzen brachten sie aber keineswegs aus der Fassung. Birgit besaß ausreichende Erfahrung mit derartigen Reaktionen ihres Körpers. Ruhig, ja fast gelassen, begab sie sich in den Keller, setzte sich auf den kühlen Fußboden und wartete auf die Geburt. Es dauerte nur wenige Minuten und sie gebar ein Kind. Es war ein Mädchen. Sie wagte nur einen kurzen, scheuen Blick. Dann zerriß sie die Nabelschnur mit den Händen.
Die kläglichen Schreie des Kindes irritierten sie. Hastig wickelte sie das kleine Geschöpf in ein Badelaken und verließ den Keller. Ohne jegliches Mitgefühl überließ sie es seinem elenden

Schicksal. Sie bemerkte nicht mehr, daß die Schreie des Kindes bald für immer verstummten.

Am nächsten Morgen – Birgit Werner hatte sich von den nächtlichen Anstrengungen ein wenig erholt – nahm sie das Päckchen mit dem leblosen kleinen Körper aus dem Keller und warf es in die Hausmülltonne. Dann füllte sie soviel Abfall nach, daß der Leichnam völlig abgedeckt war. Einige Stunden später wurde die Tonne durch die städtische Müllabfuhr geleert.

Birgit Werner kann ihren Gedanken nicht weiter nachhängen. Aus dem Lautsprecher im Wartezimmer ertönt blechern die Stimme der Sprechstundenhilfe: „Frau Werner, bitte ins Untersuchungszimmer!"
Mit großer Beklemmung betritt sie das Zimmer des Arztes: „Kann ich Sie allein sprechen?"
Dr. Glowatzki ist überrascht, nickt aber wortlos und gibt der Schwester zu verstehen, den Raum zu verlassen.
Nervös fingert Birgit Werner eine Zeitung aus ihrem Einkaufsbeutel und breitet sie aus. Sie zeigt auf die Fahndungsinformation der Polizei über den aufgefundenen Säugling auf der Müllkippe und quetscht mühsam heraus: „Ich war's. – Das ist mein Kind!"
Der Arzt überfliegt die Mitteilung. Er ist sichtlich betroffen, faßt sich dann aber: „Die Polizei war schon hier. Sie erkundigen sich überall!"
Er ruft die Schwester: „Claudia, in der nächsten halben Stunde keine Störung, bitte!"
Dann wendet er sich Birgit Werner zu: „Das ist ja eine schlimme Sache. Wollen Sie mir erzählen, wie es dazu kam?"
Birgit Werner nickt schluchzend. Tränen fließen aus ihren Augen – die ersten Tränen nach vielen Monaten. Dann folgt ihre ganze traurige Geschichte.
Aufmerksam folgt der Arzt ihren Worten. Einige Male muß er sie ermuntern, weiter zu sprechen, die Verzweiflung schnürt ihr die Kehle zu. Als sie ihre Schilderung beendet hat, verspürt sie einerseits eine merkwürdige Erleichterung, endlich über alles gesprochen zu haben, was sie seit Tagen so belastet, andererseits erkennt sie, daß nun der Lauf der Dinge nicht mehr aufgehalten werden kann. Dr. Glowatzki blickt sie einen Augenblick lang ziemlich hilflos an. Er befindet sich in einer höchst prekären Lage, die er erst verdauen muß. Dann will er etwas sa-

gen, doch sie kommt ihm zuvor: „Herr Doktor, bitte – rufen Sie die Polizei an! Ich kann es nicht!"
Der Arzt fühlt eine seltsame Erleichterung: „Es ist gut, daß Sie mich darum bitten ... ich hätte es sowieso tun müssen. So verlangt es das Gesetz!"
„Ich weiß!"
„Doch bevor ich das tue, muß ich Sie erst untersuchen. Danach gehen Sie nach Hause und warten. Bereiten Sie sich darauf vor, daß die VP dann bald erscheinen wird."
Zwei Stunden später folgen die Konsequenzen aus dem Anruf des Arztes: Birgit Werner wird festgenommen. Der „Kommissar Zufall" hat die Ermittlungen auf diese Weise verkürzt. Und es ist höchst fraglich, ob die Polizei jemals auf Birgit Werner gestoßen wäre, wenn sie sich nicht selbst bezichtigt hätte. Nicht ein einziger Hinweis, nicht ein Indiz lagen bei der MUK vor, womit sie hätte belastet werden können.
Das Bezirksgericht Erfurt verurteilte Birgit Werner wegen Totschlags gemäß § 113 Absatz 1 Ziffer 2 StGB zu einer Freiheitsstrafe von vier Jahren und sechs Monaten.

Heute ist Birgit Werner bereits älter als 55 Jahre. Ihre Tat ist längst gesühnt und aus rechtlicher Sicht vergessen.

Obgleich die Frau in der DDR an der Gesamtkriminalität nur sehr gering beteiligt war, wurde sie gegenüber ihrem Kind relativ häufig straffällig. Neben der Mißhandlung standen dabei die Kindestötungen im Vordergrund. Sie stellen ein besonderes rechtliches, kriminologisches und psychologisches Problem dar, das einer kurzen Erläuterung bedarf.
Angriffe gegen das neugeborene Leben unterlagen im Verlaufe der Geschichte höchst unterschiedlicher rechtlicher und moralischer Bewertung. Nach dem auf dem Reichstag zu Regensburg im Jahre 1532 verabschiedeten ersten deutschen Strafgesetzbuch, der „Peinlichen Halsgerichtsordnung" Karls des V., wurde der Tatbestand der Kindestötung als eine Todsünde angesehen und grundsätzlich mit „lebendig Begraben, Pfählen, Ertränken oder Reißen mit glühenden Zangen" bestraft.
Zeichnet man das typische Bild der Täterinnen dieser Zeit nach, so waren es junge, der Pubertät kaum entwachsene, unreife und unerfahrene Mädchen, die dem sexuellen Drängen männlicher Autoritätspersonen, die häufig sogar ihre Dienstherren waren,

nachgaben oder die sich unbekümmert und unwissend in ein amouröses Abenteuer einließen.

Entzog sich der Schwängerer der Verantwortung, entstand für die Schwangere eine bedrohliche soziale Konfliktlage. Denn die öffentliche Moral brandmarkte die unehelich Gebärende mit Ehrlosigkeit. Das führte zu gesellschaftlicher Isolation und eine Anstellung blieb ihr zumeist versagt. Damit wurde die Versorgung eines Kindes finanziell unmöglich. Der soziale Zusammenbruch war vorprogrammiert.

Trotz der offenkundigen sozialen Ursachen blieb die Kindestötung lange Zeit eine dem Mord gleichgestellte, mit höchster Strafe zu ahndende Bluttat. Erst sehr viel später, nicht zuletzt infolge der progressiven Bemühungen der deutschen Aufklärer, sah sich die Legislative gezwungen, wenigstens der besonderen sozialen Ausnahmesituation der Kindestöterin Rechnung zu tragen.

Mit dem Strafgesetzbuch für das Deutsche Reich des Jahres 1871 erfolgte insofern eine strafrechtliche Privilegierung, als die Kindestötung gemäß § 217 grundsätzlich milder bestraft wurde, als die sonstige vorsätzliche Tötung eines Menschen. Voraussetzung dafür war, daß eine Mutter ihr nichteheliches Kind in oder gleich nach der Geburt tötete. Die schwerwiegenden sozialen Umstände bei der Kindesmutter rechtfertigten den sogenannten Ehrennotstand aber nur dann, wenn diese also ihrem nichtehelichen Kind das Leben nahm. Dies galt folglich nicht für jene Kindesmutter, die unter den gleichen Bedingungen ihr eheliches Kind tötete.

Das Strafgesetzbuch des Jahres 1871 besaß auch nach dem zweiten Weltkrieg sowohl in West- als auch in Ostdeutschland volle rechtliche Wirksamkeit, wenn auch entsprechende Strafrechtsergänzungsgesetze notwendig wurden.

In der DDR wurde im Jahre 1968 ein eigenständiges, sozialistisches Strafgesetzbuch in Kraft gesetzt. Es enthielt viele der progressiven Bestandteile des alten StGB, insbesondere aus dem sogenannten Allgemeinen Teil, paßte die Tatbestände aber den politischen und gesellschaftlichen Erfordernissen an. Systemtypische Delikte, die sich primär auf den Schutz der Staatsordnung und der Wirtschaft bezogen, machten schließlich mehr als die Hälfte aller Tatbestände aus.

Hinsichtlich der Kindestötung gab es seit dieser Zeit eine wichtige Veränderung: Der Tatbestand war bereits erfüllt, wenn eine Frau ihr Kind in oder gleich nach der Geburt tötete.

Die rechtliche Würdigung erfolgte nunmehr nach den allgemeinen psycho-physischen Besonderheiten bei der Täterin und nicht nach den sozialen Ausnahmebedingungen. Damit besaß das Merkmal der Nichtehelichkeit keinen Einfluß mehr.

Die tatsächlichen psychologischen und medizinischen Abläufe bei der Täterin berücksichtigende Rechtsposition rechtfertigte es, das Merkmal der Nichtehelichkeit aus dem Tatbestand der Kindestötung herauszunehmen. Es war nicht mehr einzusehen, daß – im Gegensatz zur Situation im vorigen Jahrhundert – unter den Bedingungen der sozialen Emanzipation der Frau, der veränderten ethisch-moralischen Beurteilung lediger Mütter in der Gesellschaft und ihrer offiziellen rechtlichen Gleichstellung noch diese Unterscheidung in den Rechten der ehelichen und der unehelichen Mütter gemacht werden sollte, wenn sie doch sonst gleichgestellt waren.

Statistisch verliefen die Kindestötungen in der DDR nahezu parallel zur allgemeinen Tötungskriminalität und überstiegen kaum einen Anteil von 20 % der vollendeten vorsätzlichen Tötungen.

Das in den sechziger Jahren von der Volkskammer verabschiedete Gesetz zur Regelung der kostenlosen Abgabe von Ovulationshemmern (Verhütungsmitteln) und das 1972 in Kraft getretene Gesetz über die Schwangerschaftsunterbrechung brachten für einige Jahre eine spürbare Abnahme der Kindestötungen, die aber alsbald wieder das gleiche Ausmaß erreichten wie vor dieser Gesetzgebung.

Der Tatbestand der Kindestötung verlangte, daß die Täterin ihr neugeborenes Kind vorsätzlich tötete. Wann sie diesen Vorsatz faßte, war rechtlich unerheblich, so daß die grundsätzliche Schuldminderung auch dann zuerkannt wurde, wenn die Täterin bereits lange Zeit vor der Geburt zur Tat entschlossen war.

Die Durchschnittstäterin lebte in äußerlich sozialer Angepaßtheit, wobei prinzipiell keine ernsthaften wirtschaftlichen Konfliktsituationen bestanden. Aus schwerwiegenden sozialen Konflikten resultierende Tatmotive waren daher höchst selten geworden. Mit der Stabilisierung der allgemeinen sozialen Verhältnisse hing insofern ein Strukturwandel in der Motivbildung der Kindestötungen zusammen

Die scheinbaren sozialen Unauffälligkeiten standen in den meisten Fällen größeren Konflikten im Lebensbereich der Täterinnen gegenüber. Häufig betrafen diese die Partnerschaftsbeziehungen. Psychologisch gesehen ist die Kindestötung das Resultat einer Anpassungsstörung, die durch Beeinflußbarkeit, Durchsetzungsschwäche, mangelnde Entschlußkraft, Egozentrik und sexuelle Triebhaftigkeit gefördert werden kann. Das werdende Leben wird infolge fehlender innerer Bereitschaft und sozial-ethischer Bezüge aus dem persönlichen perspektivischen Gedankengut der Täterin total isoliert. Dadurch entsteht eine diffuse autosuggestive Haltung, die zwingend die gegen das werdende Leben entschiedene Einstellung manifestiert und die Motivbildung zur späteren Tötung begünstigt. Durch die ständige innere Abwehrhaltung der Mutter bilden sich die typischen äußeren Schwangerschaftsmerkmale mitunter nur unzureichend aus. Sie können von anderen Personen durchaus fehlgedeutet werden, insbesondere dann, wenn zusätzliches Schnüren des Leibes dessen Umfangszunahme optisch beeinträchtigt.

Die nahende Geburt schwebt wie ein Damoklesschwert über der Täterin. Sie wird als höchst bedrohliches Geschehen empfunden. Infolgedessen fehlen die üblichen ehtischen und medizinischen Vorbereitungen. Die Geburt erfolgt meist überraschend. Das bedingt auch die spontane Auswahl des Geburtsortes.

Im gegenwärtigen Kriminalitätsbild besitzt die Kindestötung keineswegs mehr die Bedeutung wie in den vergangenen Epochen. Dennoch entfallen etwa 13 Prozent aller vollendeten vorsätzlichen Tötungsdelikte immer noch auf diesen Tatbestand.

Mit dem Beitritt der DDR zur Bundesrepublik Deutschland erlosch die Wirksamkeit des Strafrechts der DDR und damit auch die des § 113 Abs. 1 Ziffer 2 StGB. Seitdem gilt auch für die neuen Bundesländer das modifizierte alte deutsche Strafgesetzbuch, wonach bei Kindestötung die Erfüllung des Tatbestandmerkmals der Nichtehelichkeit wieder gefordert wird. Der Wortlaut des § 217 StGB ist damit abermals identisch mit dem des § 217 StGB des Deutschen Reiches vom 15. Mai 1871.

In Anbetracht der rechtlichen und sozialen Position der Frau in unserer Gesellschaft sowie der modernen Erkenntnisse in der Psychologie und Medizin dürfte diese Tatsache allerdings eher ein Rückschritt in das vergangene Jahrhundert sein.

Serientäter

(Aktenzeichen I A - 66/85; BSI - 22/85 SMOG-Be-
des DDR-Militärobergerichts Berlin, 1. Strafsenat)

Nach mehrtägiger Verhandlung verurteilt der 1. Strafsenat des Berliner Militärobergerichts am 19. November 1985 den 23jährigen Berufsunteroffizier einer NVA-Spezialeinheit, Feldwebel Mirko Steinitz, wegen des fünffachen vollendeten, eines versuchten und des zwanzigfach vorbereiteten Mordes gemäß § 112 Abs. 1 und 3 StGB zu einer lebenslangen Freiheitsstrafe und dauernder Aberkennung der staatsbürgerlichen Rechte.
Gefaßt nimmt der mittelgroße, unauffällig und schüchtern erscheinende junge Mann mit den rotblonden Haaren das Urteil entgegen.
Sodann wird er in die Strafvollzugsanstalt Torgau überstellt, in der er sich noch heute befindet.
Mit dieser Verurteilung endet die kriminelle Karriere eines sadistischen Triebtäters, der in den Jahren von 1983 bis 1984 die Bürger zwischen Neubrandenburg und Berlin in Angst und Schrecken versetzte.
Was ist das für ein Mann, dem es trotz eines gigantischen Sicherheitsaufgebots und des engen konspirativen Bespitzelungsnetzes der DDR gelang, in nur zwei Jahren 26 schwere Verbrechen zumeist an Kindern zu begehen, ehe die Strafverfolgungsbehörden seiner habhaft werden konnten?
Der Antwort darauf muß zunächst eine kurzen Erläuterung vorangestellt werden. Sie ist notwendig, um die kriminalistische Problematik des Serienmörders besser verstehen und die durchaus verzeihlichen Irrungen und Wirrungen der polizeilichen Untersuchung, aber auch die nicht entschuldbaren Ermittlungspannen im Fall Steinitz besser beurteilen zu können.

Serienmörder wühlen die Seele der Öffentlichkeit ungeheuer auf. Immer wieder entflammt sich an ihren abscheulichen Taten die

Diskussion über die Wiedereinführung der Todesstrafe. Und zweifellos sind ihre Delikte von besonderer Gesellschaftsgefährlichkeit. Aber im realen Kriminalitätsbild bilden sie eher eine Ausnahme, doch von Zeit zu Zeit müssen sich Polizei, Sachverständige und Gericht mit ihnen befassen. Die Tatsache, daß zwischen ihnen und ihren Opfern keine konflikthaften Sozialbindungen bestehen, aus denen sich – wie bei den meisten Morden – Tatanlässe und Motive herausbilden, macht sie nicht nur für die Opfer in höchstem Maße unberechenbar. Sie stellen auch die Kriminalpolizei vor große untersuchungsmethodische Schwierigkeiten. Zielgerichtete Ermittlungen sind nämlich erst dann möglich, wenn die Morde solcher Täter im Hinblick auf die Begehungsweise, die Spurenlage, die Motive und die Opferpersönlichkeiten die erforderlichen Merkmale einer Serie erkennen lassen.

Das ist leider häufig erst dann der Fall, wenn bereits mehrere Opfer zu beklagen sind. Inzwischen richtet sich der verständliche Volkszorn bereits gegen die vermeintliche Unfähigkeit der Polizei. Mit dieser tragischen Situation muß die Polizei fertig werden. Doch es ist auch zu bedenken, daß mancher potentielle Serienmörder gefaßt wurde, ehe er die blutige Spur seiner Serie hinter sich herziehen konnte.

Serienmörder führen ein geschicktes Doppelleben. Sie passen nicht in das kriminologische Schema des Durchschnittstäters. Meist leben sie angepaßt und unauffällig, sind freundliche, fleißige, ordentliche Mitmenschen. Schüchternheit und Kontaktarmut machen sie zu Einzelgängern. Deshalb leben sie oft zurückgezogen. Doch ihre Phantasie ist abnorm. Zwanghaft beschäftigen sie sich mit der lustvollen Vorstellung, andere, Schwache, zu beherrschen, sie zu demütigen, zu quälen oder gar zu töten. Mitunter führt das sogar zu sexueller Entspannung. Unaufhörlich wächst der Drang, diese Phantasien in die Tat umzusetzen, den „Kick" zu erleben, wenn die Gewalt ausgeübt wird. Ein explosives Gemisch aus Angst vor Entdeckung, Lust an der Realisierung ihrer Vorstellungen, Aggressivität gegen das Opfer, aber auch Mitleid mit ihm, entsteht. Bald ist die immer stürmischer werdende Erregung nicht mehr zu bremsen. Zusätzlich wird sie genährt durch die ersten Tatversuche, die meist scheitern. Sie klingt erst dann ab, wenn das Quälen und das Töten Wirklichkeit geworden sind. Eine Zeitlang kann dann das Erlebte genußvoll nachempfunden werden. Doch alsbald stellt sich der unstillbare Drang nach Wiederholung ein. Das Lernen am Erfolg verfeinert die Begehungsweisen, und die Folgetaten werden ebenso perfektioniert wie das Sicherungsverhalten. Die Täter werden immer geschickter und handeln nur dann, wenn sie Tatbedingungen vorzufinden glauben, die ihre zufällige Entdeckung unmöglich macht. Rationales Vorgehen und kühle Folgenkalkulation begründen in der Regel ihre volle strafrechtliche Verantwortlichkeit.

Mirko Steinitz haßt seinen Stiefvater, weil er als Kind von ihm regelmäßig verprügelt wurde. Doch er liebt seine Großmutter, die immer gut zu ihm war. Die Mutter hingegen ist ihm gleichgültig, ebenso sein jüngerer Bruder. Schon als Schulkind bleibt er viel für sich allein. Er besitzt keine Freunde, wird von den Kameraden häufig gehänselt, weil er unsportlich und schwächlich ist. Mit Abschluß der Pubertät verspürt er eine diffuse Hingezogenheit zu gleichaltrigen Jungen.

Durch seine Kontaktarmut kommt es aber nie zu einer Beziehung. Statt dessen gelingt ihm eine gewisse Lustbefriedigung, wenn er harte Gegenstände kraftvoll in seine Magengegend drückt. Dieser Schmerz erregt ihn mitunter so sehr, daß er zum Samenerguß führt. Barrenholme, Klettergerüste und Teppichstangen werden Objekte seines Verlangens. Auch nackte, unbehaarte Männerbrüste wecken sein erotisches Interesse.

Die Schule schließt er mit guten Ergebnissen ab, ebenso seine Lehre als Elektromonteur.

Später verändert ein Erlebnis die sexuellen Ambitionen: Über eine Szene im Fernsehen, in der ein Weißer einen Schwarzen erwürgt, ist er schockiert und zugleich fasziniert. Von nun an dominiert die Gewalt in seinen Phantasien. Am liebsten würde er einen Menschen erwürgen. Später wird er in einer Vernehmung zu Protokoll geben: „Mit den Händen will ich spüren an seinem Körper den Übergang in den Tod!"

Mirko Steinitz zeigt beachtliches Interesse an der vormilitärischen Ausbildung, in der er alsbald Gruppenführer wird. Es gefällt ihm, Anordnungen zu treffen und Befehle zu erteilen. Bereitwillig verpflichtet er sich für eine Tätigkeit als Berufsunteroffizier in einer NVA-Nachrichteneinheit in Cölpin, in der Nähe von Neubrandenburg.

Im Frühjahr 1980 wird er dorthin einberufen. Er bezieht Quartier im Ledigenheim seiner Einheit, behält aber seine kleine Wohnung in Berlin. Von seinen Kameraden hält er sich fern, bleibt weiterhin ein Einzelgänger, liest viel und entdeckt sein Interesse am Fotografieren.

Die lustvollen Vorstellungen, einen Menschen zu erwürgen und dem sterbenden Körper möglichst nah zu sein, drängen immer stärker nach Realisation. Doch bis dahin vergehen noch einige Jahre. Inzwischen entwickelt er Jagdstrategien, sucht mögliche Tatorte aus, verfolgt zu Übungszwecken Personen und empfindet dabei prickelnde Erregung. Mehrmals in der Woche nimmt er Ausgang – ein Privileg, das ihm als Berufsunteroffizier zusteht. Dann streunt er wie ein einsamer Wolf durch die Wälder im Randgebiet Berlins oder taucht im Menschengewühl der S-Bahnhöfe unter. Und immer trägt er einen unauffälligen Beutel bei sich. In ihm befinden sich die Utensilien für die angestrebte Tatausführung: Fotoapparat, Fesselwerkzeuge und Messer.

Am späten Abend des 16. Juli 1983 ist es dann soweit. Zwischen der Neubrandenburger Stadthalle und der Gaststätte „Werderbruch" entdeckt Mirko Steinitz zufällig auf einer Parkbank einen ihm unbekannten jungen Mann, den 22jährigen Jörg Dehmel, der dort seinen Rausch ausschläft. Daß er nun seinen ersten Mord durchführen kann, versetzt Steinitz in hochgradige Spannung. Dennoch wartet er länger als zwanzig Minuten und überlegt sein Vorgehen. Er beabsichtigt, den ihm körperlich vermutlich ebenbürtigen jungen Mann mit einem Messerstich nur kampfunfähig zu machen, ohne dessen Brust zu verletzen. Denn er will mit dem bloßen Oberkörper einen engen Kontakt mit dem seines Opfers herstellen und alle Reaktionen auf den tödlichen Würgegriff genußvoll auf sich wirken lassen. Steinitz tritt hinter den Schlafenden und rammt das Messer in dessen Hüfte. Doch die Verletzung ist nicht erheblich, die Klinge des Messers verbiegt sich. Jörg Dehmel springt auf, Steinitz ist sofort bei ihm und würgt ihn aus Leibeskräften. Doch dieser entfaltet ungeheure Abwehrkräfte, die Steinitz zu überfordern drohen. Er stößt das Messer tief in den Hals seines Opfers. Es taumelt, stöhnt, versucht zu schreien. Steinitz sticht wahllos zu, schlägt mit dem Messerknauf viele wuchtige Schläge auf den Schädel des bereits am Boden Liegenden. Nun ist Jörg Dehmel tot. Die Leiche versteckt Steinitz im Buschwerk.
Voller Angst läuft er davon. Irgendwo reinigt er seine blutigen Hände, beruhigt sich allmählich und kehrt mit dem Linienbus nach Cölpin zurück. Bevor er um Mitternacht das Ledigenheim erreicht, versenkt er das Tatmesser im Dorfteich. Dann schläft er tief und traumlos bis zum nächsten Morgen.

Die große Befürchtung, von der Polizei bald aufgespürt zu werden, verfliegt sehr schnell: Die Zeitungen der nächsten Tage bringen nicht die geringste Meldung über den Mord. Er kann nicht wissen, daß Jörg Dehmels Leiche erst am Morgen des 1. August 1983 entdeckt wird.
Steinitz ist mit dem ersten Morderlebnis völlig unzufrieden. Keineswegs verschaffte es ihm den erhofften Genuß. Er zieht die Schlußfolgerung, künftig nur noch zehn- bis zwölfjährige Knaben zu töten, da er bei ihnen keine großen Widerstandskräfte befürchten muß.
In seiner Berliner Wohnung legt er eine Akte „Geheime Privatsache" an und beschreibt seine Eindrücke über den ersten Mord in einem ausführlichen Protokoll, dem bald ein weiteres folgen wird.

Die Tage darauf verhält er sich unauffällig wie sonst auch, vermeidet aber, Cölpin zu verlassen. Doch bereits am 26. Juli 1983 hat ihn seine mörderische Getriebenheit wieder erfaßt.
Am frühen Nachmittag nimmt er seinen Beutel mit dem Fotoapparat und den Fesselschnüren, legt Kugelschreiber und Notizbuch dazu und fährt nach Neubrandenburg. Dort kauft er sich ein Tauchermesser mit langer, feststehender Klinge.
Es ist ein sonnenreicher, heißer Sommertag. Steinitz vermutet richtig, daß die Schulkinder die letzten Ferientage zum Baden am Strand des Tollensesees nutzen. Am Rande eines Zugangsweges zum See lauert er im Schutze einer dichten Gebüschgruppe wie eine Katze auf ein Opfer. Seine Geduld wird auf eine mehrstündige Probe gestellt.
Doch dann geht alles sehr schnell: Ein Junge läuft unbekümmert an seinem Hinterhalt vorbei. Niemand sonst ist weit und breit zu sehen. Steinitz verläßt seine Deckung, packt den vor Schreck erstarrten Jungen unsanft am Genick und schiebt ihn mit roher Gewalt durch das Strauchwerk bis zu einer kleinen Lichtung. Dort drückt er ihn zu Boden und setzt sich dazu.
Er verhört ihn mit dem Gebaren eines Filmdetektivs, erfährt, daß der Junge Dirk Lühmann heißt und zehn Jahre alt ist. Steinitz will wissen, wo er wohnt, stellt Fragen über seine Familie und die Schule und hält alles sorgsam in seinem Notizbuch fest. Der Junge muß sich rücklings auf den Boden legen. Steinitz fotografiert ihn in verschiedenen Positionen, macht insgesamt vierzehn Aufnahmen von seinem Opfer. Dann preßt er seine

beide Fäuste heftig und tief in den Leib des Jungen. Der bäumt sich vor Schmerzen auf. Mit satanischem Genuß legt sich Steinitz auf ihn, um den erregenden Druck der Fäuste auch in seinem eigenen Leib zu spüren. Jetzt umschließt er mit beiden Händen den Hals seines Opfers und drückt langsam zu. Seine Erregung erreicht den langersehnten Höhepunkt, als er das kraftvolle, aber hilflose Aufbäumen des Körpers spürt, das unter seinem festen Griff langsam immer schwächer wird. Noch stellt Steinitz Leben fest. Er fesselt den Jungen, legt sich erneut auf ihn und wiederholt den Würgeakt, in der Hoffnung, noch einmal den geilen Kitzel zu erleben. Doch der Körper zeigt nur noch schwache Reaktionen, bis auch diese gänzlich verlöschen. Steinitz ist total erschöpft. Er legt sich einige Minuten neben sein Opfer, um sich auszuruhen. Dann ist er wieder ganz er selbst. Er schleift das tote Kind tiefer in das Gesträuch und prüft an ihm die Schneidfähigkeit seines Tauchermessers. Doch bevor er den Ort seiner Grausamkeit verläßt, deckt er den Leichnam mit Ästen und Blättern ab.

Kurze Zeit später besteigt er den Linienbus nach Cölpin. Zum Abendessen im Militärkasino trifft er pünktlich ein. Den Rest des Abends verbringt er am Fernseher. Er ist bei bester Stimmung, wirkt heiter und gelöst. Eine tiefe Zufriedenheit hat seine entartete Seele ergriffen: Dieser Mord entsprach ganz und gar seinen Vorstellungen.

So schreibt er später seine Eindrücke nieder und heftet das makabre Schriftstück in der Akte „Geheime Privatsache" ab.

Aus Sicherheitsgründen vermeidet Mirko Steinitz, an den folgenden Tagen Cölpin zu verlassen, zumal er am 28. Juli 1983 im SED-Bezirksorgan „Freie Erde" eine kurze Notiz der Volkspolizei über den Fund des getöteten Jungen am Tollenesee entdeckt und zurecht annimmt, daß die Maschinerie der Polizei auf vollen Touren läuft. Er fährt erst Anfang August wieder nach Neubrandenburg. Die beiden Morde sind inzwischen Stadtgespräch. Einem Fahndungsplakat entnimmt er befriedigt, daß die Polizei keine Täterbeschreibung geben kann. Doch nun erfährt er auch den Namen des ersten Opfers. Er wird ihn bei nächster Gelegenheit in seiner Geheimakte nachtragen.

Die Befürchtung, gefaßt zu werden, begleitet ihn ständig, sie macht ihn nervös und unsicher. Doch die Tage vergehen für ihn, ohne von der Polizei behelligt zu werden. Als er im Kasino zufällig Zeuge eines Gesprächs zweier Offiziere über die beiden

> **VP bittet um Mithilfe**
>
> Am Mittwoch, dem 27. 7. 1983, wurde in den Morgenstunden ein 10jähriger Junge in Neubrandenburg am Wassergewinnungsgebiet am Gätenbach tot aufgefunden. Es besteht der Verdacht, daß das Kind Opfer eines Verbrechens wurde.
>
> Personenbeschreibung des Kindes: Scheinbares Alter 10 bis 12 Jahre, ca. 125 cm groß, schlanke Gestalt, mittelblondes Haar, Ponyschnitt, gebräunte Hautfarbe. Der Junge war mit einer blauen Badehose und hellen Sandalen bekleidet. Er trug einen etwa 20 × 20 cm großen Umhängebeutel aus blauem Jeansstoff bei sich.
>
> Das Kind befand sich am Dienstag, dem 26. 7. 1983, ab 14 Uhr am Badestrand des Tollensesees in Neubrandenburg. Letztmalig wurde es gegen 17.30 Uhr am Strand zwischen dem Gelände des RWN und der Gätenbachbrücke lebend gesehen.
> Wer hat den Jungen am 26. 7. 1983 nach 14 Uhr gesehen? Wer fand einen solchen Jeansbeutel, eine Plasttrinkflasche oder eine Taucherbrille?
> Die Volkspolizei bittet alle Bürger, die sich am 26. 7. 1983 ab 14 Uhr bis zum 27. 7. 1983, 8 Uhr, im Bereich des Badestrandes zwischen RWN und Gätenbach aufhielten oder den Weg entlang dem Wassergewinnungsgebiet am Gätenbach benutzten, sich bei der Kriminalpolizei des VPKA Neubrandenburg, Beguinenstraße (Telefonnummer 68 82 45), zu melden.
> Alle Informationen werden auf Wunsch vertraulich behandelt.
> **VPKA Neubrandenburg, Kriminalpolizei**

Fahndungsaufruf der VP in der Tageszeitung „Freie Erde" vom 28. Juli 1983 nach Auffinden des ermordeten 10jährigen D. L.

Morde wird, die gehört haben wollen, der Täter sei bereits gefaßt worden, lächelt er beruhigt in sich hinein.

Am 9. August 1983 liest er zu seinem großen Erstaunen in der Tageszeitung, daß die beiden Morde durch die „unermüdliche und intensive polizeiliche Ermittlungstätigkeit aller eingesetzten Kräfte der Volkspolizei aufgeklärt" seien. Ein 23jähriger, mehrfach vorbestrafter Mann aus Neubrandenburg ist aufgrund dringenden Tatverdachts verhaftet worden. Zunächst überkommt Steinitz ein unbeschreibliches Glücksgefühl und mobilisiert neue Energien, seine mörderischen Aktivitäten bald zu wiederholen.

Mirko Steinitz grübelt aber auch darüber nach, wie es zu dieser Meldung gekommen ist. Erst hält er sie für einen journalistischen Irrtum, dann für einen plumpen psychologischen Trick der Polizei, um die aufgebrachte Bevölkerung zu beruhigen.

> **Mitteilung der Volkspolizei**
> Beide Tötungsverbrechen aufgeklärt
>
> Die beiden Tötungsverbrechen, über die die „Freie Erde" am 28. Juli und am 2. August 1983 berichtete, wurden durch die unermüdliche und intensive Ermittlungstätigkeit aller eingesetzten Kräfte der Volkspolizei aufgeklärt.
> Der Täter wurde inhaftiert. Gegen einen im dringenden Tatverdacht stehenden, bereits zweimal vorbestraften 23jährigen Bürger der Stadt Neubrandenburg wurde ein Ermittlungsverfahren eingeleitet und Haftbefehl erlassen.
> Die Volkspolizei dankt allen Bürgern für ihre aktive Mitarbeit.

Presseinformation in der Tageszeitung „Freie Erde" vom 9. August 1983 über die vermeintliche Aufklärung der Morde vom 16. Juli und 26. Juli 1983 in Neubrandenburg.

Dennoch fühlt er sich wie ein von unsichtbaren Jägern in die Enge getriebenes Wild und findet sich irgendwie damit ab, bald verhaftet zu werden. Er bemerkt das emsige Treiben der Polizei, die Hunderte von Leuten vernimmt, auch in seiner Kaserne. Doch niemand interessiert sich für ihn, den Feldwebel Mirko Steinitz.
So verliert seine Angst von Tag zu Tag wieder mehr an Intensität, und in gleichem Maße wächst jenes entsetzliche Verlangen, das nur durch einen erneuten Mord befriedigt werden kann.

Tatsächlich hatte die Kriminalpolizei den mehrfach vorbestraften, 23jährigen Arbeiter Karl-Heinz Dürrenberg aus Neubrandenburg verhaftet und ihn der Morde an dem 22jährigen Jörg Dehmel und dem Schüler Dirk Lühmann beschuldigt.
Dürrenberg entstammte schwierigen Familienverhältnissen, wies ein beachtliches intellektuelles Defizit auf, besuchte die Hilfsschule nur bis zur 5. Klasse und beging bereits in frühen Jugendjahren Diebstähle, die ihm Haftstrafen einbrachten. Den Lebensunterhalt verdiente er sich mit Gelegenheitsarbeiten. Fast täglich lümmelte er in billigen Kneipen herum und gab sich seiner Trinkerkarriere hin. Im Rausch wurde er aggressiv und schlug sich regelmäßig mit seinen Kumpanen.

Obwohl Dürrenberg wahrlich kein leuchtendes Beispiel für einen biederen Untertan abgab, drängt sich die Frage auf, auf welche Weise nun ein solch schwerwiegender Vorwurf zustande kam, der ihn später sogar vor Gericht brachte. Doch man muß weiter fragen: Welche Qualität besitzt die Beweisführung gegen Dürrenberg, der am 7. März 1984 durch das Bezirksgericht Neubrandenburg und im Berufungsverfahren vor dem 5. Strafsenat des Obersten Gerichts der DDR wegen zweier Morde zu lebenslänglichem Freiheitsentzug verurteilt wurde, die in Wahrheit der Feldwebel Mirko Steinitz begangen hatte?

Ist die Verstrickung einer Vielzahl von unglücklichen Zufällen Dürrenberg zum Verhängnis geworden oder hat kriminalpolizeilicher Erfolgszwang zu einer rücksichtslosen Manipulation von Beweisen verleitet?

Es stellte sich in diesem Falle erst spät heraus, daß sich auch ein vermeintlich objektiv ablaufender kriminalistischer Erkenntnisprozeß sehr schnell im Netz folgenschwerer Irrtümer verfangen und zu Konsequenzen führen kann, die man gewöhnlich Justizirrtümer nennt, von denen sich die DDR-Rechtsprechung aber frei wähnte.

Das ganze Dilemma beginnt am 27. Juli 1983. Eben zu der Zeit lag die versteckte Leiche des Jörg Dehmel, der ein chronischer Trunkenbold war und sich wiederholt tagelang herumtrieb und von niemandem vermißt wurde, noch unentdeckt irgendwo im Strauchwerk zwischen Stadthalle und der Gaststätte „Werderbruch". Doch aufwendige polizeiliche Suchmaßnahmen nach dem schon am Vortage vermißten Schüler Dirk Lühman waren in vollem Gange. Unweit des Tollensesees wurde die Leiche des Jungen bald aufgefunden.

Bei der Tatortuntersuchung wurden unter anderem einige blaue Textilfasern gesichert, die den vorsichtigen Schluß zuließen, vom Täter auf das Opfer gelangt zu sein. Die Stichverletzung im Körper des toten Schülers wies auf ein einschneidiges Messer mit einer Klingenlänge von 12 cm hin. Die gerichtsmedizinischen Befunde und die Aussagen anderer Kinder, die mit Dirk Lühmann beim Baden zusammen waren, bestätigten die bisherigen Erkenntnisse über die mögliche Tatzeit.

Die Folgetage waren ausgefüllt mit unzähligen Überprüfungen zur tatzeitbezogenen Personenbewegung an der Badestelle. Dabei interessierte sich die MUK auch für die in Neubrandenburg und Umgebung stationierten Einheiten der NVA. Allerdings endete die

Kompetenz der Kriminalpolizei vor den Kasernentoren. Der zuständige Militärstaatsanwalt, der über eigene Ermittler verfügte, sicherte Unterstützung zu. Doch es wurden nur Urlauber und Ausgänger aus dem Kreis der Wehrpflichtigen und der Zeitsoldaten erfaßt. Eine Alibiüberprüfung der Berufssoldaten wurde nicht erwogen. Daher blieb der Feldwebel Steinitz außerhalb jedes kriminalistischen Interesses.

Ermittlungen zur Personenbewegung am Tollensesee führten zu wichtigen Zeugen. Sie bestätigten, zur fraglichen Zeit einen jungen, offenbar alkoholisierten Mann in blauer Arbeitskleidung beim Baden in der Nähe von Dirk Lühmann gesehen zu haben. So stieß die Kriminalpolizei im Zuge der weiteren Nachforschungen auf Karl-Heinz Dürrenberg. Hartnäckig leugnete er seine Anwesenheit in der Nähe des Tollensesees. Doch über ein überzeugendes Alibi für die Tatzeit verfügte er nicht. Der Alkoholgenuß an diesem Abend hatte sein Erinnerungsvermögen demoliert.

Unaufhaltsam wuchs der Druck der Beweise gegen Dürrenberg. Er wurde schließlich festgenommen, als die Kriminalpolizei ein frisch nachgeschliffenes, feststehendes Messer mit einer Klingenlänge von 12 cm und einen blauen Arbeitsanzug bei ihm beschlagnahmen konnte.

Dann geriet Dürrenberg vollends in die Zwickmühle: Am 1. August wurde die Leiche des 22jährigen Jörg Dehmel durch Arbeiter zufällig entdeckt. Eine zweite MUK nimmt sich der Sache an. Es bedurfte auch nur weniger Nachforschungen, um herauszufinden, daß Dehmel ein langjähriger Saufkumpan Dürrenbergs war und am Tatabend ausgiebig mit ihm gezecht hatte. Wieder leugnete Dürrenberg seinen Kontakt zu dem Ermordeten. Er hatte einen wichtigen Grund, hartnäckig bei der Unwahrheit zu bleiben und bastelte eilig ein falsches Alibi zusammen. Obwohl der Rausch an diesem Abend nur noch unvollständige und schemenhafte Erinnerungsfetzen zuließ, entsann er sich nämlich vage, seinen toten Zechbruder durch bloßen Zufall entdeckt zu haben. Er wußte nicht mehr genau, ob er ihn ausgeraubt hatte. Doch sicher war, daß er Körperkontakt mit ihm hatte.

Die Polizei zerschlug Dürrenbergs Alibikonstruktion sehr bald. Zudem fand sie bei ihm eine blutverschmierte Jacke, mit der er am Abend des 16. Juli bekleidet war. Die Herkunft des Blutes konnte er nicht erklären. Doch die kriminaltechnische Untersuchung bestätigte die Identität mit der Blutgruppe Dehmels.

Nun wurde Dürrenberg beider Morde dringend verdächtigt. Durch

lange Vernehmungen zermürbt und labilisiert erkannte er die Ausweglosigkeit seiner Lage. Die Beweislast und die alkoholbedingten Erinnerungsausfälle produzierten schließlich ein solches Schuldempfinden, daß er beide Morde gestand.
Erst mit der späteren Festnahme des Feldwebels Mirko Steinitz und der Beschlagnahme seiner Akte „Geheime Privatsache" entdeckte die Kriminalpolizei die minuziösen Niederschriften über die Bluttaten, unter denen sich auch die beiden Morde befanden, derentwegen Dürrenberg längst verurteilt worden war.
In einer Kassationsverhandlung vor dem Obersten Gericht der DDR wurde am 5. Dezember 1984 das Urteil gegen Dürrenberg aufgehoben.

Die Ermordung des Schülers Dirk Lühmann verschafft Feldwebel Steinitz eine nur etwa zwei Wochen währende innere Befriedigung. Dann ergreift ihn eine erneute Ruhelosigkeit. Immer stärker kreisen seine Gedanken um ein neues Morderlebnis, bis er die inneren Impulse nicht mehr zurückhalten kann. Am 23. September 1983 treibt es ihn schließlich in die waldreiche Idylle des Berliner Nordens, nach Borgsdorf. Stundenlang streift er umher, um ein geeignetes Opfer und eine passende Gelegenheit zu finden. Schließlich wird ein teuflischer Zufall sein Verbündeter: Auf der sich durch den Wald schlängelnden Straße von Briese nach Borgsdorf begegnen ihm zwei etwa zehnjährige Jungen, die Brüder René und Stefan Kölling. Sie haben Pilze gesammelt und befinden sich nun auf dem Heimweg nach Oranienburg. Steinitz gefallen diese beiden Kinder mit ihren pfiffigen, hübschen Gesichtern und zarten Körpern. Blitzschnell entschließt er sich zum Handeln, packt mit jeder Hand einen der Jungen im Genick und drängt beide vor sich her in die Tiefe des Waldes.
Irgendwo im Dickicht läßt Steinitz zunächst von ihnen ab, warnt sie aber mit scharfer Stimme, sich nicht fortzubewegen. Angstgelähmt ergeben sie sich ihrem entsetzlichen Schicksal. Mit geheuchelter Freundlichkeit fragt er nach Namen, Anschrift, Familie und Schule und erfährt so alles Wichtige für seine späteren Niederschriften.
Steinitz fotografiert die Kinder – erst in ihrer Bekleidung, dann halb nackt –, bis der Film voll ist. Widerstandslos lassen sie es geschehen. Danach fesselt er ihre Hände und Füße. Jetzt sind sie ihm völlig ausgeliefert. Das grausame Szenario der Katze,

die spielend ihrer Beute eine Zeitlang Hoffnung gibt, ehe sie zum tödlichen Biß ansetzt, geht zu Ende. Steinitz genießt den Gedanken, daß nur er allein den Zeitpunkt bestimmt, wann die letzten Bewegungen, Atemzüge und Herzschläge dieser Kinder seiner rasenden Begierde den erlösenden Höhepunkt verschaffen. Die Erregung ist so heftig, daß er sich zwingen muß, die drohende orgastische Explosion zurückzuhalten. Höchste Befriedigung benötigt eben das grausame Vorspiel des Hinauszögerns. Ein vorzeitiger Orgasmus würde ihn ebenso verärgern wie ein zu schneller Tod seiner Opfer.

Steinitz schleppt den älteren der beiden Brüder weiter ins dichte Unterholz, legt ihn rücklings auf den Waldboden, führt eine zusätzliche Schlinge um einen Baumstamm und fixiert den Unglücklichen daran, um ein Wegkriechen zu vereiteln. Er redet auf den wimmernden Jungen ein, daß schon nichts passieren würde, wenn er sich still verhielte. Dann geht er zurück zu dem jüngeren Bruder, der ebenfalls gefesselt auf dem Waldboden liegt. Auch ihn nötigt er, keinen Laut von sich zu geben.

So pendelt Steinitz einige Male zwischen den beiden Opfern hin und her, überprüft ihre Fesselung und wartet.

Als die Dämmerung hereinbricht, tötet er sie. Mit unbeschreiblicher Intensität genießt er den schmerzvollen, langen Würgevorgang und das konvulsivische Zucken der gepeinigten, nackten Körper, die er dicht an den seinen preßt. Dann sticht er viele Male auf sie ein. Doch die Opfer zeigen längst keine Regung mehr.

Völlig erschöpft verharrt Steinitz minutenlang bei den toten Kindern. Jetzt erst säubert er seine Kleidung vom Schmutz des Waldbodens und begibt sich im Schutze der hereinbrechenden Dunkelheit unbemerkt zum S-Bahnhof Borgsdorf. Im Licht einer Laterne stellt er befriedigt fest, daß sich keine Blutspuren an ihm befinden. Eine knappe Stunde später wirft er sich ermattet auf die Liege in seiner kleinen Berliner Wohnung, nahe des S-Bahnhofes Greifswalder Straße. Zufrieden, guter Laune und ohne eine Spur beißenden Gewissens schläft er tief und lange bis zum nächsten Tag. Dann protokolliert er mit bürokratischer Akkuratesse das mörderische Geschehen auf mehreren Seiten und heftet sie in der Akte „Geheime Privatsache" ab.

Auszug aus dem mehrseitigen Gedächtnisprotokoll des Feldwebels Mirko Steinitz über den Doppelmord an den Geschwistern

Volkspolizei bittet um Hinweise

Am 23. September 1983 wurde bei Borgsdorf im Kreis Oranienburg an zwei Kindern ein Tötungsverbrechen begangen. Im Zuge der Ermittlungen zur Aufklärung dieses Verbrechens erhielt die Volkspolizei bisher zahlreiche Hinweise aus der Bevölkerung. Die Volkspolizei bedankt sich dafür und bittet um weitere Mithilfe. Für die kriminalpolizeilichen Ermittlungen sind Informationen zu folgenden Fragen besonders wichtig:
— Wer hat am Freitag, dem 23. 9. 1983, in der Zeit von 18 Uhr bis 19 Uhr die Ortsverbindungsstraße (Papengestell) zwischen Borgsdorf und Birkenwerder/Ortsteil Briese benutzt und dabei das sogenannte Papenluch passiert?
— Wer ist der Fahrer des roten Pkw, der sein Fahrzeug am oben genannten Tage in der Zeit zwischen 17.45 Uhr und 18.15 Uhr an der bezeichneten Ortsverbindungsstraße in Höhe des Papenluches geparkt hatte?
Die Frau und der Mann, vermutlich Ehepaar, beide bekleidet mit blauen Trainingsanzügen, die am 23. 9. 1983 gegen 18 Uhr im Bereich der Badestelle des Briesesees Schwäne fütterten und sich in der Folge in Richtung Papenluch bewegten, sowie der Fahrer des Pkw und die Bürger, die zur fraglichen Zeit die Ortsverbindungsstraße benutzten, werden gebeten, umgehend die Einsatzgruppe der K im VPKA Oranienburg (Telefon: 6 32 24 oder 6 32 34) oder jede andere VP-Dienststelle zu verständigen.

Die Volkspolizei bittet um Mithilfe

Am Freitag, dem 23. September, wurde in den Abendstunden im Wald zwischen Borgsdorf und der Kolonie Briese, Kreis Oranienburg, an zwei Kindern ein Tötungsverbrechen begangen. Die VP bittet alle Bürger, die sich an diesem Tag in der Zeit von 17 bis 20 Uhr im Waldgelände zwischen Borgsdorf und der Kolonie Briese aufgehalten haben oder andere zweckdienliche Angaben im Zusammenhang mit der Tat machen können, sich bei der Deutschen Volkspolizei persönlich oder telefonisch zu melden. Hinweise, die auf Wunsch vertraulich behandelt werden, nimmt jede VP-Dienststelle oder das Volkspolizei-Kreisamt Oranienburg unter der Telefonnummer Oranienburg 6 32 34 entgegen.
BZ

Fahndungsaufruf der VP in der Tageszeitung „Märkische Volksstimme" vom 8. Oktober 1983 im Zusammenhang mit dem Sexualmord an den Brüdern R. und St. K.

Mitteilung der VP in der „Berliner Zeitung" vom 27. September 1983 über den Mord an den Brüdern R. und St. K.

René und Stefan Kölling am 23. September 1983:
„... Stefan sagte von Zeit zu Zeit: ‚Nun machen Sie doch endlich, ich denke, Sie wollen uns nur fotografieren?'
Und: ‚Sie wollen uns doch irgendwas tun.'
Ich beruhigte ihn jedesmal, so gut ich konnte. Stefan sah selbst mit seinem verheulten Gesicht klasse niedlich aus. Ich fotografierte sie dann, sie wollten sich aber nicht ausziehen.

Ich fragte: ‚Warum nicht?'
Stefan antwortete: ‚Ja und dann nehmen Sie Ihr Messer ...'
‚Das kann ich auch mit Sachen.'
Ich zwang sie aber nicht, sich auszuziehen. Bei René bereue ich das jetzt, denn er hatte einen wirklich schönen Körper.
Nach dem Fotografieren fragten sie, ob sie jetzt endlich gehen könnten. Ich sagte, daß das nicht so einfach geht, ich einen Vorsprung brauche usw.
Ich überlegte die ganze Zeit schon, wie es nun weitergehen sollte, erst mal mußte ich sie fesseln, aber dann? Ich wollte ja schließlich beide erwürgen und wenn ich den einen gerade erwürge, wird der andere bestimmt schreien. 18.45 Uhr ..."

In den Vormittagstunden des 24. September 1983 werden die Leichen der inzwischen vermißten Kinder durch Suchkräfte der Schutzpolizei und der Freiwilligen Feuerwehr Borgsdorf im sogenannten Briesewald gefunden. Der offenkundige Verbrechensverdacht rechtfertigt den Einsatz der MUK.
Die Spurensuche führt zum Auffinden einer Vielzahl von schwarzen Baumwoll- und Polyesterfasern, die nicht aus der Bekleidung der getöteten Kinder herrühren. Das begründet den Verdacht ihrer Täterbezogenheit, die auch bei der zur Fesselung benutzten Schnur unterstellt werden kann. Letztere erweist sich als eine in den VEB Vereinigte Netz- und Seilwerke Heidenau hergestellte Zeltleine. Alle Blutspuren am Tatort stammen von den Opfern und liefern insofern auch keinen Hinweis auf den Täter.
Die folgenden Nachforschungen und Veröffentlichungen in der Tagespresse führen zu mehr als vierzig Personen, die sich am Nachmittag des Tattages im Briesener Wald aufgehalten haben. Ihre Wahrnehmungen zur Personenbewegung werden genau erfaßt, doch ergibt sich daraus kein verwertbarer Anhaltspunkt für die Täterermittlung. Die Kriminalisten stoßen zwar auf eine vermeintlich heiße Spur, da sich einer der Befragten in Widersprüche verwickelt. Doch der Verdacht zerrinnt schnell.
Eine weitere vage Spur weist auf einen unbekannten Mann in Militäruniform. Erneut werden alle Kasernen des Bezirkes überprüft. Und wieder beschränkt man sich dabei auf Wehrpflichtige und Zeitsoldaten, so daß Mirko Steinitz abermals durch die Maschen des Ermittlungsnetzes schlüpft.
Mit der Zeit laufen die polizeilichen Recherchen ins Leere.

Schließlich wird das Verfahren gegen den unbekannten Mörder der Brüder René und Stefan Kölling vorläufig eingestellt.

Steinitz zehrt in den Folgemonaten von seinen Erinnerungen an die Bluttaten. So verschafft er sich zumindest eine solche Entspannung, daß er seine Gelüste auf einen erneuten Mord weitgehend im Zaum halten kann. Auch der frühe Wintereinbruch fördert diese Zurückhaltung: Denn es ist ihm zu kalt, um im Freien den perversen Trieben ihren Lauf zu lassen. So verkriecht er sich lieber in die Berliner Wohnung und beschäftigt sich mit den geheimen Mordprotokollen und den Fotos der Opfer. Seine schauderhafte Phantasie kann dort die Qualen der Gepeinigten am besten reproduzieren und ihn in Hochstimmung versetzen. Dann gelingt ihm mitunter sogar ein Samenerguß.

Später kommt ihm in den Sinn, weitere Morde in den Kellern der zentralbeheizten Plattenbauten von Neubrandenburg-Datzeberg zu begehen. Dort wähnt er sich weitgehend ungestört, vermutet genügend Fluchtwege und ist sich der behaglichen Wärme sicher.

Ein- bis zweimal wöchentlich nach Dienstschluß fährt er von Cölpin nach Neubrandenburg und kundschaftet das Neubaugebiet Datzeberg aus. Ein einfacher Buntbartschlüssel aus seinem Ledigenwohnheim ermöglicht ihm sogar den Zutritt zu den meisten Kellerräumen in den Vielgeschossern der trostlosen Wohnstadt.

Am 7. Februar 1984 ist es wieder soweit: Mit Notizbuch, Kugelschreiber, Fesselschnüren und Tauchermesser bewaffnet, macht er sich am späten Nachmittag auf die Suche nach einem Opfer. Der Gedanke, daß dies nun sein fünfter Mord sein würde, bringt ihn in lüsterne Erregung. Gleichzeitig aber wächst das Grauen vor einem Zugriff durch die Polizei. Lust und Angst, dieses ungleiche Paar, bilden die Triebfeder seines weiteren Handelns.

Da erspäht er einen etwa 9jährigen Jungen, der mit gefülltem Einkaufsnetz gerade eine Kaufhalle verläßt. Steinitz schleicht ihm aus vermeintlich sicherer Distanz nach. Doch der Junge blickt sich plötzlich mehrmals um, als bemerke er seinen Verfolger, und läuft aus Leibeskräften davon. Irgendwo hinter einem Hochhaus entschwindet er dem Blick des Mörders.

Enttäuscht kehrt Steinitz zur Kaufhalle zurück. Dort nimmt er einen kleinen, etwa 6jährigen Jungen wahr, der unbekümmert vor ihm herläuft. Steinitz überholt ihn eilig, läuft ein Stück weiter, verlangsamt seinen Schritt, macht auf dem Absatz kehrt und kann auf diese Weise das ihm entgegenkommende Kind mit schnellem Blick erfassen: „Es ist ein hübsches, sympathisches Kerlchen."

Er läßt den Jungen ein Stück vorbeiziehen, verharrt wenige Augenblicke, prüft, ob die Menschen auf der Straße Notiz von ihm nehmen und verfolgt sein nächstes Opfer.

Das Kind läuft einige Straßen weiter und steuert zielbewußt eines der Hochhäuser an. Steinitz ist ihm nun dicht auf den Fersen. Gleich hinter der Haustür packt er zu. Mit festem Griff hält er sein Opfer fest. Leise, fast flüsternd, doch mit scharfem Ton spricht er auf das völlig überraschte und verängstigte Kind ein, sich ruhig zu verhalten. Mit roher Gewalt schiebt er es vor sich her in einen der Kellerdurchgänge, die mehrere Häuser miteinander verbinden. Die Türen verschließt er.

Dann beginnt der Unhold seine mörderische Szenerie: Befragung des Opfers, Anfertigen von Notizen, Nötigung zum Entkleiden. Er ist darüber verärgert, daß der Junge eigentlich noch zu jung ist, um dem langsamen Würgetod jenen aufbäumenden Widerstand entgegen setzen zu können, der für den Höhepunkt seiner Wollust erforderlich ist.

So ist es dann auch. Der Widerstand des Opfers ist gering. Die erwarteten Reaktionen bleiben aus. Nur wenige schwache Zuckungen sind das Resultat der tödlichen Attacke. Statt dessen rinnt Blut aus der Nase des sterbenden Kindes. Das stört. Steinitz kann seine erregenden Vorstellungen nicht mehr konzentrieren, denn er muß nun darauf achten, einen Blutkontakt zu vermeiden.

So schwindet Steinitz' Erregung höhepunktlos und schnell. Zur Enttäuschung und Verärgerung über den mißglückten Versuch, sich Entspannung zu verschaffen, gesellt sich die plötzliche Angst, entdeckt zu werden, als er Schritte auf der Kellertreppe vernimmt. Irgend jemand versucht, die verschlossene Kellertür aufzuklinken. Doch die Schritte entfernen sich wieder. Steinitz eilt durch den Kellergang bis in das Nebengebäude und verläßt unbemerkt das Haus. Er beruhigt sich bald, fährt nach Cölpin zurück, genießt das Abendessen und entspannt sich am Fernseher.

Vor dem Einschlafen denkt er über alles nach und nimmt sich vor, künftig nur ältere Jungen auszusuchen. Von ihnen ist

größerer körperlicher Widerstand zu erwarten. Doch nun befürchtet er auch, daß die Polizei am Tatort seine Fingerabdrücke an den Türklinken und Lichtschaltern finden könnte.
Erst im Mai 1984 sucht er das Neubaugebiet Datzeberg wieder auf. Denn für das geheime Protokoll über den fünften Mord fehlen noch wichtige Daten: Die Nummer des Hauses, in der sich der Tatort befindet und die genaue Schreibweise des komplizierten Namens seines letzten Opfers.
Später entnimmt er einem Kasinogespräch, daß die Polizei über eine ziemlich genaue Beschreibung des Täters verfügen würde.
Bis auf die Fahndungsaufrufe in der Tagespresse bemerkt Steinitz nichts von den fieberhaften Ermittlungen der Kriminalpolizei. Die veröffentlichte Personenbeschreibung beunruhigt ihn nicht. Die Informationen darin sind so vage, daß er keineswegs befürchtet, durch sie identifiziert zu werden.

Die Untersuchungsstrategie der MUK fußt im wesentlichen auf zwei Versionen: Weil die spurenkundlichen Befunde eine sexuell motivierte Tötung des Jungen nicht objektivieren konnten, wurde einerseits davon ausgegangen, daß die Tötung aus Wut, Haß oder Überdruß erfolgte. Deshalb wurde im Familien-, Verwandten- und Bekanntenkreis nach möglichen Motiven und Verdächtigen geforscht. Andererseits wurde ein Sexualmotiv nicht außer Acht gelassen. Das wiederum erforderte breit angelegte Recherchen zur Personenbewegung am Tatort und zur Überprüfung von einschlägig Vorbestraften. Ein Straftatenvergleich mit dem noch unaufgeklärten Mord an den Brüdern René und Stefan Kölling aus Oranienburg führte nicht auf die Spur eines Serientäters. Weder die Tatortbedingungen noch die Begehungsweise ließen kriminalistisch bedeutsame Elemente von Gleichartigkeit, im Fachjargon Perseveranz bezeichnet, erkennen.
Wiederum erstreckte sich die Untersuchungsroutine auf die Überprüfung aller im Bezirk stationierten NVA-Einheiten. Und wieder beschränkte sie sich lediglich auf die Wehrpflichtigen.
Der Mord in Neubrandenburg-Datzeberg war wochenlang das Tagesthema eins aller Stadtgespräche. Fassungslosigkeit und Empörung über die Bluttat mobilisierte die Bereitschaft, der Polizei zu helfen. Unzählige Informationen gingen bei der Kriminalpolizei ein.
Doch zu den vielen wichtigen und sachdienlichen Hinweisen gesellten sich auch falsche Verdächtigungen. Die Selbstbezichtigung

dreier Männer, die – unabhängig voneinander – in ihrer krankhaften Prahl- und Sensationssucht mit Starrsinn darauf beharrten, den Mord in Datzeberg verübt zu haben, und die deshalb inständig um ihre Verhaftung baten, belastete den Untersuchungsalltag. In jedem Einzelfall waren dazu präzise, oftmals auch zeitaufwendige Ermittlungen erforderlich.
Schließlich mußte auch dieses Verfahren nach einigen Monaten nach § 143 StPO vorläufig eingestellt werden, weil der Täter nicht ermittelt werden konnte.

Mehrere Wochen lang meidet Feldwebel Steinitz die Stadt Neubrandenburg. Statt dessen kundschaftet er in seiner Freizeit das von Cölpin mit dem Linienbus gut erreichbare Städtchen Strasburg am Nordrand der Uckermark nach Möglichkeiten aus, um den nächsten Mord zu begehen. Er weiß, daß im dortigen Kulturhaus regelmäßig Tanzveranstaltungen stattfinden, die von den Halbwüchsigen der Umgebung gern besucht werden. Doch es wird nicht nur getanzt, sondern auch viel getrunken.
Nun will Steinitz einen Jugendlichen. Dieser soll zum Objekt seiner todbringenden Wollust werden. Um zu verhindern, daß eine körperliche Überlegenheit seines Opfers ihm zu schaffen machen könnte, konzentriert er seine Aufmerksamkeit auf möglichst stark Angetrunkene.
In den Nachtstunden des 3. September 1983 bietet sich eine der gewünschten Gelegenheiten: Ein erheblich alkoholisierter junger Mann verläßt torkelnd und nur mit sich selbst beschäftigt das Kulturhaus. Steinitz folgt ihm unbemerkt bis zu einer Stadtrandsiedlung. Dort verschwindet der Jugendliche in einem der kleinen Einfamilienhäuser. Längst ist Schlafenszeit für die fleißigen Werktätigen. Es herrscht nächtliche Ruhe in der auch tagsüber stillen Gegend. Nirgendwo brennt Licht in den Häusern. Nur eine altmodische Straßenlaterne produziert einen schwachen Schein. Im Schutze der Dunkelheit beobachtet Steinitz, wie sich eines der unteren Fenster in dem kleinen Haus erhellt. Er nimmt den Schattenriß des Jugendlichen wahr, der das Fenster öffnet. Dann erlischt das Licht. Steinitz schlußfolgert richtig, daß sich der Verfolgte nun zu Bett begeben hat. Enttäuscht trottet er zurück ins Stadtinnere.
Ihm gehen die vielen mißglückten Versuche in der Vergangenheit durch den Sinn, weil die Objekte seiner tödlichen Begierde

entweichen konnten oder andere sein Vorhaben störten. Er fürchtet sich davor, in der Rage seiner Geilheit Fehler zu machen, die ihn verraten könnten. Sein Sicherungsverhalten reagiert immer sensibler. Doch zugleich drängt das immer ungestümer tobende Bedürfnis zum Töten nach Realisation.
So zieht es ihn kurz darauf wieder zu dem Haus in der Siedlung. Leise betritt er das Grundstück, findet eine Leiter und legt sie an das offene Fenster. Er streift sich seine alten NVA-Wollhandschuhe über und steigt vorsichtig empor. Mit einer Militärtaschenlampe leuchtet Steinitz das Innere der Stube ab. Tatsächlich liegt dort der junge Mann in tiefem Schlaf.
Behutsam klettert er über die Brüstung, legt Handschuhe und Taschenlampe auf dem Fenstersims ab, tritt an den Schlafenden heran und versucht, ihn zu fesseln. Augenblicklich ist das Opfer wach. Der Alkohol in ihm scheint in diesem Moment seine destruktive Wirkung verloren zu haben. Schon setzt Steinitz zum Würgegriff an. Der Effekt bleibt aber gering, da der Überfallene kraftvoll und wild um sich schlägt. Steinitz muß nun fürchten, selbst der Unterlegene zu werden. Er verliert die Übersicht, wird von panischer Angst erfaßt. Wie von Sinnen sticht er mit dem Tauchermesser auf den jungen Mann ein. Der schreit aus Leibeskräften: „Hilfe, der will mich abstechen!"
Die Zimmertür wird geöffnet, Licht von draußen trifft in das Innere des Raums. Eine Frau im Nachthemd ist plötzlich erschienen. Auch sie stimmt sofort in die Hilfeschreie ein. Steinitz ist über alle Maßen erschrocken. Kopflos ergreift er die Flucht, springt durch das offene Fenster ins Dunkel. Das alles geht so rasch, daß die beiden den Eindringling nicht erkennen können. Doch Handschuhe, Tauchermesser und Taschenlampe bleiben als Indiz seiner Anwesenheit am Tatort zurück.
Der junge Mann ist beträchtlich verletzt. Seine sofortige Einlieferung ins Kreiskrankenhaus ist nötiger als die Verfolgung des nächtlichen Phantoms. Dadurch gelingt es Steinitz, unbeschadet aus dem Grundstück zu entkommen. Wie von Furien gehetzt läuft er durch das nächtliche Städtchen und bemerkt nicht, daß er von zwei Jugendlichen beobachtet wird, die ihn später vor der Polizei recht gut beschreiben können. Angstvoll versteckt er sich bis zum späten Vormittag in einem nahen Wald, ehe er es wagt, den Bus nach Cölpin zu besteigen. Sein blutverschmiertes Hemd verbirgt er unter der hochgeschlossenen Lederjacke.

Bei der Tatortuntersuchung werden Blut- und Faserspuren gesichert, deren Zuordnung aber nicht gelingt. Die von Steinitz zurückgelassenen Utensilien veranlassen die Kriminalpolizei zu neuen Recherchen in den umliegenden NVA-Kasernen. Doch auch diesmal werden nur die Alibis der Wehrpflichtigen überprüft.

Da der verletzte Jugendliche in zwielichtigen Kreisen verkehrt und in der Vergangenheit mehrmals in Prügeleien verwickelt war, vermutet man den Racheakt eines Widersachers. Deshalb konzentrieren sich die Untersuchungen auf den Freundes- und Bekanntenkreis des Opfers. Doch diese Spur erweist sich bald als falsch, und das Verfahren wird vorläufig eingestellt.

Steinitz ist über das mißglückte Vorhaben sehr enttäuscht. Es ist ihm wieder nicht gelungen, den langsamen Tod eines Menschen auszukosten. Darüber hinaus ängstigt ihn, Handschuhe, Messer und Taschenlampe am Tatort zurückgelassen zu haben. Mit Recht befürchtet er, daß sich darauf Spuren von ihm befinden. Für eine erneute Attacke muß er sich lange in Geduld üben. Der feucht-windige Herbst und die nahende Winterkälte nehmen ihm die Lust am Herumstreunen. Aber auch die Furcht vor weiterem unbedachtem Verhalten zwingt ihn zur Zurückhaltung seiner mörderischen Gelüste, denen er sich deshalb nur in Gedanken hingeben kann.

Die perverse Phantasie entbehrt bald nicht mehr einer suchtartigen Zwanghaftigkeit. Sie nimmt ihn so in Anspruch, daß bestimmte Selbstverständlichkeiten des täglichen Lebens wie äußere Ordnung und Körperpflege, auf die er früher peinlich genau achtete, immer weniger Bedeutung für ihn besitzen. Zu seiner verkommenen Seele gesellt sich nun auch die äußere Verwahrlosung.

Mit dem späten Frühjahr 1984 erwacht auch Steinitz' mörderische Getriebenheit, sich ein neues Opfer zu suchen. Wie ein ausgehungertes Raubtier auf der Suche nach Beute durchstreift er wieder ruhelos das Stadtgebiet von Neubrandenburg oder die Naherholungsgebiete des Berliner Nordens. Manchmal mischt er sich in das Menschengewühl der großen Berliner Bahnhöfe in der Hoffnung, einen Angetrunkenen aufzuspüren, den er in einen tödlichen Hinterhalt locken kann. Und immer hat er den unauffälligen Beutel bei sich, in dem er die notwendigen Gerätschaften für seine Untaten verstaut hat: Fotoapparat, Notizbuch, Fesselschnüre und Messer.

Aber die unsteten Jagdausflüge enden mit immer größeren Enttäuschungen. Mißerfolg reiht sich an Mißerfolg. Einige Male hat er die Opfer zwar fest in seinen Klauen, doch muß er das tödliche Szenario vorzeitig abbrechen, weil es durch unvorhergesehene Störungen vereitelt wird.

So ist es auch am Nachmittag des 24. Juni 1984, als er sich in der Gegend des Kiessees von Schildow herumtreibt. Ein 11jähriger Junge radelt unbekümmert einen schmalen Trampelpfad zwischen mannshohem Schilf entlang. Er soll sein nächstes Opfer sein. Das Kind gefällt ihm über alle Maßen: „Er ist ein hübscher kleiner Bursche, direkt zum Verlieben!" Steinitz versperrt ihm den Weg und zwingt ihn zum Absteigen. Mit festem, schmerzhaftem Nackengriff schiebt er das wehrlose Kind vor sich her ins Dickicht. Doch kaum hat er einen geeigneten Platz gefunden, an dem er das Kind töten will, ertönt aus unmittel-

---

Gewaltverbrecher festgenommen

Durch aktive Mitarbeit der Bevölkerung konnte am 8. Juli 1884 Mirko S. durch die Deutsche Volkspolizei festgenommen werden. Er steht in dringendem Verdacht, im September 1983 im Kreis Oranienburg Tötungsverbrechen an zwei Kindern begangen zu haben. Ein Ermittlungsverfahren wurde eingeleitet und Haftbefehl erlassen. Die Volkspolizei dankt allen Bürgern, die durch ihr umsichtiges Handeln zur Festnahme des Täters beigetragen haben.

Wortlaut der Pressemeldung über die Festnahme des M. St. in der FDJ-Zeitung „Junge Welt" vom 17. Juli 1984.

Wortlaut der Pressemeldung über die Festnahme des M. St. in der Tageszeitung „Freie Erde" vom 11. Oktober 1984.

Tötungsverbrechen aufgeklärt

Neubrandenburg (ADN) Durch aktive Mithilfe der Bevölkerung wurde der 23jährige M. St. von den Sicherheitsorganen der DDR festgenommen. St. steht im dringenden Verdacht, im Februar 1984 in Neubrandenburg den 6jährigen Mirko Konrad getötet und weitere schwere Verbrechen begangen zu haben. Ein Ermittlungsverfahren wurde eingeleitet und Haftbefehl erlassen.

barer Nähe ein Stimmengewirr. Steinitz läßt vor Schreck von ihm ab. Noch ehe er einen klaren Gedanken über seine Rückzugsstrategie fassen kann, wird er von einer Schar Kinder umringt, die ihren Spielkameraden suchen. Um keinen Verdacht aufkommen zu lassen, verwickelt er die Kinder in ein ablenkendes Gespräch. Erst einige Minuten später gelingt es ihm, das Weite zu suchen.
Wieder ist ein mörderisches Vorhaben gescheitert. Steinitz ist höchst unbefriedigt, er muß nun einige Zeit verstreichen lassen, ehe er einen neuen Vorstoß wagen kann. In dieser Zeit denkt er unentwegt an den Jungen von Schildow, macht ihn zum Objekt seiner sadistischen Tagträume.
Doch seine äußere Zurückhaltung hält nur zwei Wochen an. Am Sonntag, den 8. Juli 1984, treibt ihn die Begierde bereits um 4.30 Uhr aus den Federn. Schon im Morgengrauen begibt er sich an den Ort des letzten mißlungenen Versuches. Sein ganzes Sinnen und Trachten gilt nur einem einzigen Objekt, nämlich dem Jungen, an den er die ganze vergangene Zeit denken mußte. Der Wunsch, dieses Kind wiederzusehen, ist übermächtig. Versteckt im Dickicht beobachtet er den Weg zum Kiessee. Die Erwartung eines langsamen, ungestörten Tötungsaktes produziert dabei eine solche Geduld, daß Steinitz bis zum Nachmittag dort ausharrt. Dann sieht er, wie sich ihm zwei etwa zehnjährige Jungen auf ihren Fahrrädern nähern. Diese Gelegenheit will er sich nicht entgehen lassen. Als die Radler auf seiner Höhe sind, springt er hervor und versperrt drohend den Weg. Sie müssen von den Rädern steigen. Mit je einer Hand packt Steinitz eines der Kinder und versucht, sie mit heftigen Stößen in das dichte Unterholz zu drängen. Dabei fallen die Fahrräder geräuschvoll um. In diesem Moment gelingt es einem der Jungen, sich von Steinitz loszureißen und laut hilfeschreiend fortzulaufen. Nun beginnt auch das andere Kind, aus Leibeskräften nach Hilfe zu rufen. Steinitz ist so irritiert, daß er seinen Griff lockert. Und der Junge entkommt. Augenblicke später vernimmt er das metallene Klappern sich rasch entfernender Fahrräder.
Wieder ist ein Versuch gescheitert. Steinitz ist sehr verärgert. Doch noch stärker ist die Angst, daß die beiden Kinder Hilfe holen könnten. Eine Flucht über den See ist nicht möglich. Er weiß, daß er den Weg zur Siedlung nehmen muß, um aus der Falle zu geraten. Doch es gelingt ihm nicht mehr. Aufgeregte Männerstimmen nähern sich schnell. Steinitz hechtet hinter die

dichten Büsche. Augenblicke später packen ihn schmerzhaft kräftige Männerarme und zerren ihn aus seinem Versteck. Ein Entkommen ist unmöglich. Die Angst lähmt ihn. Das Unausweichliche bricht über ihn herein. Weitere Männer eilen hinzu. Im Nu ist er umringt und ihren drohenden Gebärden ausgesetzt. Die Männer bugsieren ihn unsanft zur Siedlung Mönchmühle. Wie der Gefangene eines feindlichen Indianerstammes am Marterpfahl wird er vor einen Lichtmast postiert, den teils bösen, teils neugierigen Blicken der Umherstehenden ausgeliefert. Nun bangt der Mörder um sein eigenes Leben. Wenig später fährt ein Funkstreifenwagen vor. Steinitz wird „zur Klärung eines Sachverhalts vorläufig festgenommen".

Der sichergestellte Beutel mit dem sonderbaren Inhalt macht die Schutzpolizisten mißtrauisch und veranlaßt sie, die Kriminalpolizei des VPKA Oranienburg zu informieren. Bald darauf muß Mirko Steinitz die erkennungsdienstliche Prozedur über sich ergehen lassen, da er zumindest des versuchten sexuellen Mißbrauchs verdächtigt wird.

In der ersten Vernehmung durch die Kriminalisten des VPKA zeigt Mirko Steinitz noch ein relativ stabiles, aber aggressives Verteidigungsverhalten. Mit aller Schärfe weist er die Vorwürfe zurück, versteckt sich hinter seiner vermeintlichen Integrität als Feldwebel der NVA und versucht, Loyalität und Lauterkeit vor dem Gesetz vorzuspiegeln. Doch die unsanfte Kontaktaufnahme zu den beiden Jungen vom Kiessee kann er ebensowenig überzeugend begründen, wie den absonderlichen Inhalt seines Beutels.

Seine Ausflüchte werden schnell erkannt. In der Bedrängnis erfindet er immer wieder neue. Nach zwei Stunden kann er sich aus dem Filz der Widersprüche nicht mehr befreien. Da gesteht er, daß er die Absicht hatte, die beiden Jungen vom Kiessee töten zu wollen.

Umgehend wird seine vorläufige Festnahme angeordnet. Die MUK Potsdam übernimmt am gleichen Abend die weiteren Ermittlungen und setzt die peinliche Befragung fort. Kurz nach Mitternacht gesteht Mirko Steinitz den Doppelmord an den Brüdern Stefan und René Kölling. Die Durchsuchung seiner Berliner Behausung fördert überraschendes Beweismaterial zutage: Mehrere Messer, eine schriftliche Anleitung zum Anlegen von Fesseln, Negativfilme, Fotos und einige Personaldokumente seiner Opfer, vor allem aber ein Aktenordner „Geheime Privat-

sache" mit den peinlich genauen Berichten über seine Untaten, unter denen sich auch die Morde an Jörg Dehmel und Dirk Lühmann befinden, die als längst aufgeklärt gelten.
Aus Gründen der Staatsräson veranlaßt die politische Obrigkeit, daß am 10. Juli 1984 die Hauptabteilung Untersuchung des MfS den Fall des Feldwebels Mirko Steinitz zur weiteren Bearbeitung übernimmt.
In nahezu dreißig langen Vernehmungen legt Steinitz über seine Untaten, den fünffach vollendeten und einen versuchten Mord sowie die mehr als zwanzig vorbereiteten Morde, ein umfassendes Geständnis ab.
Die Rekonstruktion jedes einzelnen Verbrechens und ihre fotografische Dokumentation führen zu wichtigen objektiven Beweismitteln. Sie verifizieren die Aussagen des Mörders. So wird zum Beispiel im August 1984 eine Einheit der Pioniertruppen der NVA beordert, den Dorfteich von Cölpin trockenzulegen. Nach dreitägiger Suche wird das Messer gefunden, das Steinitz bei seinem ersten Mord benutzte und dessen Klinge sich dabei verbog.

Als die DDR nach langem Siechtum Ende des Jahres 1989 im Sterben liegt, versucht Mirko Steinitz, seinem Verfahren politische Hintergründe zu unterstellen und fordert deshalb eine Überprüfung des Urteils. Doch sein Anliegen wird zurückgewiesen, da sich der Richterspruch lediglich auf in höchstem Maße gesellschaftsgefährliche, besonders verwerfliche Delikte gegen die Persönlichkeit bezieht. Es sind keine politischen Erwägungen für das Urteil erkennbar, die eine Revision rechtfertigen würden. Auch die Beweisführung bietet dafür keinen Anlaß.
Heute ist Steinitz davon überzeugt, in den bisherigen Jahren seiner Haft die sadistischen Neigungen längst überwunden zu haben. Unbestätigten Berichten zufolge habe er deshalb bereits im Jahre 1991 ein Gnadengesuch eingereicht.

Ein kurzes Nachwort erscheint notwendig:
In den letzten Jahrzehnten scheinen sich in verschiedenen europäischen Ländern die Fälle von sexuellen Serienmorden zu häufen. Eine lange Kette unrühmlicher Namen von Tätern, wie „Ludy", Strack, Bartsch, „der Heidemörder", Hagedorn, Dutroux usw., mobilisiert das Volksempfinden zum Kampf für die Wiedereinführung

der Todesstrafe, für das Abschaffen des Hafturlaubs, gegen vorzeitige Entlassung und für Zwangskastration.
Auch die rechtspolitischen Reformeiferer betreten nun das öffentliche Podium. Doch ziemlich hilflos pendeln ihre Meinungen zwischen Ignoranz und Verlangen von Härte.
Selbst den juristischen Fachleuten und den Erben Siegmund Freuds ist es nicht gelungen, eine einheitliche Auffassung, geschweige denn eine Strategie, zu entwickeln, deren Richtigkeit niemand bezweifelt. So hat die Gesellschaft das Übel zwar erkannt, doch findet sie kein Rezept, es an der Wurzel zu packen.
Eine Ursache für das schier unlösbare Problem ist eine definitorische: Immer wieder geistert der Begriff des sexuellen Triebtäters durch die juristische und journalistische Landschaft und führt zu dem weit verbreiteten Irrtum, daß diesem Tätertyp ein extremer Sexualtrieb zugrunde liegen würde. Die Realität jedoch beweist – auch im Fall Steinitz – daß das Sexualempfinden in seiner Entartung nämlich eher verkümmert ist. Man muß nur darüber nachdenken, unter welchen absurden Bedingungen diesem Tätertyp eine Erektion bzw. Ejakulation überhaupt erst möglich wird. Dann wird auch klar, daß die Handlungsantriebe offensichtlich auf anderen Primärursachen als im übersteigerten Sexualtrieb beruhen. Die kriminologischen und psychologischen Erfahrungen haben längst gezeigt, daß der unwiderstehliche Drang zum Quälen und Töten vordergründig ein Bedürfnis nach Wohlempfinden und Dominanz befriedigen soll und erst sekundär auf eine sexuelle Entspannung ausgerichtet ist. Es ist ein Trieb anderer Art als ein rein sexueller. So tötete beispielsweise der vielfache Frauenmörder Bruno Lüdke (1924 bis 1943) nicht vordergründig zur Befriedigung seines Geschlechtstriebs. Er war von Natur aus impotent und kaum zu einer Erektion fähig.
Daß auch eine sexuelle Entspannung angestrebt wird, darf daher nicht zu einer einseitigen Reduzierung auf den Sexualtrieb führen, wie es in vielen psychiatrischen Gutachten geschieht. Die Lust an Unterwerfung, Demütigung und Gewalt bliebe auch dann bestehen, wenn die Funktion des Sexualapparates außer Kraft gesetzt würde.
Nur so ist es zu verstehen, daß die immer lauter werdende Forderung, durch chemische Kastration die eigentliche Ursache, nämlich den Drang zur Ausübung von Herrschaft und Gewalt auslöschen zu wollen, nur klägliches Unverständnis beweist.
Eine bereits seit dem Jahre 1969 bestehende und auch genutzte

Möglichkeit der freiwilligen Kastration hat diese schwere Kriminalitätserscheinung keineswegs spürbar zurückdrängen können. Auch eine Zwangskastration kann nicht die Lösung sein, abgesehen von den erheblichen verfassungsrechtlichen Bedenken gegen diese zweifelhafte Maßnahme, die Wiederholungsgefahr damit bannen zu wollen.

So scheint es nur einen Weg zu geben: Die Senkung der Rückfallquote und die Wiedereingliederung des Serienmörders in die Gesellschaft (auch in die seiner Mitgefangenen) erfordert, in Analogie zu bestimmten Erscheinungsformen der Sexualdelinquenz, strenge und ständig begleitende sozialtherapeutische Maßnahmen. Triebtäter – wie Mirko Steinitz – sind von einer besonderen Form der Sucht beherrscht. Eine Therapie kann sie nur zeitweilig „clean" machen. Ein Leben lang wird dieser Trieb in ihrer Seele glimmen und solange ist Kontrolle und therapeutischer Einfluß vonnöten, um ihn nicht wieder zu einer vernichtenden Flamme auflodern zu lassen.

Das heutige sozialtherapeutische Instrumentarium in unserem Lande dürfte diese Aufgabe kaum erfüllen können. Die politischen Eiferer sollten sich für seinen Ausbau einsetzen. Nur er wäre die effiziente Maßnahme zur Minimalisierung der Rückfallquote. Die effektvolle politische Forderung nach Zwangskastration trifft nur auf den Beifall der Allgemeinheit. Das eigentliche Ziel jedoch wird verfehlt.

Erläuterung wichtiger Fachbegriffe und Abkürzungen

ABV Abschnittsbevollmächtigter, Angehöriger der Volkspolizei, der in einem begrenzten Abschnitt eingesetzt wurde

Affektstraftat Straftat im Ergebnis unkontrollierter motorischer Reaktion bei reduzierter rationaler Kontrolle

Alibi nachgewiesene Abwesenheit von einem kriminalistisch bedeutsamen Ereignisort zur Ereigniszeit

Alibiüberprüfung kriminalistische Ermittlungshandlung zur Feststellung der Angaben zu einem Alibi

Asservate amtlich aufbewahrte, sichergestellte Sachen, Fundstücke

Autopsie Synonym für Leichenöffnung

BdVP Bezirksbehörde der Deutschen Volkspolizei, oberste Polizeibehörde in einem Bezirk

Befragung Erkundungsgespräch in der kriminalpolizeilichen Ermittlung, in Abgrenzung zur Vernehmung

Belastungsziffer kriminologischer Begriff zur Bezeichnung der Kriminalitätsbelastung bezogen auf 100 000 Einwohner

Beschuldigter Person, gegen die ein Ermittlungsverfahren eingeleitet wurde

Besichtigung kriminalistische Inaugenscheinnahme, in Abgrenzung zur Durchsuchung

Betriebsschutz in der DDR in der Regel ein volkspolizeilicher Wachschutz in volkseigenen Betrieben

Diensthabende Gruppe auch DHG, kriminalpolizeiliche Struktureinheit für den schnellen Einsatz

DRK Deutsches Rotes Kreuz

Drosseln Erdrosseln, Strangulation des Halses mittels Drosselwerkzeug

Durchlässigkeitskurve Messung der Transmission von gefärbten Einzelfasern mit Mikrospektralphotometer

Durchsuchung strafprozessuale Zwangsmaßnahme zur Suche, Sicherung und Beschlagnahme von Beweismitteln

DVP Deutsche Volkspolizei

Einsatzgruppe zeitweilig eingesetzte, nicht strukturmäßige Gruppe der Kriminalpolizei

Eliminierungstötung vorsätzliche Tötung lästiger, unliebsamer Person

Enzephalitis Entzündung der grauen Substanz des Gehirns

Ermittlungsverfahren erster Hauptabschnitt des Strafverfahrens bei begründetem Verdacht einer Straftat

Feuerwehr in der DDR: neben der ehrenamtlichen Freiwilligen Feuerwehr ein Dienstzweig der Deutschen Volkspolizei

Forensische Wissenschaften medizinische, psychologische und naturwissenschaftliche Disziplinen, die in enger Beziehung zur Kriminalistik stehen

Gaschromatographie Analyseverfahren zur Untersuchung gasförmiger oder verdampfbarer Substanzen

Gerichtliche Sektion auf Anordnung des Staatsanwaltes durchgeführte Leichenöffnung zur Klärung der Todesart und -ursache

*Gesellschaftliche Gericht*e Gremien zur Ahndung von Verfehlungen und Disziplinverstößen. In Betrieben Konfliktkommissionen, in den Wohngebieten Schiedskommissionen

Haftrichter Richter, der einem vorgeführten Verhafteten den Haftbefehl verkündet und zu der darin enthaltenen Beschuldigung vernimmt

IFA-Vertrieb staatlicher Kraftfahrzeugvertrieb in der DDR

Illegales Verlassen der DDR andere Bezeichnung für den nach § 213 StGB benannten Straftatbestand „Ungesetzlicher Grenzübertritt"

Infrarotspektralfotometrie kriminalistisches Analyseverfahren zur Untersuchung von Anstrichstoffen, Lösungsmitteln, Kraft- und Schmierstoffen u. ä.

K in der DDR gebräuchliche Abkürzung für Kriminalpolizei. Der Begriff Kripo war unerwünscht

Kassation Aufhebung einer gerichtlichen Entscheidung durch ein höheres Gericht

KONSUM sozialistische Genossenschaft, die gesellschaftliche Massenorganisation und Handelsorgan verkörperte und Versorgungsaufgaben erfüllte bzw. Dienstleistungen erfüllte

Kreisdienststelle höchste Dienststelle des Ministeriums für Staatssicherheit in einem Kreis der DDR

KT Kriminaltechnik

Kriminaltaktik Teildisziplin der Kriminalistik, deren Gegenstand das planmäßige und folgerichtige kriminalistische Vorgehen ist

Kriminaltechnik Teildisziplin der Kriminalistik, die sich naturwissenschaftlicher und technischer Erkenntnisse zur Täterermittlung und Beweisführung bedient; ihr Gegenstand ist die Suche, Sicherung und Begutachtung von Spuren

Kriminalistik komplexe Wissenschaft und Praxis zur Untersuchung von konkreten Straftaten oder kriminalistisch bedeutsamen Sachverhalten

Kriminalistisches Institut naturwissenschaftlich-technische und taktische Expertisen- und Forschungseinrichtung des Ministeriums des Innern der DDR

Kriminologie Zweig der Rechtswissenschaft, der die Ursachen, Bedingungen und Struktur der Kriminalität untersucht, Wissenschaft von der Kriminalität

KWV kommunale Wohnungsverwaltung

Magistrat von Groß-Berlin oberste Verwaltungsbehörde in der Hauptstadt der DDR, entsprach dem Rat des Bezirks in den Bezirken

MfS Ministerium für Staatssicherheit, Geheimdienst der DDR

Mikrospektralfotometrie kriminaltechnisches Analyseverfahren zur Untersuchung kleinster Spurenmengen; Prinzip: Aufnahme und

Auswertung des Spektrums einer von der Substanz ausgehenden oder veränderten Strahlung mit dem Ziel, die Zusammensetzung zu ermitteln

Mord nach § 112 StGB der DDR jede vorsätzliche Tötung eines Menschen, die nicht Totschlag war

Nicht natürlicher Tod Tod durch fremde Hand, Selbstmord oder Unfall

Oberstes Gericht höchstes Organ der Rechtsprechung in der DDR

Obduzent Arzt für Pathologie, Anatomie oder gerichtliche Medizin, der eine Leichenöffnung durchführt

Odorologie Geruchsspurenkunde in der Kriminalistik

ODH Operativer Diensthabender der Volkspolizei

OiBE Offizier (des MfS) in besonderem Einsatz

PAG politisch-aktuelles Gespräch, obligatorische Form der politischen Bildung in den Arbeitskollektiven der volkseigenen Betriebe und staatlichen Einrichtungen

Personenbewegungsanalyse taktisches Verfahren, Bewegungsabläufe von Personen oder Fahrzeugen auf der Basis von Orts- und Zeitangaben zueinander in Beziehung zu bringen

Phänomenologie unter kriminalistischem Aspekt die Lehre von den Erscheinungsformen und Begehungsweisen krimineller Handlungen

Rat des Stadtbezirks kommunale Verwaltungseinrichtung in Großstädten auf Stadtbezirksebene, entsprach etwa einem Rat des Kreises

Republikflucht Synonym für den Strafrechtstatbestand des ungesetzlichen Grenzübertritts, konnte mit zwei Jahren Freiheitsentzug geahndet werden; siehe auch illegales Verlassen

Röntgenfeinstrukturanalyse Verfahren zur Bestimmung geringster Substanzen aus Gemischen; Ausnutzung der Beugung von Röntgenstrahlen, die auf Filmen oder Diagrammen aufgezeichnet werden

Schmelzpunktbestimmung Schmelzpunkte sind Stoffkonstanten, deren Wert Aussagen über die Reinheit eines Stoffes (Spur) zuläßt

Schnelle Medizinische Hilfe Synonym für Dringliche Medizinische Hilfe; Krankentransportfahrzeuge des DRK der DDR, die mit Ärzten und Sanitätern besetzt waren und die Erstversorgung bei Unfällen und akut lebensbedrohlichen Zuständen sicherten

Sektion Leichenöffnung; siehe auch Autopsie

Staatsverleumdung alter Straftatbestand zur Ahndung der öffentlichen Verleumdung oder Entstellung staatlicher oder gesellschaftlicher Maßnahmen oder Verächtlichmachung von Personen wegen ihrer staatlichen oder gesellschaftlichen Tätigkeit; wurde 1968 durch § 234 StGB (Beeinträchtigung staatlicher oder gesellschaftlicher Tätigkeit) abgelöst

StGB Strafgesetzbuch

StPO Strafprozeßordnung

Strafvollzugseinrichtung staatliche Einrichtung zur Verwirklichung von Strafen mit Freiheitsentzug; Strafvollzugsanstalten, -kommandos, Jugendstrafanstalten, Arbeitserziehungskommandos, Jugendhäuser, Haftkrankenhäuser usw.; ihre Verwaltung oblag der Volkspolizei

Suizid vorsätzliche Selbsttötung

SV-Ausweis Ausweis der staatlichen Sozialversicherung, in dem Arbeitsrechtsverhältnisse, Sozialversicherungsbeiträge, Krankschreibungen, Verordnungen und Gesundheitshilfsmittel nachgewiesen wurden

Tatortarbeit Gesamtheit der kriminalistischen Maßnahmen am Tatort (Besichtigung, Untersuchung, Spurensicherung usw.)

Tatortuntersuchung auf die Suche und Sicherung von Spuren am Tatort gerichtete kriminalistische Maßnahme

Todesart Art und Weise der äußeren Einflüsse, die zu einer bestimmten Todesursache führen, unterteilt nach natürlichem und nicht natürlichem Tod

Todesursache unter pathologisch-anatomischen oder gerichtsmedizinischen Aspekten ermittelter Grund für den unmittelbaren Todeseintritt; bezieht sich auf die im Innern des Organismus ablaufenden Vorgänge

Totschlag nach § 113 StGB in der DDR vorsätzliche Tötung im Affekt, Kindestötung oder Tötung unter besonderen, die strafrechtliche Verantwortlichkeit mindernden Tatumständen

Toxikologie Lehre von den Giften und Vergiftungen

Trassologie Lehre von den mechanischen Spuren (z. B. durch Werzeuge)

Ungesetzlicher Grenzübertritt nach § 213 StGB in der DDR widerrechtliches Passieren der Staatsgrenze. In schweren Fällen sind bis zu 8 Jahren Freiheitsentzug möglich gewesen; siehe auch illegales Verlassen oder Republikflucht

Verdächtiger Tod Wenn Anhaltspunkte dafür bestehen, daß jemand eines nicht natürlichen Todes gestorben oder die Todesart nicht aufgeklärt ist, oder der Leichnam eines Unbekannten gefunden wurde, besteht nach § 94 StPO kriminalpolizeiliche Ermittlungspflicht.

Verfehlungen Kleinkriminalität (Ladendiebstähle, Hausfriedensbruch, Beleidigung, Verleumdung) mit geringem Schaden und geringer Schuld. Ahndung erfolgte durch Gesellschaftliche Gerichte

Verifizierung objektiver Beweis für die Richtigkeit einer Version

Vernehmung formgebundenes, polizeiliches Erkundungsgespräch mit Belehrung über Rechte und Pflichten, Ziel ist die Erlangung und beweiskräftige Fixierung der Aussagen von Zeugen und Beschuldigten

Version begründete Vermutung oder Hypothese über den Tatablauf, einzelne Details, die Täterpersönlichkeit, Tatmotive usw.

Verwaltungssektion auf Veranlassung des Kreisarztes durchgeführte Leichenöffnung zur Klärung der Todesursache

VP Volkspolizei

VP-Inspektion volkspolizeiliche Behörde in einem Berliner Stadtbezirk, entsprach dem VPKA in einem Kreis

VPKA Volkspolizeikreisamt, höchste Polizeidienststelle in einem Kreis

VP-Präsidium höchste VP-Dienststelle in Berlin, entsprach der BdVP in einem Bezirk

Wohnbezirksausschuß der Nationalen Front territoriale Struktureinheit der Blockparteien und Massenorganisationen mit der Aufgabe, die Bürger eines Wohngebiets politisch, ökonomisch und kulturell zu aktivieren; kleinste Einheit bildeten die Hausgemeinschaftsleitungen

Würgen Drosselung des Halses durch die Hände des Täters

Quellennachweis

1. Fallsammlung des Autors
2. kriminalistische und gerichtsmedizinische Fachliteratur
3. Dienstanweisungen und Instruktionen des Ministeriums des Innern der DDR
4. Zeitschrift „Kriminalistik und forensische Wissenschaften"
5. Zeitschrift „Forum der Kriminalistik"

Abbildungsnachweis

1. Sammlung des Autors S. 25, 29, 38, 52, 53, 55 (3), 67 (3), 68, 72, 75, 80, 124, 128, 129, 133, 140, 153–158 (2), 161–163, 165, 167, 169, 173–175, 185–187, 195, 200, 210, 212, 229, 230, 235 (2), 243 (2)
2. Dokumente des Ministeriums des Innern S. 83, 84
3. Statistisches Jahrbuch der DDR 1986 S. 8
4. Forum der Kriminalistik 1970, 7 S. 108
5. Fotohandbuch der Volkspolizei S. 101, 103

Dank für die Überlassung von Bildmaterial gilt:
Dipl.-Biol. Klaus Schwenzer, Berlin S. 116, 117
Dipl.-Krim. Ing. Wolfgang Hagemeyer, Berlin S. 20

ISBN 3-359-00872-3

4. Auflage
© 1998 (1997) Das Neue Berlin
Verlagsgesellschaft mbH
Rosa-Luxemburg-Str. 16, 10178 Berlin
Umschlagentwurf: Jens Prockat
Druck und Bindung:
Ebner Ulm